李新 / 编著

企业劳动法律风险提示 650 项

LEGAL RISKS OF
EMPLOYMENT & LABOUR

上海社会科学院出版社
SHANGHAI ACADEMY OF SOCIAL SCIENCES PRESS

前　言

笔者是从2008年开始律师执业之时，开始接触、从事劳动法律业务的。2014年10月，笔者在为一家客户企业提供劳动法律服务的过程中，为了完善客户劳动人事管理、提升客户服务体验，花了两个月的业余时间，整理、编写了一份《企业劳动人事法律工作风险清单》（简称《清单》）。这份《清单》根据《企业法律风险管理指南》（国标GB/T 27914-2011）附录中"法律风险清单示例"的样式，归纳、整理了300余项用人单位可能遇到的主要劳动法律风险，同时列出了每一项法律风险涉及的法律法规、法律责任以及主要解决对策和法律建议。由于投入的时间有限，这份《清单》的内容尚不完善。但没想到这份《清单》完成后，还是受到了客户企业人事工作者的好评。此后，笔者又将其在同学好友圈中作了小范围的流传，获得的评价也基本上都是正面的。大家普遍认为这份《清单》对用人单位劳动法律风险的提示准确、到位，提出的解决方案也有独到之处，具有一定的参考价值。受他们的鼓励，笔者准备把这份《清单》作进一步修订、扩充、完善，以期形成一份能够系统梳理劳动法律法规、全面提示用人单位劳动法律风险、提供妥善解决方案的文件。但实际操作起来才发现，需要收集、准备的资料和工作量不小，新的规定又在不断出台，自己对某些问题的看法也在不断变化和深入。笔者坚持利用业余时间，断断续续修改了三年多，并将原有的清单形式改写为文本形式，直到现在方才算是阶段性地完成了这项工作，也就是呈现在大家面前的这本《企业劳动法律风险提示650项》。

劳动法律的主要调整、规范对象是劳动法律关系。劳动法律关系具有以下几个特点：

1. 涉及的法律法规内容庞杂、更新快、变化大。特别是2008年1月1日

《劳动合同法》生效之后,我国的劳动法律体系发生了质的变化。以该法为中心,国家和各地方政府、司法机关在劳动法方面,颁布了大量新的法律、行政法规、部门规章、地方性法规、地方政府规章、司法解释以及其他形式的法律规范。再加上此前几十年的劳动立法存存废废,必然导致劳动法律法规内容庞杂,有效规定和无效规定掺杂在一起,更新很快,变化很大。从而使得初学者在较短时间内全面、迅速地学习、掌握劳动法律知识,把控劳动法律风险,变得十分困难。

2. 劳动法律关系非常复杂,处理争议难度很大。一方面,处于资金、人才、管理等方面强势一方的用人单位,往往可以利用对劳动者的优势管理地位,侵害劳动者的合法权益。因此,国家、各地方政府、司法机关才通过制定大量法律法规、规范性文件,建立和完善劳动保护法律体系,维护劳动者的合法权益。另一方面,近年来国家也在反复强调,要营造企业家健康成长环境,弘扬优秀企业家精神,更好地发挥企业家作用;执法部门应当依法平等保护企业家合法权益,为企业家创新创业营造良好的法治环境,为国家社会经济发展保驾护航;在维护劳动者合法权益的同时,也不能不当地加重用人单位的经济负担,使得用人单位丧失发展活力,引发社会不稳定因素。既要维护法律尊严,又要贯彻执行国家劳动政策,掌握好劳资双方的利益平衡,因而劳动争议案件处理的难度很大。所以,尽快在一些常见、主要的企业劳动法律风险问题上达成一致,使用人单位、管理者能够及时避免这些劳动法律风险,这对用人单位来说具有一定的意义。

3. 劳动争议案件涉及的事实往往显得十分琐碎,争议标的金额也往往不大,但却往往关系到企业劳动关系和谐及将来的发展稳定。劳动者是生产关系中最积极的因素。企业劳动关系和谐程度,与该企业所处的行业、技术水平、经营管理水平一样,都是影响该单位经济效益和发展前景的重要因素。因此,避免、降低劳动法律风险也是优化企业管理环境、提高企业管理水平的重要途径。

由于劳动法律风险是每个企业都会面临的问题,我国的企业数量又很庞大,培养、涌现更多服务于企业的劳动法律人才实属现实所需。笔者希望通过本书,能使更多的企业劳动人事管理工作者、对劳动法律业务感兴趣的律师在一个比较短的时间内，破除对学习、运用劳动法律知识的困难和畏难情绪，迅速掌握比较全面、准确的劳动法律知识，迅速提高其劳动法律风险管理能力和解决实际问题的能力，成为合格的劳动法律人才。本书也可供已经具备一定劳动法律知识和实践经验的企业劳动人事高级管理人员、高级律师、劳动人事仲裁员、法官和劳动法理论研究者适当参考。

本书共提示了常见企业劳动法律风险650余项，主要归纳、表述了企业在经营管理活动中可能遇到的常见劳动法律风险、可能涉及的法律法规、可能需要承担的法律责任或后果，以及可参考的解决问题的法律建议。因此，在利益取向上均是偏向用人单位一方，请读者在使用的时候注意甄别，当然对劳动者一方也提供了部分参考。有些解决问题的法律建议是笔者个人的意见，并不代表政府部门、劳动仲裁机构、法院对这些问题持有相同的看法和意见，笔者亦无法对按照这些法律建议进行实际操作的结果负责。另外，法律风险只是企业经营管理过程中可能遇到的风险之一，对于其他种类的风险，诸如战略风险、财务风险、市场风险、运营风险等，本书没有作相应的分析，请读者自行参阅其他书籍。限于篇幅，本书目前所归纳的法律风险必定是挂一漏万，只能以常见法律风险为主，不可能解决企业遇到的所有劳动法律问题、预防所有劳动法律风险。全书基本上也没有提供参考案例。由于劳动法律服务的地域性较强，本书引用的法律法规均为国家层面和上海地区的规定，非上海地区的读者在使用时，请认真考虑当地法规规定的内容和影响。本书所引用的有效（包括已颁布、尚未生效）的法律法规的截止日期是2018年1月31日。

因本人水平、能力、经验有限，故本书难免存在不少缺点和错误之处，还请广大读者提出宝贵意见，以便及时修改、更正。

李 新

2018年2月28日

目 录

第一章 招聘与录用 1

一、用人单位尚未领取营业执照即开始招用劳动者 1

二、用人单位丧失经营主体资格后继续用工 2

三、委托无证职业中介机构招工 2

四、招用人员的简章、招聘广告中未明确劳动合同主要内容 3

五、招聘广告中有对劳动者身份情况存在限制、歧视的内容 3

六、在招聘广告中出现国家法律禁止出现的内容 4

七、招聘广告中含有虚假或者引人误解,欺骗、误导消费者或者贬低其他生产经营者的内容 4

八、对受聘劳动者的个人资料未注意保密,或者未经劳动者本人书面同意,公开、擅自使用、转卖其个人资料信息 5

九、非特种行业招用不满 16 周岁未成年人 6

十、招用无合法身份证件的人 6

十一、以招用人员为名,以欺诈等手段,牟取非法、不正当利益或进行其他违法活动 6

十二、招聘人员时用人单位诋毁其他用人单位信誉,或者给予劳动者、其他用人单位商业贿赂 7

十三、用人单位未为其录用的外国人办理就业许可证件、工作签证、居留证件,或者录用超出工作许可限定范围在中国境内违法就业的外国人 7

十四、录用违反勤工助学管理规定的岗位范围或时限的外国留学生 8

十五、未为聘用的中国台港澳地区居民办理《台港澳人员就业证》并办理备案手续 ⋯⋯⋯⋯⋯⋯⋯⋯⋯⋯⋯⋯⋯⋯⋯⋯⋯⋯⋯⋯⋯⋯⋯⋯⋯ 9

十六、未为聘用的定居国外人员办理《定居国外人员在沪就业核准证》⋯⋯⋯⋯⋯⋯⋯⋯⋯⋯⋯⋯⋯⋯⋯⋯⋯⋯⋯⋯⋯⋯⋯⋯⋯⋯⋯ 9

十七、录用有国家法律法规禁止招聘情形的人员 ⋯⋯⋯⋯⋯⋯⋯ 10

十八、录用与其他用人单位尚未解除或终止劳动合同、自动离职、尚未办理完毕离职手续,或者无法提供已解除劳动关系证明的劳动者 ⋯⋯⋯ 10

十九、录用来自竞争对手用人单位,存在有效的保密协议或竞业限制协议的劳动者 ⋯⋯⋯⋯⋯⋯⋯⋯⋯⋯⋯⋯⋯⋯⋯⋯⋯⋯⋯⋯⋯⋯ 11

二十、录用劳动者时,未及时、全面了解其身份情况、工作经历、专业技能;未根据需要作背景调查;未审核其就业现状、是否同时与其他用人单位建立劳动关系 ⋯⋯⋯⋯⋯⋯⋯⋯⋯⋯⋯⋯⋯⋯⋯⋯⋯⋯⋯ 12

二十一、录用重要岗位或者特殊岗位劳动者时,未要求在指定体检医院体检 ⋯⋯⋯⋯⋯⋯⋯⋯⋯⋯⋯⋯⋯⋯⋯⋯⋯⋯⋯⋯⋯⋯⋯⋯ 13

二十二、录用时未核实劳动者提供的身份证、履历表、学历证书、专业证书等资料真伪 ⋯⋯⋯⋯⋯⋯⋯⋯⋯⋯⋯⋯⋯⋯⋯⋯⋯⋯⋯⋯ 13

二十三、招录劳动者时存在就业歧视 ⋯⋯⋯⋯⋯⋯⋯⋯⋯⋯⋯ 13

二十四、损害劳动者对劳动合同、岗位基本情况的法定知情权 ⋯⋯ 14

二十五、招录的特种作业人员无法律法规要求的上岗证书 ⋯⋯⋯ 15

二十六、个人承包经营用人单位的,违法招用劳动者 ⋯⋯⋯⋯⋯ 15

第二章　劳动合同签订 ⋯⋯⋯⋯⋯⋯⋯⋯⋯⋯⋯⋯⋯⋯⋯⋯⋯ 16

一、已发送聘用通知书(Offer),经劳动者承诺后又拒绝其入职 ⋯⋯ 16

二、未与劳动者当面签订劳动合同 ⋯⋯⋯⋯⋯⋯⋯⋯⋯⋯⋯⋯ 16

三、签订劳动合同时只有人事签字,未加盖用人单位公章 ⋯⋯⋯ 17

四、未明确规定签订劳动合同的程序、入职流程和合同样本 ⋯⋯ 17

五、未明确规定人事签订劳动合同的程序 ⋯⋯⋯⋯⋯⋯⋯⋯⋯ 18

六、未与担任公司其他职务的董事(包括董事长)、监事,以及总经理、副总经理、财务负责人等高级管理人员签订书面劳动合同 ⋯⋯⋯ 19

七、未与本单位特殊人员签订书面劳动合同 …………………… 19

八、录用外单位停薪留职人员、未达到法定退休年龄的内退人员、下岗待岗人员以及经营性停产放长假人员后,未与其签订书面劳动合同 …… 20

九、在劳动合同中有限制女职工结婚、生育的内容 …………………… 21

十、劳动合同无劳动安全保障、防止职业危害的事项,或有免除、减轻其对劳动者因生产安全事故伤亡依法应承担责任的内容 ……………… 21

十一、扣押劳动者身份证件,或以担保等名义向劳动者收取财物 …… 22

十二、对于劳动者占用用人单位价值较高的财物,未与劳动者约定相应的合理担保 ……………………………………………………… 22

十三、给劳动者发放使用的手机、电脑等价值较高的工作物品未办理签收手续 …………………………………………………………… 23

十四、与已享受养老保险待遇或领取退休金的离退休人员签订劳动合同 ………………………………………………………………… 23

十五、与家庭保姆签订劳动合同 ……………………………………… 23

十六、劳动者入职后未在规定的期限内提供身份证件、《就业失业登记证》(或《劳动手册》)、《农村富余劳动力求职登记卡》、社保账号、住址等资料 ……………………………………………………… 24

十七、未在劳动者入职后一个月内签订书面劳动合同 ……………… 24

十八、入职后一个月内经书面通知后,劳动者不愿意签订书面劳动合同 ………………………………………………………………… 25

十九、入职后超过一个月未签订书面劳动合同,形成事实劳动关系 ………………………………………………………………… 25

二十、劳动者因入职后超过一个月未签订书面劳动合同而要求确认劳动关系 …………………………………………………………… 27

二十一、签订劳动合同时未填写签订日期 …………………………… 28

二十二、倒签劳动合同日期 …………………………………………… 28

二十三、劳动合同无效后形成事实劳动关系 ………………………… 28

二十四、未在劳动者入职后一年内签订书面劳动合同 ……………… 29

二十五、应当与劳动者签订无固定期限劳动合同而违法不予签订 …… 30

二十六、因未签劳动合同、无约定工资标准而无法确认双倍工资计算依据 …… 30

二十七、与从事矿山井下等繁重体力劳动以及在其他有害身体健康的工种、岗位工作的农民工签订劳动合同的期限超过八年 … 31

二十八、与经许可来华工作的外国人签订超过五年的固定期限劳动合同或者无固定期限劳动合同 …… 31

二十九、因用人单位与劳动者未签劳动合同、劳动合同欠缺必备条款、约定不明确等原因，导致劳动报酬、劳动条件等重要劳动合同内容无法正常履行 …… 32

三十、劳动者以欺诈、故意隐瞒与就业条件有关的本人情况等手段签订、变更劳动合同 …… 33

三十一、用人单位在劳动合同条款中设置欺诈、胁迫、乘人之危、排除劳动者权利、免除用人单位责任、违反强制性规定等违法内容 … 33

三十二、劳动合同存在重大误解、显失公平等情形 …… 34

三十三、以完成一定工作任务为期限的劳动合同中未明确约定任务完成的条件 …… 34

三十四、未将签订后的劳动合同文本交付劳动者 …… 35

三十五、保管劳动合同文本不当导致劳动合同原件遗失、毁损或被劳动者窃走 …… 35

三十六、劳动合同未约定采取何种工时 …… 36

三十七、擅自在劳动合同中约定法律允许范围以外的由劳动者承担违约金的条款 …… 36

三十八、未在录用后30日内办理网上录用备案手续 …… 37

三十九、委托未经政府授权批准的机构从事各类人事代理业务 …… 37

四十、用人单位不具备保管人事档案资格或不愿意办理人事档案调集、保管、转移等事宜，又未委托职业介绍代办服务机构、人事代理机构代为办理人事档案工作 …… 38

四十一、用人单位为规避劳动保护、社会保险、经济补偿金等义务，故意与应当签订劳动合同的劳动者签订劳务合同 …… 38

四十二、高校毕业生持《全国普通高等学校毕业生就业协议书》要求确
　　　　认劳动关系 …………………………………………………… 39
四十三、用人单位未建立职工名册或不具备规定内容 ……………… 39
四十四、试用期约定期限过长 …………………………………………… 40
四十五、同一用人单位与劳动者约定两次以上试用期、擅自延长试用
　　　　期、续订劳动合同约定试用期，或者在同一用人单位变更岗位
　　　　后再次约定试用期 …………………………………………… 40
四十六、在以完成一定任务为期限和期限三个月以内的劳动合同中约
　　　　定试用期 ………………………………………………………… 41
四十七、在劳动合同期限外单独约定试用期，或者劳动合同只约定一个
　　　　试用期 …………………………………………………………… 41
四十八、在试用期内未对劳动者请假加以适当的限制 ……………… 42
四十九、未能在试用期结束前及时对劳动者进行试用期考评 ……… 43
五十、用人单位与劳动者签订集体合同或专项集体合同的，合同草案未经
　　　职代会或者全体职工讨论并以过半数同意票数通过便签订 … 43
五十一、集体合同草案经职代会或全体职工讨论通过后，未经协商双方
　　　　首席代表签字而是由其他人签订或直接加盖公章 ………… 44
五十二、经协商签订集体合同后未在10日内报送劳动行政部门办理登
　　　　记手续、审查通过并公布 …………………………………… 44
五十三、集体合同中劳动报酬和劳动条件等标准低于当地政府规定的
　　　　最低标准 ………………………………………………………… 45
五十四、劳动合同约定的劳动报酬和劳动条件标准低于集体合同
　　　　标准 ……………………………………………………………… 45
五十五、集体协商首席代表委托本用人单位以外的专业人员作为本方
　　　　协商代表的人数超过本方代表的1/3 ………………………… 45
五十六、集体协商的首席代表由非本用人单位人员代理 …………… 46
五十七、职工协商代表与用人单位协商代表相互兼任 ……………… 46
五十八、用人单位协商代表的人数少于三人，或者用人单位协商代表的
　　　　人数多于职工协商代表 ……………………………………… 46

五十九、用人单位无正当理由拒绝、拖延集体协商要求 …………… 47

六十、用人单位参与协商过程中存在歧视、过激、威胁、收买、欺骗、泄露商业秘密等法律法规规定的违法行为 …………………… 47

六十一、协商时用人单位有不利于维护正常生产、工作秩序或者社会稳定的行为 ………………………………………………… 48

六十二、依法订立的集体合同生效后用人单位未依约履行 ………… 48

第三章 劳动合同续订 …………………………………………… 50

一、劳动者在同一用人单位连续工作 10 年后提出续订劳动合同,用人单位不予续订无固定期限劳动合同 …………………………… 50

二、劳动者在国有企业改制重新订立劳动合同时在该用人单位已连续工作满 10 年且距法定退休年龄不足 10 年,用人单位不予续订无固定期限劳动合同 ……………………………………………… 51

三、劳动者在 2008 年 1 月 1 日后连续订立二次固定期限合同,没有《劳动合同法》第 39 条、第 40 条第 1、2 项规定的情形,期满后劳动者提出订立无固定期限合同 ………………………………………… 51

四、劳动者在 2008 年 1 月 1 日后连续订立二次固定期限合同,没有《劳动合同法》第 39 条、第 40 条第 1、2 项规定情形,双方同意续订的,未签订无固定期限合同 …………………………………………… 52

五、劳动者在 2008 年 1 月 1 日后连续订立二次固定期限合同,没有《劳动合同法》第 39 条、第 40 条第 1、2 项规定情形,双方同意再次续订固定期限劳动合同 …………………………………………… 53

六、劳动者在 2008 年 1 月 1 日后已连续签订二次固定期限劳动合同,双方又签订了第三次固定期限劳动合同,该合同到期后,劳动者又提出续订无固定期限合同 …………………………………………… 53

七、与因存在法定事由而在同一用人单位连续工作满 10 年的劳动者签订无固定期限劳动合同 ……………………………………………… 54

八、劳动合同中有该合同期满后自动延续至新的劳动合同签订之日等类似约定 ……………………………………………………… 54

九、未在劳动合同期满前提前一个月向劳动者提出终止或者续签劳动合同的书面意向 ……………………………………………………… 55

　　十、劳动合同到期后双方继续履行，未及时续订或终止导致形成事实劳动关系 …………………………………………………………………… 56

　　十一、在劳动合同期满前30日内未及时为聘请的外国人申请延长就业许可 ………………………………………………………………………… 57

第四章　劳务与实习 ………………………………………………………… 59

　　一、招用劳务人员时未与之签订书面劳务合同 ……………………… 59

　　二、无正当理由未及时足额支付劳务报酬 …………………………… 59

　　三、与已满16周岁的勤工助学的在校生签订劳动合同 ……………… 60

　　四、招用不满16周岁未成年人在用人单位实习 ……………………… 60

　　五、招用跟岗、顶岗人员实习前，未签订实习协议或者三方实习协议 …… 60

　　六、三方实习协议缺少规定的内容，或者违反相关法律法规 ……… 61

　　七、未满18周岁的学生参加跟岗、顶岗实习之前未取得学生监护人签字的知情同意书 ……………………………………………………… 61

　　八、招用实习人员时未查阅其有效学生证 …………………………… 62

　　九、招用实习人员后未指派专门人员指导业务和操作 ……………… 62

　　十、顶岗实习学生的人数超过规定比例 ……………………………… 63

　　十一、顶岗实习的时间超过6个月 …………………………………… 63

　　十二、违反劳动保护的相关规定安排实习学生从事不适合岗位实习 … 64

　　十三、违反劳动时间和加班的相关规定安排实习学生加班 ………… 64

　　十四、招用劳务和实习人员的用人单位未依法履行安全生产职责 … 65

　　十五、招用劳务和实习人员后未依法进行岗前培训和考核 ………… 65

　　十六、无正当理由未及时足额支付顶岗实习人员的实习报酬 ……… 66

　　十七、顶岗实习报酬低于本用人单位相同岗位试用期工资标准的80% …………………………………………………………………… 66

　　十八、违法侵害实习学生人身或财产权利 …………………………… 67

　　十九、用人单位未依法建立外地实习学生住宿制度和请销假制度 … 67

二十、实习人员违反规定或约定,给实习单位造成财产损失 ……… 67

二十一、未对实习人员投保强制实习责任保险 ……………… 68

第五章　规章制度 ……………………………………………… 69

一、用人单位未按照规定,与本用人单位工会协商设立职工代表大会制度及其具体办法 …………………………………………… 69

二、用人单位未组织劳动者参加工会、建立基层工会组织和工会委员会 ……………………………………………………… 69

三、用人单位阻挠职工依法参加和组织工会或者阻挠上级工会帮助、指导职工筹建工会 …………………………………………… 70

四、用人单位妨害工会、职代会依法行使职工民主管理权利 ……… 70

五、用人单位未就法定事项向职代会报告、接受审议、听取职工的意见和建议 ……………………………………………………… 71

六、用人单位未就法定事项向职代会报告,并通过职代会审议 …… 72

七、用人单位未就法定事项向职代会报告并接受监督 ………… 72

八、未通过职代会形式选举产生董事会、监事会中的职工代表 …… 73

九、用人单位没有制定员工手册或者其内容过于原则不具备操作性 … 73

十、用人单位制定或修改直接涉及劳动者切身利益的规章制度和重大事项时,未征求工会的意见,未经职工代表大会、全体职工讨论,提出方案和意见,平等协商等民主程序 ……………………… 74

十一、规章制度未向劳动者公示、未告知劳动者、未发送给劳动者或者未经劳动者签字确认 ………………………………………… 75

十二、规定劳务人员直接适用用人单位规章制度 …………………… 76

十三、未考虑非全日制工作人员、实习人员适用用人单位规章制度的具体情况和问题 ……………………………………………… 76

十四、在开业后半年内未将制定的规章制度报送劳动行政部门进行备案 …………………………………………………………… 77

十五、规章制度的内容与劳动合同相矛盾 …………………………… 77

十六、未根据国家政策依法制定平均工资增长制度 ……………… 78

十七、未依法建立用人单位内部工资支付制度、奖金分配制度、提成发放制度、年终奖发放制度等内部工资支付制度，或者未告知劳动者 …… 78

十八、用人单位未明确制定奖金、提成、年终奖等工资支付制度，但劳动者有证据可以证实用人单位事实上发放并主张相应工资 …… 79

十九、奖金、提成、年终奖等内部工资支付制度未明确具体发放条件 … 80

二十、用人单位未依法建立劳动者绩效考核制度 …… 80

二十一、用人单位对劳动者采用警告、通报批评、记过、留用察看等不涉及劳动关系变更或解除的处分措施 …… 81

二十二、用人单位规章制度中未明确劳动人事管理的一切活动应当注意收集证据、书面留痕的工作原则 …… 81

二十三、用人单位规章制度中未对违纪违法行为的处分、处罚行为设置申诉程序或举报途径 …… 82

二十四、用人单位规章制度修改过于频繁 …… 83

二十五、用人单位未根据实际情况制定各部门业务操作规程 …… 83

二十六、用人单位未根据实际情况制定重要业务主管授权审批制度 …… 83

二十七、用人单位未制定完备的财务会计政策和制度 …… 84

二十八、用人单位未制定合同管理制度 …… 84

二十九、用人单位未制定印章、证照管理制度 …… 85

三十、用人单位将公章、营业执照、银行账号、保险柜钥匙等重要物品交给单一员工保管 …… 85

三十一、用人单位未制定关键岗位员工的强制休假和定期岗位轮换的管理制度 …… 86

三十二、用人单位未明确规章制度是否直接适用于子（孙）公司、分公司、关联公司 …… 86

第六章　培训与服务期 ……………………………………………… 88

一、未与劳动者约定在脱产的专业技术培训期间劳动报酬应如何支付 …………………………………………………………… 88

二、未与劳动者约定在脱产的专业技术培训期间发生人身伤害事故或致人损害时应如何承担责任 ……………………………… 88

三、劳动者明知专业技术培训目的，但培训结束后拒绝服从用人单位调整岗位和工作安排 ……………………………………… 89

四、未与劳动者约定在未能获得专业证书、考核不合格、中途退出等情况下如何负担专业技术培训费用 …………………………… 89

五、为劳动者提供专项培训费用，对其进行专业技术培训后，未约定服务期 ………………………………………………………… 89

六、约定服务期后，未与劳动者约定违约金、约定的违约金数额高于培训费用或者应分摊的培训费用 ……………………………… 90

七、在劳动合同期限外约定了服务期后，未变更劳动合同期限 …… 90

八、约定的服务期包含在劳动合同期限内 ………………………… 91

九、用人单位未提供培训费用，或者培训并非属于专业技术培训，而约定服务期和违约金 …………………………………………… 91

十、未约定在培训完成后，劳动合同履行期间、服务期间劳动者依照《劳动合同法》第38条规定要求解除劳动合同时劳动者是否承担违约金 ……………………………………………………… 92

十一、未约定在培训完成后，劳动合同履行期间、服务期间用人单位依照《劳动合同法》第39条规定情形，要求解除劳动合同时劳动者应承担违约金 …………………………………………… 92

十二、未约定在培训完成后，劳动合同履行期间、服务期间发生双方协商一致、劳动者在试用期间被证明不符合录用条件及《劳动合同法》第40、41条规定情形，用人单位要求解除劳动合同时劳动者是否承担违约金 ……………………………………… 93

十三、约定培训完成后，劳动合同到期后用人单位终止合同而主动放弃服务期的，仍要求劳动者赔偿违约金 …………………………… 93

十四、用人单位未依法对职工、专业技术人员继续教育工作提供不少于
工资总额1.5%的教育培训经费,或者挪用该经费………… 93

第七章　保密和竞业限制……………………………………… 95

一、录用来自竞争对手、尚未解除劳动合同或者签有保密协议、竞业限
制协议的劳动者后不当获取其应该保守的商业秘密…………… 95

二、未明确用人单位商业秘密的具体范围 ………………………… 95

三、未采取合适的申请专利、商标、著作权等知识产权保护措施,仅单纯
依赖保密措施保护商业秘密 ………………………………………… 96

四、未明确哪些劳动者需要承担保守商业秘密的义务并与其签订保密
协议 …………………………………………………………………… 96

五、用人单位对商业秘密未采取合理的保密措施 ………………… 97

六、需要保守的商业秘密过多过滥 …………………………………… 97

七、因劳动者的故意或者过失行为导致泄密 ………………………… 98

八、未制定保守商业秘密的规章制度 ………………………………… 98

九、未规定用人单位的高级管理人员、核心技术人员、部门管理者、重要
劳动者在为用人单位工作期间,不得自行或以他人名义兼职、从事
第二职业、开办或投资与其业务相竞争的企业 ……………… 99

十、未规定公司的董事、监事、非全日制工作人员、劳务人员、实习人员
需要保守商业秘密或未与其签订保密协议 ……………………… 99

十一、保密协议中仅约定劳动合同期内有保密义务 …………… 100

十二、保密协议中对泄密造成损失约定由劳动者承担违约金 …… 100

十三、保密协议中对泄密造成损失应如何承担损害赔偿责任约定
不明 ……………………………………………………………… 100

十四、未明确已经签订了竞业限制协议的劳动者在履行劳动合同期间,
是否应当履行竞业限制义务 ……………………………… 101

十五、未明确如竞业限制条款包含在劳动合同条款中而未订立竞业限制
协议的,劳动合同解除或终止后,竞业限制条款是否仍然有效 …… 102

十六、未明确用人单位违法解除劳动合同后竞业限制协议是否仍然

　　　　有效 …………………………………………………………… 103
　十七、在规章制度中规定竞业限制义务 ……………………… 103
　十八、未对需要签订竞业限制协议的人员身份进行合理限制 …… 104
　十九、未对竞业限制的竞业用人单位和岗位、地域、期限等作明确的约
　　　　定,或者约定竞业范围过于广泛、地域过大、年限过长 ……… 104
　二十、劳动者认为其所从事的职业就业面狭窄因此无需履行竞业限制
　　　　义务 …………………………………………………………… 104
　二十一、将竞业限制补偿款包含在劳动合同约定的劳动报酬中 … 105
　二十二、未约定竞业限制补偿款,或者竞业限制补偿款约定标准过高或
　　　　　过低 ………………………………………………………… 105
　二十三、用人单位不按月发放竞业限制补偿款超过三个月 ……… 106
　二十四、用人单位在履行过程中要求解除竞业限制协议 ………… 106
　二十五、劳动者违反竞业限制约定,向用人单位支付违约金后,用人单位未
　　　　　继续支付补偿金并要求劳动者继续履行竞业限制义务 ……… 107
　二十六、在解除、终止劳动合同的同时或者之前,用人单位即主张解除
　　　　　此前签订的竞业限制协议 ………………………………… 107
　二十七、对劳动者违反竞业限制义务需要承担的违约金约定过高 …… 108
　二十八、对劳动者违反竞业限制义务应如何承担损害赔偿责任约定
　　　　　不明 ………………………………………………………… 108

第八章　工资支付 ……………………………………………… 110
　一、劳动者提供了正常劳动的情况下,用人单位支付的工资低于最低工
　　　资标准 …………………………………………………………… 110
　二、在试用期内低于当地最低工资标准或者本用人单位相同岗位最低
　　　档工资标准,以及劳动合同工资标准的80%支付工资 ………… 111
　三、无故拖欠劳动者工资 …………………………………………… 111
　四、擅自克扣劳动者工资(包括最低工资在内) ………………… 112
　五、有能力支付而以转移财产、逃匿等方法无故拖欠、逃避支付劳动者
　　　的工资 …………………………………………………………… 113

六、不以法定货币支付工资,而以实物、有价证券等代替支付 …… 113

七、向劳动者支付工资未采取划账方式,或者现金支付后未要求劳动者签收 ………………………………………………………… 114

八、支付工资时未向劳动者出具工资清单或支付明细表 ……… 114

九、未能至少每月向劳动者支付一次工资 ……………………… 114

十、劳动者完成一次性临时劳动或某项具体工作后用人单位未按有关协议或合同约定在其完成劳动任务后即支付工资 ………… 115

十一、采取年薪制或考核制计发工资的,未能每月支付不低于当地最低标准的工资 ……………………………………………… 115

十二、约定采取年薪制但未明确薪酬金额、确定方式和发放时间…… 116

十三、不符合法定情形擅自降低劳动者工资 …………………… 116

十四、未将应依法计入工资总额的收入计入工资总额 ………… 117

十五、将依法不应计入工资总额的收入计入工资总额 ………… 117

十六、将依法不应计入最低工资的收入计入最低工资 ………… 118

十七、劳动者在法定、约定的工作时间内未能提供正常劳动的,仍然支付其最低工资 ……………………………………………… 118

十八、实施计件工资的用人单位确定的最低单件计价不合理,使得劳动者所得计件工资低于当地最低工资标准 ……………… 119

十九、计件定额的确定、修改未通过用人单位职工民主程序 …… 119

二十、未能体现按劳分配原则 …………………………………… 119

二十一、未能体现同工同酬原则 ………………………………… 120

二十二、劳动者在法定工作时间内依法参加社会活动期间,未正常支付工资 …………………………………………………… 120

二十三、劳动者在法定节假日休假、带薪年休假、探亲假、婚假、丧假、陪产假、节育手术假期间,未正常支付工资 ……………… 121

二十四、对未婚先孕(育)、违法生育的女职工在产假期间仍正常发放工资 …………………………………………………… 122

二十五、女职工按有关规定享受的产前假、哺乳假期间的工资低于其原工资性收入的80% …………………………………… 123

二十六、女职工孕期或者哺乳期不适应原岗位,经协商调整工作岗位或者
改善相应的工作条件后,用人单位以调岗为由降低其工资 … 123

二十七、劳动者因疑似传染病患者经隔离观察后排除,未视为提供正常
劳动支付其隔离观察期间的工资 …………………………… 124

二十八、被法院判处管制、缓刑的劳动者,继续在原用人单位工作的,拒
不支付其工资 …………………………………………………… 124

二十九、拒绝支付本单位工会委员会的专职主席、副主席、委员的工资、
奖金、补贴、社保、福利待遇 ……………………………… 125

三十、用人单位工会非专职委员占用工作时间从事工会工作,每月不超
过三个工作日的,拒绝发放期间工资和其他待遇 …………… 125

三十一、用人单位拒绝向工会每月按全部职工工资总额 2% 拨付活动
经费 ……………………………………………………………… 126

三十二、劳动合同被确认无效后,劳动者的劳动报酬计算缺乏明确
标准 ……………………………………………………………… 126

三十三、确因生产经营困难,在一个月内暂时无法支付工资 ……… 126

三十四、因生产经营困难而停工超过一个月,期间未与劳动者协商确定
停工期间工资标准 ……………………………………………… 127

三十五、用人单位规章制度对劳动者罚款的种类过多、罚款金额
过高 ……………………………………………………………… 127

三十六、用人单位规章制度对劳动者设置罚款的执行程序规定不明确、
不严格 …………………………………………………………… 128

三十七、因劳动者故意或者重大过失给用人单位造成经济损失,但未在
劳动合同或规章制度中明确应当由劳动者承担赔偿责任及其
具体方式 ………………………………………………………… 129

三十八、因劳动者故意或者重大过失造成用人单位经济损失,依法应承担
赔偿责任的,从其工资中扣除赔偿费的金额或比例过大 … 129

三十九、因劳动者一般过失,或者劳动者并未违反劳动合同和规章制度
而无过失但造成经济损失的,依据劳动合同、规章制度的规定
要求劳动者承担赔偿责任 ……………………………………… 130

四十、未按照规定从劳动者应得工资中代扣代缴社会保险、所得税、法院裁判文书确定的义务部分 ………………………… 131

四十一、未按劳动合同和规章制度向劳动者支付各类津贴和补贴 …… 131

四十二、劳动合同解除或终止后未能一次性付清所欠工资 ……… 132

第九章 工作时间和加班 …………………………………………… 133

一、未按规定对特殊岗位工作的劳动者申请综合工时、不定工时行政许可 ………………………………………………………… 133

二、标准工时下要求劳动者每天加班超过 3 小时,或者每月超过 36 小时;或者采取各种方式强迫劳动者自愿加班超过上述期限 …… 133

三、未保障劳动者每周至少休息一日 ……………………………… 134

四、未规定加班的具体审批程序 …………………………………… 134

五、规定了加班的具体审批程序,但审批人在加班前借故不审批,事后也不补办 ………………………………………………………… 135

六、用人单位变相强迫劳动者加班 ………………………………… 135

七、实施计件工资的用人单位在劳动者在正常工作时间已经完成劳动定额的情况下延长其工作时间 ……………………………… 136

八、要求劳动者加班,未征求工会意见或者与劳动者协商,被拒绝后以扣发工资甚至解除劳动合同的威胁方式强迫劳动者加班 …… 136

九、片面理解加班时间限制的规定 ………………………………… 137

十、未规定劳动者在外地出差、夜间或假日值班等特殊情形能否认定为加班 …………………………………………………………… 137

十一、未通过打卡和人工考勤相结合的方式确定劳动者出勤、缺勤、外出、请假、加班、迟到、早退、旷工的时间 ………………… 138

十二、未正常保留两年以内劳动者出勤和加班情况的人工考勤表 … 138

十三、未规定专人负责登记或者监督打卡 ………………………… 139

十四、未规定对人事或者负责登记、监督打卡人员的打卡记录、考勤情况的监督程序 ……………………………………………… 139

十五、未按时调取打卡考勤记录或者制作人工考勤表 …………… 140

十六、未规定人工考勤表须于工资支付周期内交劳动者本人签字确认，以及劳动者无正当理由不予确认的后果 …………………… 140

十七、未规定劳动者外出工作的具体审批程序 …………… 141

十八、未规定因出差、晚间加班、天气恶劣等原因导致迟到的合理缓冲时间 ………………………………………………… 141

十九、用人单位不承认适用综合工时的员工的加班 ……… 141

二十、未规定不在办公室工作的综合计算工时人员如何考勤，如何计算出勤时间、加班时间 ……………………………… 142

二十一、用人单位拒不支付劳动者加班工资 ……………… 143

二十二、因未签劳动合同、劳动合同未约定工资标准，或者在劳动合同约定的工资标准中已包含加班费等原因，导致加班工资的计算基数无法确定 ………………………………… 144

二十三、在工作日安排加点或者法定节假日安排加班，不支付加班工资而安排补休 …………………………………… 144

二十四、在法定节假日安排劳动者加班只安排补休，不支付或只支付300%的劳动报酬 ………………………………… 145

二十五、在法定节假日安排适用综合工时、不定工时的劳动者加班未支付加班费 …………………………………… 146

二十六、在正常工作时间之外、双休日、法定节假日安排劳动者接受培训、开会等任务，不支付加班费 ……………………… 146

第十章 请假休假 …………………………………………… 148

一、未按规定同意劳动者享受婚假、丧假、产前假、产假、难产假、生育假、陪产假、哺乳假、节育手术假等法定休假 …………… 148

二、未制定关于劳动者是否享有探亲假及期间有关待遇的规章制度 ……………………………………………………… 148

三、除年假、事假外，未根据具体情况要求劳动者提供或者审核劳动者提出的请假原因和材料的真实性 …………………… 149

四、未按规定在劳动者休法定假时给予规定的工资和其他待遇 … 149

五、未按规定合理安排劳动者每年应有的带薪年休假 …………… 150

六、未规定劳动者提出休带薪年休假的审批程序 ……………… 150

七、擅自规定在本用人单位工作满一年后方可休带薪年休假 …… 151

八、用人单位以劳动者当年入职前在其他用人单位已休年假或休年假
情况不明为由，拒绝根据规定按比例折算当年年假天数 ……… 151

九、用人单位以无法查明劳动者累计工作年限为由而拒绝给予相应的
年假待遇 ………………………………………………………… 151

十、用人单位以劳动者已休寒暑假、有薪事假、病假等假期过多等为由，
拒绝给予相应的年假待遇 ………………………………… 152

十一、劳动者因本人原因口头提出不休年假，事后又提出要求按日工
资收入水平补发300%的补偿 ……………………………… 153

十二、未规定劳动者带薪年休假是否可以跨一个年度安排 ……… 153

十三、擅自将劳动者根据国家规定应当另行享有的法定休假日、休息
日，以及探亲假、婚丧假、产假、工伤停工留薪期间等日期计入带
薪年休假 …………………………………………………… 154

十四、解除或者终止劳动合同时，擅自将劳动者按照比例折算后多休的
年休假天数扣回 ……………………………………………… 154

十五、劳务派遣单位、实际用工单位拒绝为劳务派遣劳动者安排休
年假 …………………………………………………………… 155

十六、未与劳动者约定病假期间工资的计算基数 ………………… 155

十七、未按规定根据病假工资基数正确计算劳动者病假工资、疾病救济
费和病假日 …………………………………………………… 156

十八、劳动者患病期间的病假工资或者疾病救济费标准低于当地最低
工资标准的80%，或者不予发放 …………………………… 157

十九、未制定劳动者关于请病假程序的规章制度 ………………… 157

二十、未制定关于用人单位有权要求劳动者前往指定医院复检的规章
制度 …………………………………………………………… 157

二十一、无法否定劳动者提供的病假单内容的真实性或合理性 … 158

二十二、未及时确定劳动者医疗期或对劳动者医疗期进行集中统一

管理 ……………………………………………………………… 158

二十三、未规定劳动者请事假是否不发放工资 ……………………… 159

第十一章　安全生产与职业病防治 ………………………………… 160

一、用人单位未建立、健全安全生产的各项制度 ………………… 160

二、用人单位未严格执行国家和各地方政府规定的劳动安全卫生规程和标准 ………………………………………………………… 160

三、用人单位未对包括劳务派遣人员、实习人员在内的新老员工进行劳动安全卫生、安全生产教育和培训并予以记录 ………… 161

四、未向劳动者发放相应的劳动防护用品 ………………………… 161

五、用人单位未根据规定设置专职或兼职的安全生产管理人员及其责任范围、考核标准 …………………………………………… 162

六、用人单位未根据规定建立应急救援组织或者指定兼职的应急救援人员，或未配备相应的应急救援器材 …………………………… 162

七、特种作业人员未按规定持证上岗 ……………………………… 163

八、用人单位新建、改建、扩建工程项目的安全设施，未按规定与主体工程同时设计、同时施工、同时投入生产和使用 ……………… 163

九、用人单位管理人员违章指挥、强令劳动者冒险作业 ………… 164

十、劳动者发现直接危及其人身安全的紧急情况时，停止作业或者在采取可能的应急措施后撤离作业场所 ……………………………… 164

十一、劳动安全设备设施不齐全、不能正常运转 ………………… 165

十二、用人单位未向劳动者如实告知作业场所和工作岗位存在的危险因素、防范措施以及事故应急措施 ……………………………… 165

十三、劳动者未严格遵守安全规章制度、未服从管理、未正确使用劳防用品 ……………………………………………………………… 166

十四、用人单位使用暴力、威胁、限制人身自由、侮辱、体罚、殴打、非法搜查和非法拘禁等手段强迫劳动者劳动 …………………… 166

十五、建设项目的职业病防护设施未按照规定与主体工程同时设计、同时施工、同时投入生产和使用及验收合格，或其设计不符合国家

职业卫生标准和卫生要求 ………………………………… 167
十六、未采取规定的职业病防治管理措施,未建立和公布职业病防护规章制度、操作规程、职业病危害事故应急救援措施,或未按照规定组织劳动者进行职业卫生培训 ……………………………… 167
十七、未提供职业病防护设施和职业病防护用品,或提供的设施和防护用品不符合标准、无法正常运行和使用 ………………… 168
十八、未依法设置职业病警示标牌和说明 ……………………… 168
十九、擅自安排未成年工以及孕期、哺乳期的女职工从事对本人和胎儿、婴儿有接触职业病危害的作业 ………………………… 169
二十、发生职业病危害事故时未及时救援和报告,未安排职业病人进行诊治,未按规定承担职业病人诊治、生活费用 ……………… 169
二十一、未让职业病人依法享受国家关于职业病的相关待遇,或未将其调岗或妥善安置 ………………………………………… 170
二十二、不如实提供职业病诊断、鉴定所需的劳动者职业史和职业病危害接触史、工作场所职业病危害因素检测结果等资料 …… 170
二十三、未为劳动者建立职业健康监护档案 …………………… 171
二十四、拒绝为离职劳动者提供职业健康监护档案复印件 …… 171
二十五、未对接触职业病危害岗位的劳动者上岗前、在岗期间、离岗时定期进行职业病定期健康检查并承担费用,或未将检查结果书面告知劳动者 ……………………………………………… 171
二十六、擅自拆除、停用职业病防护和救援设施,强令劳动者进行无职业病防护作业 ……………………………………………… 172
二十七、以患职业病劳动者已享受工伤保险待遇为由拒绝承担赔偿义务 ……………………………………………………… 172

第十二章 劳动保护 ………………………………………… 174
一、用人单位未依法建立、健全防暑降温工作制度 …………… 174
二、未根据规定在6—9月期间工作场所不低于33度的情况下发放高温津贴 ……………………………………………………… 174

三、未规定在特殊条件下从事劳动或有特殊情况的劳动者应适当缩短工作时间 …………………………………………………… 175

四、安排女职工从事国家规定禁止女职工从事,或者在经期、怀孕期、哺乳期禁止从事的工作岗位 ………………………………… 176

五、未对怀孕女职工减轻工作量或者安排其他能够适应的劳动岗位 …………………………………………………………………… 176

六、对怀孕七个月以上女职工安排加班加点和夜班 ………… 176

七、对怀孕女职工做产检时间加以限制或按病假、事假、旷工处理,少发或不发相应工资 ……………………………………… 177

八、未按规定同意合法生育的女职工在国家规定的 98 天产假之外享受 30 天生育假、配偶享受 10 天陪产假 ………………… 177

九、对未婚先孕(育)、违法生育的女职工取消产假待遇,认定期间为旷工 ……………………………………………………………… 178

十、对符合怀孕七个月后请产前假两个半月、产假结束后请哺乳假六个月法定条件的女职工,以用人单位情况不允许为由不予批准 … 178

十一、对怀孕七个月后不请产前假的女职工未安排每天工间一小时休息,或安排夜班劳动 ……………………………………… 179

十二、对哺乳期内未请哺乳假照常上班的女职工安排其延长劳动时间、夜班,或者未安排每天至少一小时哺乳时间 ………… 179

十三、用人单位未根据规定定期足额缴纳生育保险 ………… 180

十四、未明确规定未婚先孕(育)、违法生育的女职工是否享受检查费、手术费、住院费等生育费用 ……………………………… 181

十五、女职工生育、流产时用人单位上年度职工月均工资高于上年度上海市职工月均工资 300% 以上的,用人单位拒绝补偿高出部分 ……………………………………………………………… 181

十六、女职工生育、流产当月用人单位为其累计缴纳生育保险费不满 12 个月且连续缴纳不满 9 个月的,用人单位拒绝先行支付按比例应当承担的生育津贴 ……………………………………… 182

十七、对 16—18 周岁的未成年劳动者安排从事国家规定禁止的工作

　　　　岗位 ·· 183

　　十八、未根据规定对未成年工定期进行健康检查 ············· 183

　　十九、招收未成年工未向劳动行政部门办理登记，未获取未成年工登

　　　　记证即上岗 ·· 184

第十三章　劳动合同变更 ·· 185

　　一、订立劳动合同时依据的法律法规发生变化导致原有合同内容不

　　　　符合新规定 ·· 185

　　二、用人单位的经营方向因市场变化或者资产重组等客观原因发生

　　　　重大变化导致原有劳动合同内容不符合实际情况 ············· 185

　　三、用人单位发生更名、合并、分立等法定变更情形 ············· 186

　　四、在用人单位工会主席、副主席任期未满时随意调动其工作；或因

　　　　工作需要调动时，未征得用人单位工会委员会和上一级工会的

　　　　同意 ·· 187

　　五、在劳动者依法参与集体合同协商过程中无正当理由调整其工作

　　　　岗位 ·· 187

　　六、口头变更劳动合同后劳动者实际履行不足一个月后反悔 ··· 188

　　七、书面变更劳动合同后未将变更后的文本交付劳动者 ········· 188

　　八、变更劳动合同时只有人事签字，未加盖用人单位公章 ········ 188

　　九、用人单位未与劳动者当面签字变更劳动合同，且存在委托他人转

　　　　交劳动者签字变更、交劳动者自行签字变更、随意找人代签、劳动

　　　　者漏签等情形 ·· 189

　　十、变更劳动合同未采用书面形式，双方对变更后的合同内容有异议

　　　　或者变更后双方未按变更内容履行 ································· 189

　　十一、变更后的劳动合同内容违反法律法规强制性规定、国家政策以

　　　　　及公序良俗 ·· 190

　　十二、在劳动合同或者规章制度中规定劳动者应当无条件服从用人

　　　　　单位调整岗位、工作时间、工作地点等内容 ···················· 190

　　十三、无脱密方面要求便擅自变更劳动者工作岗位 ············· 191

十四、未签专项培训协议便擅自变更劳动者工作岗位 ………… 192

十五、片面理解"调岗"仅仅是换岗 ………… 192

十六、依法调动劳动者工作岗位时，对劳动者的工资调整幅度过大 ………… 193

十七、依法调整劳动者工作岗位时，未根据原岗位与新岗位之间的联系，也未了解劳动者个人情况或者征求本人意愿后合理调整，而是随意、恶意调整其岗位 ………… 194

十八、随意滥用撤销岗位、调整岗位的经营权力，或者编造转产、经营亏损等信息，随意要求劳动者从事其他岗位或作其他合同变更 ………… 194

十九、用人单位未与其富余人员、放长假人员、长期被外单位借用的人员、带薪上学人员以及其他非在岗但仍保持劳动关系的职工协商一致后，就不在岗期间有关劳动合同事项进行变更 ………… 195

二十、在劳动合同中约定劳动者或者用人单位的合同权利义务可以转让给第三人 ………… 195

二十一、未为其聘用的外国人、中国台港澳地区人士变更、延期就业许可证件、工作签证、居留证件 ………… 196

第十四章 劳动合同解除与终止 ………… 197

一、用人单位仅引用《公司法》的规定解除"董监高"职务并解除其劳动合同，未审核是否符合《劳动合同法》的规定 ………… 197

二、规章制度未明确劳动者试用期内被证实"不符合录用条件"的具体情形 ………… 198

三、规章制度明确劳动者在试用期内因病、非因工负伤、孕产期等原因而请假的限制期限过短，超过该期限即作为不符合录用条件而随意解除劳动合同 ………… 198

四、用人单位单方解除劳动合同存在重大瑕疵，未考虑协商一致解除劳动合同 ………… 199

五、协商一致解除劳动合同时未明确是用人单位提出还是劳动者

提出 …………………………………………………………………… 199
六、在协商时未体现自愿、平等、合法的原则,导致协议违反法律法规
　　的强制性规定或损害一方的合法权益 ……………………………… 200
七、协商一致解除劳动合同或者终止劳动合同后就后续事宜未签订
　　书面协议 ……………………………………………………………… 200
八、劳动者提前 30 日提出辞职申请或在试用期内提前 3 日提出辞职
　　申请,过期后用人单位以辞职理由不成立、未办理完审批手续等
　　为由拒不办理离职手续 ……………………………………………… 201
九、劳动者提出辞职,用人单位以已为劳动者办理户口、暂住证,为劳动
　　者提供住房、专车等特殊待遇为借口拒不办理离职手续 ………… 202
十、未明确劳动者提出辞职后,劳动合同解除的正式日期和
　　标志 …………………………………………………………………… 202
十一、用人单位未在规章制度中明确如何认定劳动者未按法律规定
　　　的程序擅自离职或在试用期内擅自离职 ………………………… 203
十二、未明确劳动者未按照法律规定的程序在合同期、试用期内辞职,或
　　　者擅自离职后,劳动者应如何向用人单位承担赔偿责任 ……… 203
十三、劳动者在入职后未满 30 日、尚未来得及签订劳动合同即未按
　　　法律规定的程序擅自离职 ………………………………………… 204
十四、未明确劳动者提出辞职申请后用人单位的审批程序 …… 204
十五、用人单位以所谓"买断工龄"的方法提前解除劳动合同并终止
　　　劳动者的社会保险关系 …………………………………………… 205
十六、用人单位实施"末位淘汰""竞争上岗",以严重违反规章制度或
　　　者不胜任工作为由与劳动者解除合同 …………………………… 205
十七、用人单位未及时足额支付劳动报酬,存在解约赔偿风险 … 206
十八、用人单位未按照法定或者约定向劳动者提供劳动保护或者劳
　　　动条件,存在解约赔偿风险 ……………………………………… 207
十九、用人单位未依法为劳动者缴纳社会保险,存在解约赔偿
　　　风险 ………………………………………………………………… 207
二十、用人单位规章制度违反法律法规导致损害劳动者权益,存在解

约赔偿风险 …………………………………………………… 208

二十一、用人单位依据其规章制度对有恋爱、婚姻关系的劳动者强迫
　　　或变相强迫解除一方或双方的劳动合同 ………………… 208

二十二、用人单位有欺诈、胁迫、排除劳动者权利、违反强制性规定的
　　　行为导致劳动合同无效,存在解约赔偿风险 ……………… 209

二十三、未明确"严重违反用人单位规章制度"的内容 …………… 209

二十四、用人单位在存在违法降低工资、违法变更工作岗位或工作地
　　　点、规章制度违法等在先过错的情况下,以劳动者拒绝工作
　　　调动、严重违纪等理由单方解除其劳动合同 ……………… 210

二十五、将劳动者偶然的轻微违纪违规、通过批评教育可以改正的行为
　　　列入"严重违反用人单位规章制度"而解除劳动合同 …… 211

二十六、未明确"严重失职""营私舞弊""对用人单位利益造成重大损
　　　害"的内容 …………………………………………………… 211

二十七、用人单位单方解除劳动合同,未合法收集相应证据 …… 212

二十八、在未通知、未联系劳动者谈话、给予申辩权利、查清事实的情
　　　况下,擅自认定劳动者因严重违反用人单位规章制度、严重
　　　失职、营私舞弊、给用人单位造成重大损害等情况而解除劳
　　　动合同 ………………………………………………………… 213

二十九、未在一个工资支付周期内认定劳动者因迟到、早退、旷工、严
　　　重违反用人单位规章制度等情况而执行书面警告、通报批
　　　评、解除劳动合同等劳动纪律 ……………………………… 213

三十、无充分证据证实劳动者与其他用人单位建立劳动关系,严重影
　　　响本职工作而擅自解除劳动合同 …………………………… 214

三十一、无充分证据证实在劳动者病休期间擅自从事第二职业获取
　　　收入而擅自解除劳动合同 …………………………………… 215

三十二、劳动者采用欺诈、胁迫、乘人之危等手段订立或者变更劳动
　　　合同 …………………………………………………………… 215

三十三、未明确劳动者在合同期内被依法处以行政拘留、被采取刑事
　　　强制措施导致长期无法联系、无法履行劳动合同时,能否解

除劳动合同 …………………………………………………… 216

三十四、劳动者因被判处刑罚导致被用人单位解除劳动合同,后被改判无罪并要求恢复劳动关系、补发期间工资 ………… 217

三十五、未明确劳动者因卖淫、嫖娼等违法活动被收容教育的能否解除劳动合同 ……………………………………………… 217

三十六、未明确女职工因未婚先育、违法生育属于"严重违反规章制度"而可以解除劳动合同的情形 ……………………………… 218

三十七、劳动者在劳动合同期内(包括在试用期内)患病或非因工负伤,尚处于法定医疗期的,用人单位单方解除劳动合同 …… 219

三十八、用人单位在劳动者非因工致残或经医疗机构认定患有难以治疗的疾病,医疗期内医疗终结,不能从事原工作时,未经调岗或者未经劳动能力鉴定委员会鉴定,便擅自解除劳动合同 ………………………………………………………… 219

三十九、用人单位在劳动者患病或非因工负伤,医疗期满后,未经调岗便解除劳动合同 ……………………………………… 220

四十、用人单位在劳动者非因工致残或经医疗机构认定患有难以治疗的疾病,医疗期满,不能从事原工作时,未经调岗或者未经劳动能力鉴定委员会鉴定,便擅自解除劳动合同 …………… 221

四十一、由于因病或非因工负伤、不胜任工作、客观原因不能履行合同等原因解约,用人单位未按规定提前30日通知解除劳动合同 ……………………………………………………………… 221

四十二、用人单位因劳动者因病或非因工负伤而依法解除劳动合同时,除经济补偿金和代通金之外,未按规定支付或足额支付医疗补助费 ……………………………………………………… 222

四十三、未明确"不能胜任工作"的内容 ……………………………… 223

四十四、仅以劳动者懈怠、工作态度不积极甚至"对领导态度差"等主观因素为由便擅自以"不胜任工作"为由解除劳动合同 …… 223

四十五、用人单位擅自提高劳动定额标准后认定劳动者"不能胜任工作"并解除劳动合同 ……………………………………… 224

四十六、缺乏依法制定的具体的劳动定额、考核指标，仅凭领导打分、同事之间相互打分便确认劳动者"不胜任工作" ………… 224

四十七、未经过"考核-培训或调岗-考核"程序便擅自以"不胜任工作"为由解除劳动合同 …………………………………… 225

四十八、未明确"劳动合同订立时所依据的客观情况发生重大变化"的内容 …………………………………………………… 225

四十九、以解除劳动合同时上一个月劳动者的工资标准支付代通知金 ……………………………………………………… 226

五十、不符合法律规定的"破产重整""生产经营发生严重困难""转产与技术革新""其他"条件，进行经济性裁员 ………… 226

五十一、未提前30日向工会或者全体职工说明经济性裁员的具体情况、提供相关生产经营资料，并提出裁员方案 ………… 227

五十二、在向工会或者全体劳动者说明经济性裁员具体情况后，未按规定听取工会或劳动者意见，并对方案进行修改和完善 … 227

五十三、自用人单位向工会或全体劳动者说明情况至向劳动行政部门递送材料的期间未满30日 ……………………………… 228

五十四、未听取、实施劳动行政部门对经济性裁员提出的整改意见即实施经济性裁员 …………………………………………… 228

五十五、经济性裁员时未留用《劳动合同法》规定应优先留用的劳动者 ……………………………………………………… 229

五十六、经济性裁员后6个月内重新招用人员时未在同等条件下优先录用此前裁减人员 ……………………………………… 229

五十七、用人单位对具有法定情形的劳动者，不按法律规定擅自解除其劳动合同 ……………………………………………… 230

五十八、依据《劳动合同法》第40、41条解除女职工劳动合同后，该女职工发现其已经怀孕 ………………………………… 231

五十九、用人单位单方解除劳动合同，未事先通知工会并征求意见，或者在起诉后才向工会补办征求意见 …………………… 231

六十、用人单位决定解除劳动合同，但未根据规定以书面方式通知、

　　　　送达劳动者 …………………………………………………… 232

六十一、用人单位在劳动者未按法律规定的程序擅自离职的情况下，
　　　　未及时出具书面通知书通知其解除劳动合同 ………… 233

六十二、因地址迁移或不准确、劳动者拒签退回等原因，用人单位无
　　　　法按照劳动者户籍地或其提供的地址邮寄送达书面解除
　　　　通知 ……………………………………………………… 234

六十三、用人单位通过委托送达和留置送达方式送达书面解除
　　　　通知 ……………………………………………………… 234

六十四、用人单位直接通过新闻媒体公告方式送达书面解除
　　　　通知 ……………………………………………………… 234

六十五、用人单位在通知解除劳动合同之时未明确具体的解除
　　　　理由 ……………………………………………………… 235

六十六、用人单位在仲裁、诉讼时提出的解除劳动合同的理由与通知
　　　　解除之时引用的理由不一致 …………………………… 236

六十七、用人单位在劳动合同解除、终止后，未依法向劳动者出具解
　　　　除劳动关系的证明 ……………………………………… 236

六十八、用人单位在解除、终止劳动合同的证明上记载关于劳动者职
　　　　业能力、品行的有关负面情况 ………………………… 237

六十九、解除、终止劳动合同后用人单位未按规定和约定及时办理工
　　　　作交接、办理档案和社会保险关系转移手续、办理解约登记
　　　　等退工手续 ……………………………………………… 237

七十、解除、终止劳动关系后劳动者未按规定和约定及时办理工作交
　　　接手续，用人单位采取暂扣未付工资、不予出具退工证明、不予
　　　办理档案和社保转移手续等制约措施 …………………… 238

七十一、未明确劳动合同解除、终止后劳动者办理工作交接手续的程
　　　　序、交接内容 …………………………………………… 239

七十二、办理工作物品交接时，未办理签收手续 ………………… 240

七十三、劳动者在离开原用人单位后，未经许可擅自带走原用人单位
　　　　的技术资料和设备器材 ………………………………… 240

七十四、解除、终止劳动合同后，未将《就业失业登记证》(或《劳动手册》)、农村富余劳动力求职登记卡退还劳动者 …………… 241

七十五、用人单位调集、保管劳动者档案，在解除、终止劳动合同后未在 15 日内将其档案转交其新用人单位或其户口所在地街道，或者擅自扣留档案 …………………………………… 241

七十六、用人单位遗失劳动者档案、拒绝重建劳动者档案 ……… 242

七十七、因劳动者参与工会活动或工会工作人员履行相应职责而被解除劳动合同 …………………………………………… 242

七十八、未经规定的集体协商程序擅自变更或者解除集体合同…… 242

七十九、违法解除劳动合同，劳动者要求恢复劳动关系获得仲裁、法院支持后，要求赔偿违法解除期间的工资 ……………… 243

八十、聘用的外国人因违反中国法律被中国公安机关取消居留资格 ………………………………………………………… 243

八十一、用人单位聘用外国人就业每满一年的，在期满前 30 日内未及时办理就业证年检手续 ……………………………… 244

八十二、聘用的外国人或中国台港澳地区人士劳动合同解除或终止后未按规定交还或注销许可证件 ……………………… 244

八十三、与已达到退休年龄、符合领取养老金条件，但尚未办理退休手续、尚未开始领取养老金的劳动者宣布终止劳动合同 … 245

八十四、擅自与已达退休年龄但因缴费未满 15 年、无法享受社会保险待遇的劳动者宣布终止劳动合同 ……………………… 245

八十五、擅自与跨省流动就业、达到法定退休年龄的劳动者宣布终止劳动合同 ………………………………………………… 246

八十六、在劳动合同中约定《劳动合同法》第 44 条规定的终止条件之外的其他解除、终止劳动合同的条件 ……………………… 246

八十七、未在外国人在沪就业时在劳动合同中约定解除、终止劳动合同的条件 ………………………………………………… 247

八十八、对有法定情形的劳动者，在相应情形消失前劳动合同到期的，用人单位即宣布终止劳动合同 ……………………… 248

八十九、劳动者患病或者非因工负伤,医疗期满、合同期满终止劳动合同
　　　　的,用人单位未支付不低于6个月工资的医疗补助费 …… 249

九十、基层工会主席、副主席、委员劳动合同到期,用人单位未查清其
　　　任职期限即终止其劳动合同 ………………………………… 249

第十五章　经济补偿金 ……………………………………… 251

一、用人单位向劳动者提出协商一致解除劳动合同后,未支付经济补
　　偿金 ……………………………………………………………… 251

二、因用人单位过错导致劳动者解除劳动合同后,用人单位未支付经
　　济补偿金 ………………………………………………………… 251

三、用人单位在劳动者因病、非因工负伤,不胜任工作,客观原因情况
　　下解除劳动合同的,未支付经济补偿金 ……………………… 252

四、用人单位以经济性裁员为由解除劳动合同后,未支付经济
　　补偿金 …………………………………………………………… 253

五、除用人单位维持或者提高约定条件续订而劳动者不同意续订的
　　情形外,用人单位在合同到期后不愿意续签而终止固定期限劳动
　　合同后,未支付经济补偿金 …………………………………… 253

六、用人单位被依法宣告破产,被吊销营业执照、责令关闭、撤销,决
　　定提前解散,以及经营期限届满不再继续经营的,未支付经济补
　　偿金 ……………………………………………………………… 254

七、经济补偿金的标准计算错误 …………………………………… 254

八、计算经济补偿金时错误计入个人应缴纳的各类税费,以及股票、
　　期权、红利等与投资相关并不列入工资总额的收益 ………… 255

九、计算经济补偿金时未将劳动者本人每月缴纳的社保和公积金部
　　分收入计入应得工资 …………………………………………… 256

十、劳动者非因本人原因更换用人单位,原用人单位未支付经济补
　　偿,后在离职计算支付经济补偿或赔偿金的工作年限时,未合并
　　此前工作年限 …………………………………………………… 256

十一、与劳动者约定由用人单位向劳动者承担违约金、法律规定之外

其他具有违约金性质的经济补偿金 …………………………… 257

十二、劳动者达到法定退休年龄后劳动合同终止的,向用人单位主张
经济补偿金 …………………………………………………… 257

十三、对于为退伍、复员、转业军人的劳动者,支付经济补偿金时未依
法将其军龄计入经济补偿年限 ……………………………… 258

十四、从事政府为安置就业困难人员提供的给予岗位补贴和社会
保险补贴的公益性岗位,到期终止后劳动者要求支付经济
补偿金 ………………………………………………………… 258

十五、用人单位在给劳动者发放高于上年度全市职工平均工资3倍的
一次性经济补偿收入后,未予代扣代缴其个人所得税 …… 259

十六、未对工作时间跨越 2008 年 1 月 1 日前后的劳动者解除或者终
止劳动合同后支付的经济补偿金做分段计算 ……………… 260

十七、用人单位违法解除或者终止劳动合同 …………………… 261

十八、用人单位拒不依法向劳动者支付劳动报酬、加班费、低于最低
工资标准支付工资以及经济补偿金 ………………………… 261

第十六章 劳务派遣 ……………………………………………… 263

一、因费用低廉等原因,与不具备劳务派遣许可证的劳务派遣单位或
者个人签订劳务派遣协议 …………………………………… 263

二、用工单位与劳务派遣单位签订劳务派遣协议、接受劳务派遣后,
又与被派遣劳动者另行签订劳动合同 ……………………… 263

三、用工单位违法设立劳务派遣单位向本单位或者所属其他用工单
位派遣劳动者 ………………………………………………… 264

四、用工单位对被派遣劳动者压低、克扣劳动报酬,与本用工单位同
类岗位的劳动者不实行相同的劳动报酬分配办法 ………… 264

五、用工单位未将劳务派遣用工安排在临时性、辅助性或者替代性的
工作岗位 ……………………………………………………… 265

六、未通过与职代会、全体职工的平等协商、民主程序确定适用劳务
派遣用工的岗位范围,并在用工单位内公示 ………………… 266

七、用工单位使用的被派遣劳动者数量超过其用工总量的10%…… 266

八、被派遣劳动者在被派遣到不同用工单位的过程中,多次与用工单位约定试用期 …………………………………………… 267

九、劳务派遣单位跨地区派遣劳动者,用工单位按照劳务派遣单位所在地的标准给予其较低的劳动报酬、劳动条件 ………… 267

十、用工单位违反有关劳务派遣规定,给被派遣劳动者造成损害的,以劳务派遣协议有约定为由,拒绝与劳务派遣单位承担连带赔偿责任 …………………………………………………………… 268

十一、被派遣的劳动者因执行用工单位工作任务造成第三人损害 ……………………………………………………………… 268

十二、用工单位擅自将劳务派遣连续用工期限分割订立数个短期劳务派遣协议 ………………………………………………… 269

十三、劳务派遣单位不依法为被派遣劳动者履行其法定义务 … 269

十四、用工单位不依法为被派遣劳动者履行其法定义务 ……… 270

十五、用工单位擅自宣布解除被派遣劳动者的劳动合同 ……… 270

十六、用工单位以法无明文规定为由拒绝被派遣劳动者提前30日通知其辞职 ………………………………………………………… 270

十七、被派遣劳动者违反法律规定擅自从用工单位离职 ……… 271

十八、被派遣劳动者不具有法定情形,用工单位将其擅自退回 … 271

十九、被派遣劳动者具有法定情形而被退回后,劳务派遣单位擅自解除劳动合同 ……………………………………………………… 272

二十、劳动者被退回依据不足,劳务派遣单位未在一个月内进行合理重新派遣 ………………………………………………………… 273

二十一、劳务派遣单位有法定情形不再继续经营 ……………… 273

二十二、派遣期限届满,但对具有法定情形的被派遣劳动者,在相应情形消失前用工单位擅自将其退回 ……………………………… 274

二十三、在派遣期限届满前,被派遣劳动者已具有法定情形的,用工单位以因客观原因无法继续用工、经济性裁员的理由,擅自将被派遣劳动者退回 ……………………………………………… 275

二十四、用工单位未将使用的被派遣劳动者数量降至符合规定比例之前,擅自新增使用被派遣劳动者 ……………… 275

二十五、劳务派遣协议的内容违反法律法规规定,或者不具备规定的内容 …………………………………………………… 276

二十六、劳务派遣单位未将劳务派遣协议的内容告知劳动者,擅自克扣用工单位支付的劳动报酬,或者擅自向劳动者收取费用 ……………………………………………… 277

二十七、劳务派遣单位与被派遣劳动者签订非全日制用工劳动合同 ……………………………………………………… 277

二十八、劳务派遣单位与被派遣劳动者签订的劳动合同期限不满二年 …………………………………………………… 277

二十九、劳务派遣单位与符合条件的被派遣劳动者签订无固定期限劳动合同 …………………………………………… 278

三十、劳务派遣单位未及时足额在被派遣劳动者无工作期间按月向其支付最低工资 …………………………………… 279

三十一、劳务派遣许可期限届满未续期或者许可被撤销、吊销的,劳务派遣单位和劳动者未能协商一致解除劳动合同 …… 279

三十二、用工单位以承揽、外包等名义,按劳务派遣用工形式使用劳动者 ………………………………………………… 280

第十七章 非全日制用工 …………………………………… 282

一、未与非全日制劳动者签订书面劳动合同 …………… 282

二、未依法为非全日制用工劳动者办理招退工相关的登记备案手续 …………………………………………………… 282

三、要求非全日制劳动者劳动时间平均每日 4 小时以上,每周 24 小时以上甚至 40 小时 ……………………………… 283

四、不当限制非全日制劳动者与其他用人单位发生其他劳动关系 …………………………………………………… 283

五、允许非全日制劳动者"在家办公",未要求其在指定地点

工作 …………………………………………………………… 284
　六、与非全日制劳动者约定试用期、限制劳动者合同解除权利的
　　　条件 …………………………………………………………… 284
　七、与非全日制劳动者约定的劳动报酬低于最低小时工资
　　　标准 …………………………………………………………… 285
　八、与非全日制劳动者约定的劳动报酬结算周期长于 15 日 …… 285
　九、安排非全日制用工劳动者在法定节假日加班,未按规定支付加班
　　　工资 …………………………………………………………… 285
　十、不根据规定向非全日制劳动者支付应当缴纳的社会保险费…… 286
　十一、不在非全日制劳动者发生工伤或者患职业病时承担相应的经
　　　　济责任 ……………………………………………………… 287

第十八章　社会保险、公积金和福利待遇 …………………………… 288
　一、用人单位未及时申请办理、变更、注销社会保险登记证或办理相
　　　关验证、换证手续 …………………………………………… 288
　二、用人单位伪造、变造、转让、涂改、买卖、损毁、遗失社会保险登记
　　　证件 …………………………………………………………… 289
　三、用人单位未自用工之日起 30 日内为劳动者向社会保险经办机构
　　　申请办理社会保险登记并申报缴费情况 …………………… 289
　四、用人单位无正当理由不足额、不按时为劳动者(包括在试用期内)
　　　缴纳各类社会保险(包括用人单位依法应当为劳动者缴纳的部分
　　　和代扣代缴劳动者需要承担的部分) ………………………… 290
　五、用人单位逾期无法足额缴纳社保费用 ………………………… 291
　六、用人单位逾期无法足额缴纳社保费用,社会保险行政部门要求用
　　　人单位以抵押、质押的方式提供担保 ………………………… 291
　七、用人单位因不可抗力等情况造成生产经营严重困难,难以及时足
　　　额缴纳社保,但未向社会保险行政部门提出申请暂缓缴纳,或批
　　　准暂缓期间经过后仍然不继续缴纳 ………………………… 292
　八、用人单位擅自与上海市或外省市来沪工作的农村户籍劳动者达

成所谓"自愿放弃缴纳社保"的协议后不再为其缴纳社保 ⋯ 293
九、异地派遣劳动者或者异地用工的,劳务派遣单位、用工单位未在用工所在地设立分支机构并缴纳社会保险 ⋯⋯⋯⋯⋯⋯⋯ 294
十、因社保手续转移繁杂在短时期内无法将劳动者在外地的社保关系和已缴纳资金转移至本地而无法及时办理社保登记、缴纳社保 ⋯⋯⋯⋯⋯⋯⋯⋯⋯⋯⋯⋯⋯⋯⋯⋯⋯⋯⋯⋯⋯⋯⋯ 294
十一、用人单位未给依法在华就业的外国人、中国台港澳地区人士缴纳社会保险 ⋯⋯⋯⋯⋯⋯⋯⋯⋯⋯⋯⋯⋯⋯⋯⋯⋯⋯⋯⋯⋯ 295
十二、用人单位未及时根据劳动者的具体情况办理新进、转入、转出、补缴、封存、启封等各类社保申报手续 ⋯⋯⋯⋯⋯⋯⋯⋯ 296
十三、劳动合同变更、解除后,用人单位未在15日内为劳动者办理社保转移手续 ⋯⋯⋯⋯⋯⋯⋯⋯⋯⋯⋯⋯⋯⋯⋯⋯⋯⋯⋯⋯⋯ 297
十四、用人单位采取各种财务、行政手段故意降低用人单位工资总额和劳动者账面工资的数额,规避缴纳社会保险 ⋯⋯⋯⋯⋯⋯ 297
十五、用人单位协助劳动者以欺诈、伪造证明材料或者其他手段骗取社会保险待遇 ⋯⋯⋯⋯⋯⋯⋯⋯⋯⋯⋯⋯⋯⋯⋯⋯⋯⋯⋯ 298
十六、用人单位委托各类人才中介服务机构或者各类"代缴社保平台"以该机构或平台自己的名义办理代缴社保服务 ⋯⋯⋯⋯ 298
十七、用人单位未按月将缴纳社会保险费的明细情况告知劳动者 ⋯ 299
十八、用人单位未按时依法办理住房公积金登记手续 ⋯⋯⋯⋯ 299
十九、用人单位未按时依法为劳动者办理住房公积金缴存登记并到银行办理其住房公积金账户的设立或者转移手续 ⋯⋯⋯⋯ 300
二十、用人单位未根据规定为劳动者(包括在试用期内)缴纳并代扣代缴其应缴的住房公积金 ⋯⋯⋯⋯⋯⋯⋯⋯⋯⋯⋯⋯⋯⋯ 301
二十一、劳动者提取公积金时用人单位未根据规定加以核实并出具提取证明 ⋯⋯⋯⋯⋯⋯⋯⋯⋯⋯⋯⋯⋯⋯⋯⋯⋯⋯⋯⋯⋯ 301
二十二、用人单位协助劳动者以欺骗手段违法提取本人或他人住房公积金账户内的存储余额 ⋯⋯⋯⋯⋯⋯⋯⋯⋯⋯⋯⋯⋯⋯ 301
二十三、劳务派遣单位或者用工单位不依法承担缴纳公积金的义务,

或者未在劳务派遣协议中约定缴纳方式 …………………… 302

二十四、未与合法建立劳动关系的外国人、获得境外永久(长期)居留权人员,以及中国台港澳地区人员按规定缴存住房公积金 … 302

二十五、申请降低公积金缴存比例或缓交住房公积金的用人单位提出申请前未经职代会或工会审议通过 …………………… 303

二十六、未根据法律法规和本单位规章制度发放相关的职工福利费 ………………………………………………………… 303

二十七、参保劳动者因病、非因工死亡或完全丧失劳动能力的,用人单位未告知或协助其近亲属向社会保险基金领取相关福利待遇 ……………………………………………………… 305

二十八、用人单位未告知因病或非因工死亡劳动者遗属,如生活困难的可申请遗属生活困难补助费 ……………………… 305

第十九章 企业年金 ………………………………………………… 306

一、企业建立年金计划,选择法人受托机构或者成立企业年金理事会之前,未通过职代会讨论确定 ………………………… 306

二、用人单位成立企业年金理事会作为受托人,理事会中职工代表人数少于1/3 ………………………………………………… 306

三、企业年金理事会中的职工代表和企业以外的专业人员未经职代会或者其他形式民主选举产生 ……………………………… 307

四、用人单位未依法确定已取得劳动行政部门许可的法人受托机构、账户管理人、托管人、投资管理人参与基金管理 ………… 307

五、用人单位未与法人受托机构、本用人单位企业年金理事会按规定签订书面受托管理合同 ……………………………… 308

六、企业年金理事会作为受托人,未按规定与账户管理、基金托管、投资管理机构分别签订委托管理合同 …………………… 309

七、制定企业年金方案之前用人单位未与职工进行集体协商,或者制定后未经职代会或者全体职工讨论通过 ……………… 309

八、企业年金方案不具备法律法规规定的相关内容 ………… 310

九、企业年金理事会理事不符合规定的任职条件 …………… 310

十、企业年金理事会作出决议，未经全体理事 2/3 以上通过 …… 311

十一、理事会的决议违反法律法规、理事会章程规定 …………… 311

十二、企业年金理事会对外签订合同，未由全体理事签字 ……… 311

十三、企业年金方案未规定试用期劳动者不适用 ………………… 312

十四、企业年金方案制定、变更完成后，未报送劳动行政部门
      备案 ……………………………………………………………… 312

十五、企业年金方案制定、变更完成，在报送劳动行政部门备案后 15
      日内因劳动行政部门提出异议而被否决 …………………… 313

十六、企业年金理事会作为受托人，未根据规定将受托管理合同和委
      托管理合同报劳动行政部门备案 …………………………… 313

十七、同一企业年金计划中，受托人、托管人、投资管理人及其总经理
      和年金从业人员违反规定相互兼任 ………………………… 314

十八、企业因依法解散、撤销、宣告破产、不可抗力导致企业年金方案
      无法履行，或约定的其他终止条件出现 …………………… 314

十九、用人单位未根据企业年金方案按期缴纳费用，或者缴费金额超
      过最高限度，或者未按规定从劳动者工资中代扣代缴其应缴
      费用 ……………………………………………………………… 315

二十、实行企业年金后，用人单位遇当期不能继续缴费的情况，未与
      劳动者协商中止缴费，或不能缴费的情况消失后未恢复缴费和
      补缴 ……………………………………………………………… 315

二十一、未及时为本用人单位和劳动者开立企业缴费账户和个人缴
        费账户 ………………………………………………………… 316

二十二、劳动者个人缴费金额的最高额与平均额差距超过 5 倍 … 316

二十三、未约定企业缴纳年金费用是否归属于劳动者，或者约定逐步
        归属劳动者的期限超过 8 年 ………………………………… 317

二十四、擅自挪用企业年金账户中的年金费用 …………………… 317

二十五、法定情形出现，用人单位拒不确认个人账户中用人单位缴费
        和投资收益归属于个人 ……………………………………… 318

二十六、未及时足额根据年金方案的规定将企业缴纳费用及投资收入划入个人账户 ………………………………………… 318

二十七、劳动者变更工作单位时,用人单位未及时将年金权益及时转入新用人单位的年金账户 ……………………………… 319

二十八、劳动者新就业用人单位如无年金制度,或年金方案终止的,用人单位未及时与劳动者协商确认其个人账户的托管单位 …………………………………………… 319

二十九、在不符合领取年金条件下,擅自同意从企业年金个人账户中提取资金 ……………………………………………… 320

三十、用人单位擅自干预企业年金理事会独立管理本企业的企业年金基金事务 …………………………………………… 320

三十一、企业年金理事会从事管理年金事务之外的其他经营性活动,或从年金基金中提取管理费用 ………………………… 321

三十二、企业年金基金未与委托人、受托人、账户管理人、投资管理人、托管人和提供其他服务的自然人、机构的自有资产、其他资产分开管理 …………………………………… 321

三十三、企业年金理事会利用企业年金基金财产为其谋取利益,或者为他人谋取不正当利益 …………………………… 322

三十四、企业年金理事会有违反与委托人合同约定、依法解散、需要更换等法定情形 …………………………………… 322

三十五、企业、企业基金理事会拒绝劳动行政部门监督管理职责,拒不积极配合检查、提供资料,谎报、隐匿、销毁证据 …… 323

三十六、企业基金理事会发生违法违规行为可能影响企业年金基金财产安全,或者经劳动行政部门责令改正而不改正 …… 323

第二十章 工伤 …………………………………………………… 325

一、未按照规定为劳动者(包括试用期内)缴纳工伤保险,或者参保之后无正当理由欠缴费用 …………………………… 325

二、未依法为建筑施工行业劳动者缴纳工伤保险 ………… 325

三、未按照规定根据职工实际工资水平、实际工资总额缴纳工伤保险费而是根据较低工资水平缴纳 …… 326

四、由于工伤保险费率行业的差别费率、使用工伤保险基金情况、工伤发生率等因素导致用人单位工伤缴费费率档次浮动 …… 327

五、拒绝为在两个以上用人单位同时就业的劳动者（包括非全日制劳动者）缴纳工伤保险 …… 327

六、未为退休劳务人员、已超法定年龄但尚未退休的劳动者缴纳工伤保险或者商业保险 …… 328

七、劳动者在工作时间和工作场所内，因工作原因受到事故伤害 …… 328

八、劳动者工作时间前后在工作场所内，从事与工作有关的预备性或者收尾性工作受到事故伤害 …… 329

九、劳动者在工作时间和工作场所内，因履行工作职责受到暴力等意外伤害 …… 329

十、劳动者在工作时间和工作场所内离开自己岗位，帮助其他岗位工作，受到事故伤害 …… 330

十一、劳动者在工作时间、工作场所内离开自己岗位聊天、打闹，受到事故伤害 …… 330

十二、劳动者患职业病 …… 330

十三、劳动者因工外出期间，由于工作原因受到伤害 …… 330

十四、劳动者因工外出期间，发生事故下落不明或者在抢险救灾中下落不明 …… 331

十五、劳动者在上下班途中，受到非本人主要责任的交通事故或者城市轨道交通、客运轮渡、火车事故伤害 …… 331

十六、劳动者在工作时间和工作岗位，突发疾病死亡或者在48小时之内经抢救无效死亡 …… 332

十七、在抢险救灾等维护国家利益、公共利益活动中受到伤害 …… 332

十八、原在军队服役，因战、因公负伤致残，已取得革命伤残军人证，到用人单位后旧伤复发 …… 333

十九、劳动者存在不得认定为工伤的因素,但用人单位无明确证据予以证实 ……………………………………………………………… 333

二十、劳动者违章作业造成事故受到伤害 …………………………… 334

二十一、劳动者在宿舍受到伤害 ……………………………………… 334

二十二、劳动者因执行用人单位工作任务造成第三人受到损害 ………………………………………………………………… 334

二十三、用人单位未制定有关工伤的规章制度,明确工伤处理程序和责任 …………………………………………………………… 335

二十四、用人单位未在规章制度中明确发生工伤是否允许受伤劳动者借款,以及借款的审批程序、出具借条、归还日期等内容 ………………………………………… 335

二十五、用人单位未在自事故伤害发生之日或者被诊断、鉴定为职业病之日起 30 日内向社会保险行政部门提出工伤认定申请 …………………………………………………… 336

二十六、用人单位认为不存在劳动关系故不愿意提出工伤认定申请,但社会保险行政部门仍然依职权确认存在劳动关系并作出工伤认定 …………………………………………………… 336

二十七、用人单位对社会保险行政部门对工伤事故的调查核实工作不予协助、设置障碍 ………………………………………… 337

二十八、用人单位与劳动者擅自约定"工伤概不负责""因劳动者过失造成工伤的概不负责" ……………………………………… 338

二十九、用人单位在向主管部门上报工伤事故、提出工伤认定申请之前与劳动者达成赔偿远低于正常标准的"工伤私了协议" ………………………………………………… 338

三十、用人单位以已经承包或租赁给第三人为由而拒绝为劳动者承担工伤保险责任 …………………………………………… 339

三十一、劳动者发生工伤或职业病,用人单位在停工留薪期间或劳动能力鉴定结论尚未作出前,拒绝支付工资、护理费或降低支付工资标准或者要求解除或终止劳动合同 ………… 339

三十二、工伤劳动者经治疗伤情相对稳定后存在残疾、影响劳动能力，或者停工留薪期（含确认的延长期限）满的，用人单位未提出劳动能力鉴定申请 ··· 340

三十三、自劳动能力鉴定结论作出之日起 1 年后，用人单位认为伤残情况发生变化 ··· 340

三十四、用人单位拒绝为工伤一至四级伤残劳动者领取或提供伤残待遇 ··· 341

三十五、用人单位拒绝为工伤五至六级伤残劳动者领取或提供伤残待遇 ··· 341

三十六、用人单位安排工伤五至六级伤残劳动者适当工作后，劳动者拒绝用人单位根据岗位变化调整工资收入水平 ········· 342

三十七、用人单位拒绝为工伤七至十级伤残劳动者领取或提供伤残待遇 ··· 342

三十八、工伤七至十级伤残劳动者无法从事原有岗位工作 ······ 343

三十九、工伤劳动者发生非必需的超出工伤医保范围的医疗费用 ··· 343

四十、违反规定擅自解除已经定残的伤残劳动者的劳动合同 ··· 344

四十一、以五至十级伤残劳动者严重过错为由解除劳动合同后，拒不支付一次性伤残就业补助金 ····················· 345

四十二、劳动者因工死亡的，用人单位未告知或协助其近亲属向工伤保险基金申领法定待遇 ····················· 345

四十三、劳动者在因第三人原因造成工伤伤害情况下，既要求享受工伤待遇又要求用人单位或者侵权第三人承担人身损害赔偿责任 ··· 346

四十四、劳动者在未及时申请工伤确认的情况下直接向法院起诉要求作出工伤认定 ····························· 347

四十五、用人单位为减少停工留薪期工资、护理费、一次性伤残就业补助金等工伤保险赔偿责任，购买以劳动者为受益人的商业保险 ··· 347

四十六、劳务派遣单位、用工单位不依法履行法定的工伤保险责任，或者劳务派遣单位拒绝对用工单位的工伤保险责任承担连带赔偿责任 ………………………………………… 348

四十七、发生工伤的被派遣劳动者被退回的，用工单位未按规定与劳务派遣单位结清该劳动者的一次性伤残就业补助金 … 348

四十八、在非法用工单位工作的劳动者受工伤、患职业病或因工死亡 …………………………………………………………… 349

四十九、非法用工单位拒绝根据法定数额对伤亡劳动者进行赔偿 …………………………………………………………… 350

第二十一章 劳动监察与劳动争议 ………………………… 351

一、用人单位因违反劳动法律法规被有关部门监督检查、行政处理、行政处罚 …………………………………………… 351

二、用人单位在劳动监察实施过程中有妨害劳动保障行政部门行使职权的行为 …………………………………………… 351

三、用人单位为息事宁人等目的，而将存在争议的案件事实认可为不存在争议 …………………………………………… 352

四、对于按规定应当或者已经申请调解、仲裁或诉讼的有争议事项，未及时告知劳动保障行政部门导致被不当处罚、处理 …… 352

五、劳动保障行政部门在对用人单位作出行政处罚、处理决定之前，未听取用人单位的申辩或者未告知、组织听证程序 … 353

六、用人单位在参加听证时未依法获得申请回避、委托代理、质证、申辩及最后陈述的法定权利 ………………………… 354

七、在被劳动保障行政部门出具行政处罚、处理决定后不服的，未在规定的时间内提出复议申请或者提出行政诉讼 ……… 354

八、对行政处罚决定，责令支付劳动者工资报酬、赔偿金或者征缴社会保险费等行政处理决定逾期不履行 ……………… 355

九、大中型企业未按照相关规定成立劳动争议调解委员会，并配备专兼职工作人员 ……………………………………… 355

十、未对配备的调解员依法履行调解职责，需要占用的生产或者工作时间按照正常出勤对待 …………………………………… 355

十一、发生劳动争议后一方当事人提出协商要求，另一方当事人在5日内或约定期限内未以口头或者书面形式回应 ……… 356

十二、调解委员会调解劳动争议，自受理调解申请之日起15日内未能结束 …………………………………………………… 356

十三、经协商后达成一致并签订书面和解协议，但一方当事人在约定的期限内不履行 ………………………………… 357

十四、集体协商争议调处后达成的协调处理协议书未经协调处理人员、双方首席代表签订 …………………………… 357

十五、未在劳动合同中约定劳动争议仲裁或诉讼机构的地点…… 358

十六、在无仲裁（诉讼）时效中断、中止情况下，未在法律规定的申请劳动仲裁（诉讼）时效内提出劳动仲裁（诉讼）申请 … 358

十七、劳动者提出其未收到用人单位的解除或终止劳动合同通知书，并认为其主张权利之日为仲裁时效起算之日 ……… 359

十八、仲裁申请、法院起诉不符合法律规定条件 ……………… 360

十九、未在规定的答辩期满前书面提出管辖权异议 …………… 360

二十、仲裁、诉讼请求不明确、不具体、不完整、不适当 …… 360

二十一、超过规定的期限改变或增加仲裁、诉讼请求 ………… 361

二十二、在劳动仲裁、民事诉讼中未聘请符合法律规定的委托代理人代理仲裁、诉讼 …………………………………… 361

二十三、未在仲裁、诉讼代理人的委托书中写明其具有特别授权的代理权限 ………………………………………………… 361

二十四、回避申请对象不符合法律规定的回避人员范围 …… 362

二十五、不按规定申请审计、评估、鉴定或提供相关材料 … 362

二十六、不按时交纳保全、审计、评估、鉴定等根据规定应当预交的费用 …………………………………………………… 363

二十七、劳动者在符合条件的情况下向仲裁庭、法院提出无需提供担保的财产保全申请 …………………………………… 363

二十八、申请财产保全有错误 …………………………… 364
二十九、仲裁庭、法院对追索劳动报酬、工伤医疗费、经济补偿或者
　　　　赔偿金的案件,根据劳动者的申请裁决先予执行 …… 364
三十、无法提供能够证明案件事实和本方主张的证据 ……… 365
三十一、仲裁庭、法院根据公平原则和诚实信用原则,综合举证能
　　　　力等因素确定举证责任由用人单位承担 …………… 365
三十二、未能提供与开除、除名、辞退、解除劳动合同、减少劳动报
　　　　酬、计算劳动者工作年限等相关的法律规定由用人单位提
　　　　供的相关证据 ………………………………………… 366
三十三、超过举证时限提供证据 ……………………………… 366
三十四、不能提供证据原件 …………………………………… 367
三十五、证人无正当理由不出庭作证 ………………………… 367
三十六、不按时出庭或者中途退出法庭 ……………………… 367
三十七、提供的送达地址不准确,或者送达地址变更后未及时告知
　　　　仲裁庭和法院 ………………………………………… 368
三十八、未在裁决书或者裁判文书生效后 3 个月内申请强制执行,
　　　　导致法院解除已经采取的财产保全措施 …………… 368
三十九、超过法定的两年期限申请强制执行 ………………… 369
四十、被执行人无财产或者无足够财产可供执行 …………… 369
四十一、不履行生效法律文书确定义务 ……………………… 370
四十二、在用人单位依法破产清算时,未依法将所欠劳动者工资、
　　　　医疗、伤残补助、抚恤费用,社保费用,经济补偿金和赔偿
　　　　金等费用根据法定顺序支付给劳动者 ……………… 370

第一章 招聘与录用

一、用人单位尚未领取营业执照即开始招用劳动者

◎ **法律法规**

《劳动合同法》(2012年修正)第93条。

《最高人民法院关于审理劳动争议案件适用法律若干问题的解释(三)》第4条。

《工伤保险条例》(2010年修订)第66条。

《非法用工单位伤亡人员一次性赔偿办法》第2条。

◎ **法律责任或后果**

(1) 由该用人单位的出资人或发起人对劳动者承担支付劳动报酬等相应法律责任;给劳动者造成损害或工伤的,应当承担赔偿责任。

(2) 用人单位成立之前,无法开立社保账号、缴纳社保。

◎ **法律建议**

(1) 构成非法用工关系。非法用工关系类似于劳动关系,但因用人单位尚未成立而无效,只是在劳动报酬、劳动时间、劳动保护等方面准用有关劳动法律规定,在其他方面则适用雇佣的法律法规。

(2) 用人单位在尚未领取营业执照前,不得开展招工用工行为。可由控股股东、实际控制人办理用人单位的注册、采购、租房等前期业务。确实有必要用工的,建议由控股股东、实际控制人与提供劳务的股东、委托代理人、劳务人员签订委托合同或者劳务合同,并约定用人单位设立成功后依法签订劳动合同。如有必要的,可以办理短期商业人身保险直至用人单位成立。

(3) 社保自用人单位设立后开始缴纳。

二、用人单位丧失经营主体资格后继续用工

◎ **法律法规**

《劳动合同法》(2012年修正)第44、93条。

《最高人民法院关于审理劳动争议案件适用法律若干问题的解释(三)》第4条。

《工伤保险条例》(2010年修订)第66条。

《非法用工单位伤亡人员一次性赔偿办法》第2条。

◎ **法律责任或后果**

由该用人单位对劳动者承担支付劳动报酬、经济补偿、赔偿金等相应法律责任。给劳动者造成损害或工伤的,应当承担赔偿责任。

◎ **法律建议**

(1) 丧失经营主体资格,指用人单位经营期限届满、被吊销营业执照、被责令关闭、被撤销以及解散、歇业等丧失合法经营资质的情形。

(2) 构成非法用工关系,即用人单位具有上述情形的,仍然以原有劳动者、新招用劳动者继续从事经营活动。

(3) 已丧失用人资格的用人单位,不得再与劳动者发生劳动关系,不得继续新招用员工。此前尚未履行完毕的劳动合同,应当依法终止,并支付经济补偿金。

(4) 用人单位不得再从事经营行为,只能从事与清算、注销有关的民事活动。

三、委托无证职业中介机构招工

◎ **法律法规**

《就业服务与就业管理规定》(2015年修订)第47条。

《就业促进法》(2015年修正)第40条。

◎ **法律责任或后果**

因职业中介机构不具备相应资质、业务不熟悉、恶意欺骗、被行政处罚等原因,导致用人单位招聘活动延误、取消而无法顺利完成。

◎ **法律建议**

(1) 职业中介机构应向劳动行政部门申请行政许可,获得人才中介服务

许可证后方可从事职业中介活动。未经依法许可和登记的机构，不得从事职业中介活动。

（2）用人单位与职业中介机构签订委托招聘协议之前，应审查其营业执照、人才中介服务许可证有效期以及从事具体人才中介活动的范围、内容与其许可证是否相符。不应因熟人推荐、费用低廉等原因与不具备人才中介服务许可证或超出其许可范围的"黑中介"签订委托招聘协议，从事招工行为。

四、招用人员的简章、招聘广告中未明确劳动合同主要内容

◎ **法律法规**

《劳动合同法》（2012年修正）第17条。

《就业服务与就业管理规定》（2015年修订）第11、12条。

◎ **法律责任或后果**

劳动者入职后对签订劳动合同的主要条款不明确或没有约定，且协商未达成一致，导致无法签订劳动合同。

◎ **法律建议**

在招聘简章、广告中应表明用人单位的名称、工作内容、工作地点、工作时间、休息休假、劳动报酬等招聘岗位的主要内容，以便将来写入劳动合同。

五、招聘广告中有对劳动者身份情况存在限制、歧视的内容

◎ **法律法规**

《就业促进法》（2015年修正）第26、62条。

《就业服务与就业管理规定》（2015年修订）第4、5、20条。

《人才市场管理规定》（2015年修订）第24、37条。

◎ **法律责任或后果**

（1）被劳动者以就业歧视为由向法院起诉，或者向劳动保障行政部门投诉、举报。

（2）可由劳动行政部门责令改正；情节严重的，并处罚款。

◎ **法律建议**

就业歧视包括但不限于设定性别、籍贯、民族、婚育状况、户籍、种族、宗教信仰、农村进城务工人员身份等限制，及提高招聘条件、歧视劳动者身份等情况。

因此,除了国家规定的岗位本身不适合等特殊情况外,在招聘广告中、招聘面试过程中不得出现"只招男性""不招少数民族""不招外地人"等就业歧视内容。

六、在招聘广告中出现国家法律禁止出现的内容

◎ **法律法规**

《广告法》(2015 年修订)第 9、10、57 条。

人力资源和社会保障部办公厅《关于进一步加强招聘信息管理的通知》(2017.8.16)第 2、3 条。

◎ **法律责任或后果**

可由工商行政管理部门责令停止发布广告,对广告主处以罚款。情节严重的,还可以吊销营业执照,并处撤销广告审查批准文件、一年内不受理其广告审查申请等行政处罚措施。

◎ **法律建议**

(1) 不应在招聘广告中出现下列国家法律禁止出现的内容:使用或者变相使用中华人民共和国的国旗、国歌、国徽、军旗、军歌、军徽、国家机关、国家机关工作人员的名义或者形象;使用"国家级""最高级""最佳"等用语;损害国家的尊严或者利益,泄露国家秘密;妨碍社会安定,损害社会公共利益;危害人身、财产安全,泄露个人隐私;妨碍社会公共秩序或者违背社会良好风尚;含有淫秽、色情、赌博、迷信、恐怖、暴力的内容;含有民族、种族、宗教、性别歧视的内容;妨碍环境、自然资源或者文化遗产保护;损害未成年人和残疾人的身心健康;其他情形。

(2) 应强化用人单位信息审查职责,由用人单位制定完善的广告制作、发布审核制度,聘请专职、兼职广告审核人员或委托专业广告经营者制作、发布广告,加强对招聘广告的内容审核。

七、招聘广告中含有虚假或者引人误解,欺骗、误导消费者或者贬低其他生产经营者的内容

◎ **法律法规**

《广告法》(2015 年修订)第 4、13、55、56 条。

人力资源和社会保障部办公厅《关于进一步加强招聘信息管理的通知》(2017.8.16)第2、3条。

◎ **法律责任或后果**

由工商行政管理部门责令停止发布广告,责令广告主在相应范围内消除影响,处以罚款。两年内有三次以上违法行为或者有其他严重情节的,处高额罚款,可以吊销营业执照,并撤销广告审查批准文件、一年内不受理其广告审查申请。损害消费者合法权益的,承担赔偿责任。

◎ **法律建议**

强化用人单位信息审查职责,由用人单位制定完善的广告制作、发布审核制度,聘请专职、兼职广告审核人员或委托专业广告经营者制作、发布广告,加强对招聘广告的内容审核。

八、对受聘劳动者的个人资料未注意保密,或者未经劳动者本人书面同意,公开、擅自使用、转卖其个人资料信息

◎ **法律法规**

《民法总则》第111条。

《侵权责任法》第21、22条。

《就业服务与就业管理规定》(2015年修订)第13条。

人力资源和社会保障部办公厅《关于进一步加强招聘信息管理的通知》(2017.8.16)第2、3条。

◎ **法律责任或后果**

被侵权人可以请求侵权人承担停止侵害、排除妨碍、恢复原状、消除影响、赔偿损失等侵权责任。造成严重精神损害的,被侵权人可以请求精神损害赔偿。构成犯罪的,依法追究刑事责任。

◎ **法律建议**

由用人单位制定完善的个人信息保密、保护制度和措施,对求职者个人信息给予有效管理,加强对求职者个人信息的保护,防止因信息泄露使求职者合法权益受到侵害。

九、非特种行业招用不满 16 周岁未成年人

◎ **法律法规**

《劳动法》(2009 年修正)第 94 条。

《就业服务与就业管理规定》(2015 年修订)第 14 条。

《禁止使用童工规定》第 2、4、6 条。

《刑法》(2017 年修正)第 244 条之一。

◎ **法律责任或后果**

(1) 由劳动行政部门责令改正,并可按照每使用一名童工每月处 5 000 元罚款的标准给予处罚;限期将童工送回原居住地交其父母或者其他监护人,所需交通和食宿费用全部由用人单位承担。

(2) 拒不改正的,吊销营业执照,并按照每使用一名童工每月处 1 万元罚款的标准处罚。

(3) 雇佣童工从事危重劳动,构成犯罪的,依法追究刑事责任。

◎ **法律建议**

劳动者入职时,用人单位应认真核对劳动者身份证原件,对其背景情况进行核查,并妥善保管录用人员的录用登记、核查材料。发现为童工的,不应录用。

十、招用无合法身份证件的人

◎ **法律法规**

《就业服务与就业管理规定》(2015 年修订)第 14、67 条。

◎ **法律风险或后果**

由劳动行政部门责令改正,并可处以罚款;对当事人造成损害的,应当承担赔偿责任。

◎ **法律建议**

用人单位应认真核对劳动者身份证原件,对其背景情况进行核查。发现为无合法身份证件的人,不应录用。

十一、以招用人员为名,以欺诈等手段,牟取非法、不正当利益或进行其他违法活动

◎ **法律法规**

《人才市场管理规定》(2015 年修订)第 25、37 条。

《就业服务与就业管理规定》(2015年修订)第14、67条。

◎ **法律风险或后果**

由劳动行政部门责令改正,并可处以罚款。对当事人造成损害的,应当承担赔偿责任。

◎ **法律建议**

用人单位应当诚信招聘,杜绝欺诈及利用招聘牟取非法、不正当利益或进行其他违法行为。

十二、招聘人员时用人单位诋毁其他用人单位信誉,或者给予劳动者、其他用人单位商业贿赂

◎ **法律法规**

《就业服务与就业管理规定》(2015年修订)第15条。

《反不正当竞争法》(2017年修正)第7、11、19、23条。

◎ **法律责任或后果**

诋毁其他用人单位信誉的,由监督检查部门责令停止违法行为、消除影响,处以罚款;情节严重的,处高额罚款。给予商业贿赂的,可由监督检查部门没收违法所得,处高额罚款。情节严重的,吊销营业执照。

◎ **法律建议**

用人单位应当诚信招聘,杜绝在招聘人员时诋毁其他用人单位信誉,或者给予劳动者、其他用人单位商业贿赂的违法行为。

十三、用人单位未为其录用的外国人办理就业许可证件、工作签证、居留证件,或者录用超出工作许可限定范围在中国境内违法就业的外国人

◎ **法律法规**

《出境入境管理法》第41、43、80条。

《外国人入境出境管理条例》第32条。

《外国人在中国就业管理规定》(2017年修订)第2、9、10条。

《就业服务与就业管理规定》(2015年修订)第23条。

《最高人民法院关于审理劳动争议案件适用法律若干问题的解释(四)》第14条。

人力资源和社会保障部《关于全面实施外国人来华工作许可制度的通知》(2017.3.28)第4条。

◎ **法律责任和后果**

外国人未经许可擅自就业的,属于非法就业,与用人单位签订的劳动合同无效。用人单位非法聘用外国人的,处以罚款;有违法所得的,没收违法所得。该外国人被遣送出境所需的费用由本人承担;本人无力承担的,由非法聘用的单位、个人承担。

◎ **法律建议**

(1) 已取得定居权的外国人、持有《外国专家证》的外国人、持有许可证件并从事海上石油作业的外籍劳务人员、持有《临时营业演出许可证》进行营业性文艺演出的外国人、按照国际条约规定受聘来中国工作的外国人、外国企业常驻中国代表机构担任代表的外国人的就业行为,不需要申请就业许可。

(2) 2017年4月1日起原《外国专家来华工作许可证》和《外国人就业许可证书》统一为《外国人工作许可通知》。原《外国专家证》和《外国人就业证》统一为《外国人工作许可证》。

(3) 应区分情况为外国人就业依法申请就业许可,不得违法录用。

十四、录用违反勤工助学管理规定的岗位范围或时限的外国留学生

◎ **法律法规**

《出境入境管理法》第41、43、80条。

《外国人入境出境管理条例》第32条。

《最高人民法院关于审理劳动争议案件适用法律若干问题的解释(四)》第14条。

◎ **法律责任或后果**

属于非法就业,签订的劳动合同无效。非法聘用外国人的,处以罚款;有违法所得的,没收违法所得。该外国人被遣送出境所需的费用由本人承担。

本人无力承担的,由非法聘用的单位、个人承担。

◎ **法律建议**

用人单位不得违法录用违反勤工助学管理规定的岗位范围或时限的外国留学生。

十五、未为聘用的中国台港澳地区居民办理《台港澳人员就业证》并办理备案手续

◎ **法律法规**

《台湾香港澳门居民在内地就业管理规定》第9、16条。

《就业服务与就业管理规定》(2015年修订)第22条。

《最高人民法院关于审理劳动争议案件适用法律若干问题的解释(四)》第14条。

◎ **法律责任或后果**

属于非法就业,签订的劳动合同无效。可由劳动行政部门责令其限期改正,并可以处以罚款。

◎ **法律建议**

录用中国台港澳地区居民前应当及时为其办理、变更、延期《台港澳人员就业证》,并办理登记备案手续。

十六、未为聘用的定居国外人员办理《定居国外人员在沪就业核准证》

◎ **法律法规**

《公民出入境管理法实施细则》(1994年修订)第12条。

上海市劳动和社会保障局《定居国外人员在沪就业管理办法》(2001.1.31)第2、3条。

◎ **法律责任或后果**

未明确。

◎ **法律建议**

定居国外在沪就业人员,是指持有中国护照定居国外,取得前往国定居许可的人员依法受聘于上海市各类用人单位获取劳动报酬或者由境外单位派遣

在上海市用人单位任职的人员。录用定居国外人员前应当确认其已办理常住户口登记,并及时为其办理、变更、延期《定居国外人员在沪就业核准证》。

十七、录用有国家法律法规禁止招聘情形的人员

◎ 法律法规

《公务员法》(2017年修正)第53条。

《人才市场管理规定》(2015年修订)第27、37条。

《劳动合同法》(2012年修正)第26条。

◎ 法律责任或后果

因违反法律强制性规定,故签订的劳动合同无效。由劳动行政部门责令改正;情节严重的,并处以罚款。

◎ 法律建议

(1) 国家工作人员(公务员)因法律规定不得从事或者参与营利性活动,不得在企业或者其他营利性组织中兼任职务,故不得招聘。国家工作人员,是指国家机关中从事公务的人员。国有公司、企业、事业单位、人民团体中从事公务的人员和国家机关、国有公司、企业、事业单位委派到非国有公司、企业、事业单位、社会团体从事公务的人员,以及其他依照法律从事公务的人员,以国家工作人员论。

(2) 用人单位不得招聘下列人员：①正在承担国家、省重点工程、科研项目的技术和管理的主要人员,未经单位或主管部门同意的;②由国家统一派出而又未满轮换年限的赴新疆、西藏工作的人员;③正在从事涉及国家安全或重要机密工作的人员;④有违法违纪嫌疑正在依法接受审查尚未结案的人员;⑤法律法规规定的其他特殊岗位的人员。

(3) 劳动者入职时,用人单位应认真对其背景情况进行核查,必要时要求其出具不具备不得招聘情形的承诺书。

十八、录用与其他用人单位尚未解除或终止劳动合同、自动离职、尚未办理完毕离职手续,或者无法提供已解除劳动关系证明的劳动者

◎ 法律法规

《违反〈劳动法〉有关劳动合同规定的赔偿办法》第6条。

《劳动合同法》(2012年修订)第39、90条。

《最高人民法院关于审理劳动争议案件适用法律若干问题的解释(一)》(2008年修订)第11条。

◎ **法律责任或后果**

(1) 可能与劳动者承担连带赔偿责任,实际承担额不低于经济损失总额的70%。经济损失的内容包括(但不限于)对生产、经营和工作造成的直接经济损失,以及因不当获取商业秘密给原用人单位造成的经济损失。

(2) 原用人单位如认为劳动者的行为对完成本单位的工作任务造成严重影响的,可解除其劳动合同。

◎ **法律建议**

录用时应当要求劳动者提供已经与其他用人单位解除或终止劳动合同的有关证明。如需要,可作适当背景调查,并要求其出具已经与其他用人单位解除劳动关系的承诺书。对不具备上述条件的劳动者,谨慎录用。

十九、录用来自竞争对手用人单位,存在有效的保密协议或竞业限制协议的劳动者

◎ **法律法规**

《劳动合同法》(2012年修订)第90、91条。

《反不正当竞争法》(2017年修订)第9、21条。

《违反〈劳动法〉有关劳动合同规定的赔偿办法》第6条。

《最高人民法院关于审理劳动争议案件适用法律若干问题的解释(一)》(2008年修订)第11条。

◎ **法律责任或后果**

(1) 由监督检查部门责令停止违法侵害商业秘密的行为,处以罚款;情节严重的,处高额罚款。

(2) 原用人单位提出该劳动者泄露了其商业秘密且造成损失,并要求新用人单位承担连带赔偿责任,实际承担额不低于经济损失总额的70%。

◎ **法律建议**

(1) 劳动者违反与原用人单位签订的保密协议、竞业限制协议而就业

的,因保密协议、竞业限制协议可以视为原劳动合同的附属合同,故原用人单位有权要求劳动者与新用人单位共同承担连带赔偿责任。

(2) 新用人单位的赔偿责任不以其有过错为前提,须特别注意。但新用人单位只对劳动者对原用人单位承担的损害赔偿责任承担连带责任;如劳动者系与原用人单位约定就竞业限制事项的损害承担违约金的,新用人单位对此不承担责任;如原用人单位无证据证实存在实际损害的,新用人单位也不承担责任。

(3) 与原用人单位签有保密协议的劳动者,可以录用,但不得违反保密协议获取其商业秘密。对可能签有竞业限制协议的劳动者,除进行背景调查外,可要求劳动者书面承诺:与原用人单位之间不存在竞业限制协议或已经解除、终止。经查确属来自竞争对手用人单位并签有竞业限制协议的,不予录用。

二十、录用劳动者时,未及时、全面了解其身份情况、工作经历、专业技能;未根据需要作背景调查;未审核其就业现状、是否同时与其他用人单位建立劳动关系

◎ 法律法规

《劳动合同法》(2012年修订)第26条。

《就业服务与就业管理规定》(2015年修订)第7条。

《违反〈劳动法〉有关劳动合同规定的赔偿办法》第6条。

◎ 法律责任或后果

可能导致与劳动者签订的劳动合同无效、解除,本用人单位经济损失、商业秘密泄露等后果,或对其他用人单位造成损失后承担不低于70%的赔偿责任。

◎ 法律建议

要求劳动者如实陈述情况、提供个人资料,作适当背景调查,对其与劳动合同直接相关的基本情况进行调查核实。无法查实的,要求其出具能够证实其基本情况的承诺书。

二十一、录用重要岗位或者特殊岗位劳动者时，未要求在指定体检医院体检

◎ **法律法规**

《劳动合同法》(2012年修订)第26、39条。

◎ **法律责任或后果**

录用后可能发现劳动者不符合岗位录用条件，或因劳动者存在欺诈行为，导致劳动合同无效、解除，遭受经济损失。

◎ **法律建议**

可要求该特定岗位劳动者前往指定医院办理体检，但费用应由用人单位负担。

二十二、录用时未核实劳动者提供的身份证、履历表、学历证书、专业证书等资料真伪

◎ **法律法规**

《劳动合同法》(2012年修订)第26、39、86条。

《人才市场管理规定》(2015年修订)第28条。

◎ **法律责任或后果**

录用后可能发现劳动者不符合岗位录用条件，或因劳动者存在欺诈行为，导致劳动合同无效、解除，遭受经济损失。

◎ **法律建议**

要求劳动者如实陈述情况、提供个人资料，作适当背景调查，对其与劳动合同直接相关的基本情况进行调查核实。无法查实的，要求其出具能够证实其基本情况的承诺书。

二十三、招录劳动者时存在就业歧视

◎ **法律法规**

《就业促进法》(2015年修正)第62条。

《妇女权益保障法》(2005年修订)第23条。

《就业服务与就业管理规定》(2015年修订)第16、19条。

《人才市场管理规定》(2015年修订)第24、37条。

◎ **法律责任或后果**

可能被劳动者以就业歧视为由向法院起诉,或向劳动保障行政部门投诉。可由劳动行政部门责令改正;情节严重的,并处罚款。

◎ **法律建议**

在招录劳动者过程中不得设定诸如性别、籍贯、民族、婚育状况、户籍、种族、宗教信仰、农村进城务工人员身份或传染病病原体携带者等特殊条件,以此拒绝录用或提高录用标准,或强行将乙肝病毒血清学指标作为体检标准。国家规定的岗位本身不适合等特殊情况除外。

二十四、损害劳动者对劳动合同、岗位基本情况的法定知情权

◎ **法律法规**

《劳动合同法》(2012年修正)第8、26、38、86条。

《安全生产法》(2014年修正)第41、94条。

《职业病防治法》(2017年修正)第33、71条。

《就业服务与就业管理规定》(2015年修订)第11、12条。

《违反〈劳动法〉有关劳动合同规定的赔偿办法》第2、3条。

◎ **法律责任或后果**

(1) 因用人单位涉嫌欺诈行为,可能造成劳动合同无效、解除。

(2) 未告知安全生产事项的,由安全生产监督管理行政部门责令用人单位限期改正并罚款。逾期不改正的,可处以较大金额罚款,或者停产停业。

(3) 未告知职业病事项的,由安全生产监督管理部门责令限期改正,给予警告,可以并处罚款。

(4) 对劳动者造成的损失应予以赔偿,并加付25%赔偿金。

◎ **法律建议**

(1) 应如实告知劳动者工作内容、工作条件、工作地点、职业危害、安全生产状况、劳动报酬,以及作业场所和工作岗位存在的危险因素、防范措施、事故应急措施、职业病危害及其后果、职业病防护措施和待遇等法律规定,以

及劳动者需要了解的其他情况。

(2)对劳动合同必备的条款、岗位基本情况、法律法规规定的有关事项和劳动者需要了解的其他事项,也应如实告知。

二十五、招录的特种作业人员无法律法规要求的上岗证书

◎ **法律法规**

《劳动法》(2009年修正)第55条。

《就业服务与就业管理规定》(2015年修订)第21条。

◎ **法律责任或后果**

从事专业技术工作无证上岗容易发生安全责任事故。

◎ **法律建议**

用人单位招用从事涉及公共安全、人身健康、生命财产安全等特殊工种的劳动者,应当依法招用持相应工种职业资格证书的人员。招用未持相应工种职业资格证书人员的,须组织其在上岗前参加专门培训,使其取得职业资格证书后方可上岗。

二十六、个人承包经营用人单位的,违法招用劳动者

◎ **法律法规**

《劳动合同法》(2012年修正)第94条。

◎ **法律责任或后果**

给劳动者造成损害的,发包的用人单位与个人承包经营者承担连带赔偿责任。

◎ **法律建议**

个人承包经营企业的,个人经营者应当遵守《劳动合同法》及其他劳动法律规范。给劳动者造成损害的,用人单位与承包者承担连带责任。

第二章　劳动合同签订

一、已发送聘用通知书(Offer)，经劳动者承诺后又拒绝其入职

◎ **法律法规**

《合同法》第 14、42 条。

◎ **法律责任或后果**

用人单位存在缔约过失行为给劳动者造成损失的，应当予以赔偿。

◎ **法律建议**

（1）虽然《劳动合同法》第 7 条规定劳动关系自实际用工之日起产生，但因聘用通知书载明发生劳动关系的明确意思表示及岗位、薪酬、报到时间等具体确定的内容，并表明在一定期限内经对方表示接受后该通知书即发生效力，故其为要约性质；劳动者承诺入职的，即产生劳动合同的预约效力。如擅自拒绝劳动者入职的，属于违反诚信原则的缔约过失行为，应当对造成的劳动者的损失承担赔偿责任。

（2）入职后仍应按规定与劳动者签订劳动合同，并应将聘用通知书约定的内容写入劳动合同。

二、未与劳动者当面签订劳动合同

◎ **法律法规**

《合同法》第 32、48 条。

◎ **法律责任或后果**

劳动者提出未签订过书面劳动合同，或以劳动合同上签字非本人签署为由否认签订过书面劳动合同。

◎ 法律建议

（1）尽量与劳动者当面签订劳动合同，一般情况下不得由劳动者委托他人代为签订劳动合同，避免委托他人转交劳动者签订、交劳动者自行签订、随意找人代签、交劳动者签订时未将身份证复印件与原件核对无误、劳动者漏签等情形。

（2）如系找人代签的，应当要求本人及时予以书面追认，或者在入职后30日内及时补签劳动合同。

（3）如有可能的，建议在签字的同时由劳动者加盖手印确认。

三、签订劳动合同时只有人事签字，未加盖用人单位公章

◎ 法律法规

《合同法》第32、48、49条。

◎ 法律责任或后果

如人事未获得明确授权，因其并非用人单位法定代表人，故其签字无权代表用人单位，对劳动合同效力有影响。

◎ 法律建议

（1）应加盖用人单位公章签订劳动合同，同时可以加署法定代表人或者人事的姓名。

（2）有些用人单位刻有合同专用章或者劳动人事专用章，也可以用来签订劳动合同，但因印章种类过多保管不便，故仍然建议使用公章签订劳动合同。

四、未明确规定签订劳动合同的程序、入职流程和合同样本

◎ 法律法规

《劳动合同法》（2012年修正）第10条。

◎ 法律责任或后果

不明确签订劳动合同的责任部门、劳动合同样本、岗位职责说明书等签订劳动合同的要求和操作流程，导致入职后超过一个月未能签订书面合同。

◎ 法律建议

（1）劳动者前来用人单位工作，用人单位对劳动者进行工作安排之日即

为入职、开始用工之日。入职后未立即安排工作而是安排培训、学习等活动的,也作为已入职,产生劳动关系。

(2) 建立劳动关系,应当订立书面劳动合同。已建立劳动关系,未同时订立书面劳动合同的,应当自用工之日起一个月内订立书面劳动合同。故用人单位应当明确劳动合同负责签订的部门,一般由人事部门负责。

(3) 劳动合同及各个岗位的录用意向书、录用通知书、录用条件、岗位职责说明书、入职申请表应当具备完整的模板。

(4) 入职后可能发生分配岗位、熟悉人员、熟悉业务、培训、领取办公用品等多道流程,故用人单位应编制步骤清晰的流程图,责任到位,防止逾期未签劳动合同承担法律责任。

五、未明确规定人事签订劳动合同的程序

◎ 法律法规

上海市高级人民法院《关于适用〈劳动合同法〉若干问题的意见》(2009.3.3)第2条[①]。

◎ 法律责任或后果

人事恶意不在入职后一个月内签订书面劳动合同,或者在离职时取走、销毁其劳动合同,并主张双倍工资。

◎ 法律建议

(1) 如用人单位已尽到诚信义务,因不可抗力、意外情况或者劳动者拒绝签订等用人单位以外的原因,造成劳动合同未在用工之日起一个月内签订的,不属于根据规定需要支付双倍工资的情况。

(2) 因人事统管劳动工作,故其劳动合同一般由人事根据规定的样本和

[①] 根据《立法法》《最高人民法院关于裁判文书引用法律、法规等规范性法律文件的规定》《最高人民法院、最高人民检察院关于地方人民法院、人民检察院不得制定司法解释性质文件的通知》等规定,地方各级人民法院不得制定在本辖区普遍适用的、涉及具体应用法律问题的"指导意见""规定"等司法解释性质文件,且不得在法律文书中援引。已经制定的,应当自行清理;根据审理案件的需要,经审查认定为合法有效的,可以作为裁判说理的依据;凡是与法律、法规及司法解释的规定相抵触以及不适应经济社会发展要求的,应当予以废止。鉴于目前并未见到上海市高级人民法院的清理、废止公告,因此本书中如涉及该院发布的"意见""解释""指导"等文件,如认为确与现行法律法规规定矛盾的,将予以注明。

流程自行提出，总经理、人力资源部门负责人代表用人单位与其签订，不应当由人事代表用人单位与其自行签订。

（3）人事签订的劳动合同应由董事会、总经理办公室或者人力资源部门负责人专门负责保管，不得由其自行保管，防止被取走或销毁。

六、未与担任公司其他职务的董事（包括董事长）、监事，以及总经理、副总经理、财务负责人等高级管理人员签订书面劳动合同

◎ **法律法规**

《公司法》（2013年修正）第37、49、99、108条。

《关于贯彻执行〈劳动法〉若干问题的意见》第11条。

劳动部《实施〈劳动法〉中有关劳动合同问题的解答》（1995.4.27）第1条。

◎ **法律责任或后果**

被确认存在劳动关系之后，支付双倍工资或者视为签订无固定期限劳动合同。

◎ **法律建议**

（1）根据《公司法》，公司董事、监事由股东会、股东大会选举、更换；公司（总）经理等高级管理人员由公司董事会、执行董事聘任、解聘。故其任命应适用《公司法》，不适用劳动法律。

（2）公司（总）经理和其他高级管理人员，应依照《公司法》《劳动合同法》和其他规定，在被任命后的一个月内与董事会签订劳动合同。董事（长）、监事因其职责为管理公司而非为公司提供劳动，一般可不签订劳动合同。如其兼任高级管理人员或者担任公司其他职务的，与（总）经理等高级管理人员一样，在劳动报酬、工作时间、社会保险等方面具有劳动权利义务，故应签订劳动合同。

（3）上述人员的劳动合同应同时签订多份，分别由董事会、总经理办公室等部门专门保管，不得由其自行保管，防止被其取走或销毁。

七、未与本单位特殊人员签订书面劳动合同

◎ **法律法规**

《劳动合同法》（2012年修正）第10、82条。

《关于贯彻执行〈劳动法〉若干问题的意见》第6—10条。

劳动部《实施〈劳动法〉中有关劳动合同问题的解答》(1995.4.27)第2条。

◎ **法律责任或后果**

导致被确认存在劳动关系之后,支付双倍工资或者视为签订无固定期限劳动合同。

◎ **法律建议**

本单位特殊人员包括(但不限于)长期外借人员、带薪或停薪上学人员、停薪留职人员、党委书记或工会主席等党群人员等。用人单位应依法与上述人员签订书面劳动合同。

八、录用外单位停薪留职人员、未达到法定退休年龄的内退人员、下岗待岗人员以及经营性停产放长假人员后,未与其签订书面劳动合同

◎ **法律法规**

《劳动合同法》(2012年修正)第10、82条。

《最高人民法院关于审理劳动争议案件适用法律若干问题的解释(三)》第8条。

上海市劳动和社会保障局《关于特殊劳动关系有关问题的通知》(2003.4.25)第1—3条。

◎ **法律责任或后果**

导致被确认存在劳动关系之后,支付双倍工资或者视为签订无固定期限劳动合同。

◎ **法律建议**

(1) 虽然上述人员并未与原用人单位解除劳动关系,但现行法规允许其与现用人单位发生第二个劳动关系。

(2) 根据上海规定,特殊劳动关系人员除上述外,还包括协议保留社会保险关系人员、企业内部退养人员等。

(3) 2010年9月14日之前以特殊劳动关系名义发生用工关系且目前仍

持续的,仅在工作时间、劳动保护、最低工资三方面适用劳动法规,其他权利义务由双方自行约定,不适用劳动法规。此日期之后不再使用"特殊劳动关系"这一概念,而是作为劳动关系处理。

九、在劳动合同中有限制女职工结婚、生育的内容

◎ **法律法规**

《劳动合同法》(2012年修正)第26条。

《就业促进法》(2015年修正)第27、62条。

《妇女权益保障法》(2005年修订)第23、52条。

《违反〈劳动法〉有关劳动合同规定的赔偿办法》第2、3条。

◎ **法律责任或后果**

劳动者可以向法院提起诉讼要求确认该劳动合同侵害女职工合法权益、违反法律强制性规定而全部或部分无效,并支付医疗费用25%的赔偿金、赔偿损失。

◎ **法律建议**

不得在劳动合同中约定"女职工在职期间不得结婚、生育"等违法内容。

十、劳动合同无劳动安全保障、防止职业危害的事项,或有免除、减轻其对劳动者因生产安全事故伤亡依法应承担责任的内容

◎ **法律法规**

《劳动合同法》(2012年修正)第26条。

《安全生产法》(2014年修正)第49、103条。

◎ **法律责任或后果**

该合同因用人单位免除自己的法定责任、排除劳动者权利,且违反法律、行政法规强制性规定而无效。对生产经营单位的主要负责人、个人经营的投资人可处以罚款。

◎ **法律建议**

劳动合同应当载明有关保障从业人员劳动安全、防止职业危害的事项,以及依法为从业人员办理工伤保险的事项。用人单位不得与劳动者订立协

议免除或者减轻其对劳动者因生产安全事故伤亡依法应承担的责任。

十一、扣押劳动者身份证件，或以担保等名义向劳动者收取财物

◎ **法律法规**

《劳动合同法》（2012年修正）第9、84条。

◎ **法律责任或后果**

扣押身份证等证件的，由劳动行政部门责令限期退还居民身份证和其他证件，并依照有关法律规定给予处罚。违法以担保等名义向劳动者收取财物的，可对用人单位处以罚款；给劳动者造成损害的，应当承担赔偿责任。

◎ **法律建议**

不得扣押劳动者身份证件，不得以担保或者其他名义向劳动者收取财物。

十二、对于劳动者占用用人单位价值较高的财物，未与劳动者约定相应的合理担保

◎ **法律法规**

上海市高级人民法院《关于适用〈劳动合同法〉若干问题的意见》（2009.3.3）第12条①。

◎ **法律责任或后果**

可能造成用人单位价值较高的财产毁损、灭失无法获得赔偿。

◎ **法律建议**

与劳动者约定因占用用人单位价值较高的财物，设置相应的合理担保的，法律没有禁止，可以认定有效。但该约定为流押、流质（即发生债务人无法清偿债务的情况时，抵押物、质押物的所有权不经拍卖、变卖、折价抵债而直接归抵押权人所有）担保，或者名义上为财物担保而实际上却要求劳动者购买该财物的，因损害抵押人合法权益，故该约定无效。

---

① 此规定似与《劳动合同法》第9条有矛盾。

十三、给劳动者发放使用的手机、电脑等价值较高的工作物品未办理签收手续

◎ **法律法规**

《合同法》第 32 条。

◎ **法律责任或后果**

造成无法证实劳动者占有上述物品并实际使用。

◎ **法律建议**

发放工作物品,特别是价值较高的工作物品供劳动者工作使用时,应由劳动者作书面签收,以利将来解除、终止劳动关系后办理移交手续。

十四、与已享受养老保险待遇或领取退休金的离退休人员签订劳动合同

◎ **法律法规**

劳动部《关于实行劳动合同制度若干问题的通知》(1996.10.31)第 13 条。

《最高人民法院关于审理劳动争议案件适用法律若干问题的解释(三)》第 7 条。

◎ **法律责任或后果**

劳务人员要求确认劳动关系并承担工作时间、劳动保护、请假休假、经济补偿金和赔偿金等劳动法律责任。

◎ **法律建议**

(1) 应签订劳务合同,对双方之间的工作内容、报酬、医疗、劳保待遇、违约责任等权利义务作详细约定。

(2) 已签订的劳动合同无效。但为保护劳务人员的身体健康,对工作时间、劳动保护、工伤的约定应参照劳动关系适用法律,其他不适用劳动法律规定。

十五、与家庭保姆签订劳动合同

◎ **法律法规**

《关于贯彻执行〈劳动法〉若干问题的意见》第 4 条。

◎ **法律责任或后果**

劳务人员要求确认劳动关系并承担工作时间、劳动保护、请假休假、经济补偿金和赔偿金等劳动法律责任。

◎ **法律建议**

应由劳务人员和雇主签订劳务合同，对双方权利义务作详细约定，不适用劳动法律规定。但劳务人员如与家政服务公司签订劳动合同，并由家政服务公司委派到雇主家中从事保姆工作的，与家政服务公司之间存在劳动关系，适用劳动法律规定。

十六、劳动者入职后未在规定的期限内提供身份证件、《就业失业登记证》（或《劳动手册》）、《农村富余劳动力求职登记卡》、社保账号、住址等资料

◎ **法律法规**

上海市劳动和社会保障局《关于改进本市单位办理招退工登记备案手续的意见》（2003.7.1）第3条。

《社会保险法》第4条。

◎ **法律责任或后果**

无法为劳动者依法办理招工登记备案手续、缴纳社会保险费。

◎ **法律建议**

（1）要求劳动者及时提供，并应在其持有的《就业失业登记证》（或《劳动手册》或《农村富余劳动力求职登记卡》内做好相应的招工日期记载，并盖章。

（2）如劳动者在规定的时间内无正当理由不能提交相关信息或无法作出合理说明的，可以以不得招用无合法身份证件、信息的人为由，不再与其签订劳动合同，并解除劳动关系。

十七、未在劳动者入职后一个月内签订书面劳动合同

◎ **法律法规**

《劳动合同法》（2012年修正）第10、82条。

◎ **法律责任或后果**

劳动者可自入职后满一个月起，主张用人单位支付其双倍工资至入职满一年，最多不超过 11 个月。

◎ **法律建议**

（1）《违反〈劳动法〉有关劳动合同规定的赔偿办法》第 2 条第 1 项，即因故意拖延不订立书面劳动合同应支付应得工资 25％赔偿费用的规定已被《劳动合同法》取代，不再执行。

（2）人事应对所有入职人员（特别是未立即工作而是被安排培训、学习等活动的人员）统筹安排在入职后一月内签订书面合同。

（3）如用人单位在设立前已招用劳动者的，则同样应当在设立后一个月内为其补签书面劳动合同。

（4）用人单位应统一建立劳动者职工名册或信息台账，对劳动者的基本情况、实际工作年限、劳动合同期限、劳动合同中的约定条款等进行动态管理，防止出现此类情形。

十八、入职后一个月内经书面通知后，劳动者不愿意签订书面劳动合同

◎ **法律法规**

《劳动合同法实施条例》第 5、6 条。

◎ **法律责任或后果**

超过一个月未签订的，用人单位将承担双倍工资并形成事实劳动关系。

◎ **法律建议**

（1）用人单位应当书面通知劳动者终止劳动关系。用工一个月内的，无需支付经济补偿金。

（2）人事应保留谈话记录、签订劳动合同书面通知的邮寄凭证、电子邮件发送凭证等证据。

十九、入职后超过一个月未签订书面劳动合同，形成事实劳动关系

◎ **法律法规**

《劳动合同法实施条例》第 6 条。

原劳动和社会保障部《关于确立劳动关系有关事项的通知》(2005.5.25)第3条。

上海市高级人民法院《关于适用〈劳动合同法〉若干问题的意见》(2009.3.3)第2条。

◎ **法律责任或后果**

劳动关系不确定。劳动者自入职后一个月起可主张双倍工资至入职满一年,共11个月。入职满一年后视为已签订无固定期限劳动合同,可不再支付双倍工资,但应当立即与劳动者补订书面劳动合同。

◎ **法律建议**

(1) 入职后超过一个月未签订书面劳动合同的,用人单位应当与劳动者补签劳动合同,劳动合同期限由双方协商确定。协商不一致的,用人单位可以终止劳动关系,并支付经济补偿金。

(2) 劳动者不愿意签订书面合同但愿意继续履行的,用人单位可以终止劳动关系,并支付经济补偿金。

(3) 劳动者不愿意签订书面合同并拒绝继续履行的,视为劳动者单方终止,可不支付经济补偿金。

(4) 根据上海市高级人民法院《民一庭调研与参考》〔2014〕15号(2013.4.27)第4-1条"关于用人单位是否可以无理由解除或终止事实劳动关系的问题"的规定,无论用工是否超过一个月,用人单位无正当理由提出解除或终止事实劳动关系的,应当参照《劳动合同法》第48条违法解除的规定,向劳动者支付双倍赔偿金[①]。实践中可能会出现一些用人单位已尽了诚信磋商义务,因不可归咎于任何一方责任的客观原因导致无法与劳动者就必备条款达成一致意见的情况,用人单位可以解除,并支付经济补偿金。

(5) 上述规定要求确认劳动者本人的真实意愿,现实情况显得相当复杂,建议人事与劳动者进行直接面谈并制作谈话笔录来了解、确定。

(6) 用人单位应统一建立职工名册或台账,对劳动者的基本情况、实际

---

① 此规定似与《劳动合同法实施条例》第5、6条,《上海市劳动合同条例》第40条,以及《最高人民法院关于审理劳动争议案件适用法律若干问题的解释》(一)第16条相矛盾,且效力级别很低。

工作年限、劳动合同期限、劳动合同中的约定条款等进行动态管理,防止出现此类情形。

二十、劳动者因入职后超过一个月未签订书面劳动合同而要求确认劳动关系

◎ **法律法规**

原劳动和社会保障部《关于确立劳动关系有关事项的通知》(2005.5.25)第1、2、3条。

◎ **法律责任或后果**

确认劳动关系,补签劳动合同,支付双倍工资,承担工资、劳动保护、社保等劳动法律义务。

◎ **法律建议**

(1) 如用人单位依法制定的各项劳动规章制度适用于劳动者,劳动者完全受用人单位指派、管理的,可确认存在劳动关系。

(2) 可凭工资支付凭证或记录(职工工资发放花名册)、缴纳各项社会保险费的记录,工作证、服务证,用人单位招工招聘登记表、报名表,考勤记录,以及其他劳动者的证言等证据证实存在劳动关系。

(3) 是否存在劳动关系还可以通过下列因素综合考虑:①受雇时间是长期的,还是临时的;②工作性质是日常的,还是应急的;③劳动者是否还有自己的公司和其他业务;④是由用人单位提供工作的工具和设备,还是劳动者自备;⑤工作的地点是用人单位规定的相对确定的地方,还是可以在任何地方;⑥领取工资的方式是固定的还是一次性的;⑦双方的意向如何,即事前双方如何确定各自的身份;等等[①]。

(4) 某些新兴业态工作岗位,诸如快递员、网络直播艺人等,如未签劳动合同,其是否与用人单位构成劳动关系,则要根据其具体情况加以判断。

(5) 用人单位应统一建立劳动者职工名册或台账,对劳动者的基本情

[①] 最高人民法院民事审判第一庭:《最高人民法院人身损害赔偿司法解释的理解与适用》,人民法院出版社2004年1月版,第160—161页。

况、实际工作年限、劳动合同期限、劳动合同中的约定条款等进行动态管理，防止出现此类情形。

二十一、签订劳动合同时未填写签订日期

◎ **法律法规**

《劳动合同法》（2012年修正）第10、82条。

◎ **法律责任或后果**

劳动者主张劳动合同签订于入职一个月之后，并要求支付双倍工资。

◎ **法律建议**

（1）人事在与劳动者签订劳动合同之时应及时提醒劳动者填写签订日期。

（2）也可以在签订劳动合同时将签订日期打印上去，以免遗漏。

二十二、倒签劳动合同日期

◎ **法律法规**

《劳动合同法》（2012年修正）第10、82条。

◎ **法律责任或后果**

劳动者主张支付双倍工资或者要求签订无固定期限劳动合同。

◎ **法律建议**

（1）倒签是指已经超过法律规定的应当签订书面劳动合同的日期，为规避双倍工资或者签订无固定期限劳动合同的责任，故意要求劳动者将劳动合同的签订日期提前到不需要承担相应法律责任的日期。劳动者仍然可以以工资发放、社保缴纳等证据证实劳动关系早已存在。

（2）用人单位应统一建立职工名册或台账，对劳动者的基本情况、实际工作年限、劳动合同期限、劳动合同中的约定条款等进行动态管理，防止出现此类情形。

二十三、劳动合同无效后形成事实劳动关系

◎ **法律法规**

《劳动合同法》（2012年修正）第26、38、39、46、86条。

◎ **法律责任或后果**

因用人单位过错,劳动者解除的,应当支付经济补偿金;因劳动者过错,用人单位解除的,不需要支付经济补偿金。造成对方损害的,有过错的一方应当承担赔偿责任。

◎ **法律建议**

(1)《劳动合同法》规定的劳动合同无效情形有三类:一是以欺诈、胁迫的手段或者乘人之危,使对方在违背真实意思的情况下订立或者变更劳动合同的;二是用人单位免除自己的法定责任、排除劳动者权利的;三是违反法律、行政法规强制性规定的。

(2)劳动者存在上述第一类情形,或者用人单位存在上述三类情形之一的,对方均可以要求确认劳动合同无效、通知解除。

(3)用人单位在签订劳动合同之时和履行劳动合同过程中,均应加强劳动合同和规章制度合法性的审核,避免出现《劳动合同法》第26条规定的合同无效的情形。

二十四、未在劳动者入职后一年内签订书面劳动合同

◎ **法律法规**

《劳动合同法》(2012年修正)第14条。

◎ **法律责任或后果**

视为用人单位已与劳动者签订无固定期限劳动合同,支付最多11个月双倍工资。

◎ **法律建议**

(1)自用工之日起满一年后已视为签订无固定期限劳动合同,故不用再支付未签书面合同的双倍工资,但仍需立即与劳动者补订书面劳动合同。

(2)用人单位应统一建立劳动者职工名册或台账,对劳动者的基本情况、实际工作年限、劳动合同期限、劳动合同中的约定条款等进行动态管理,防止出现此类情形。

二十五、应当与劳动者签订无固定期限劳动合同而违法不予签订

◎ **法律法规**

《劳动合同法》(2012年修正)第14、82条。

《最高人民法院关于审理劳动争议案件适用法律若干问题的解释(一)》(2008年修订)第16条。

◎ **法律责任或后果**

(1) 自应当订立无固定期限劳动合同之日(即劳动者提出之日)起,视为双方之间存在无固定期限劳动合同关系。

(2) 自应当订立无固定期限劳动合同之日起向劳动者每月支付双倍的工资,至实际签订之日止。

◎ **法律建议**

(1) 用人单位初次实行劳动合同制度、订立劳动合同时,劳动者在该用人单位连续工作已满10年且距法定退休年龄不足10年,劳动者提出或者同意订立劳动合同,除劳动者提出订立固定期限劳动合同外,用人单位应当签订无固定期限合同。应签未签的,需立即与劳动者补订无固定期限劳动合同。

(2) 如不满足上述情形,但用人单位与劳动者协商一致订立无固定期限劳动合同的,也应当订立无固定期限劳动合同。

(3) 用人单位应统一建立劳动者职工名册或台账,对劳动者的基本情况、实际工作年限、劳动合同期限、劳动合同中的约定条款等进行动态管理,防止出现此类情形。

二十六、因未签劳动合同、无约定工资标准而无法确认双倍工资计算依据

◎ **法律法规**

上海市高级人民法院《民一庭调研指导——劳动争议案件若干问题的解答》(2010.12.1)第1条。

◎ **法律责任或后果**

劳动者主张的双倍工资中实际可能包含了不应计入工资标准的加班工

资、福利等部分,而无法准确计算双倍工资标准。

◎ **法律建议**

(1) 劳动者月工资计算基数,应根据劳动者实际获得的月收入扣除加班工资、非常规性奖金、福利金、风险金等项目后的正常工作时间月工资确定。

(2) 如双方无约定、月工资也未明确各构成项目的,由用人单位对工资构成项目进行举证。

(3) 用人单位不能举证或证据不足的,双倍工资的计算基数按照劳动者实际获得的月收入确定。

二十七、与从事矿山井下等繁重体力劳动以及在其他有害身体健康的工种、岗位工作的农民工签订劳动合同的期限超过八年

◎ **法律法规**

《劳动合同法》(2012年修正)第26条。

《关于贯彻执行〈劳动法〉若干问题的意见》第21条。

《违反〈劳动法〉有关劳动合同规定的赔偿办法》第2、3条。

◎ **法律责任或后果**

劳动合同超过规定期限部分无效。给劳动者造成损害的,应当承担赔偿责任,并加付损失25%的赔偿金。

◎ **法律建议**

根据规定应实行相应岗位定期轮换制度,并统一建立劳动者职工名册或台账,对劳动者的基本情况、实际工作年限、劳动合同期限、劳动合同中的约定条款等进行动态管理,防止出现此类情形。

二十八、与经许可来华工作的外国人签订超过五年的固定期限劳动合同或者无固定期限劳动合同

◎ **法律法规**

《外国人在中国就业管理规定》(2017年修订)第17条。

◎ **法律责任或后果**

超出该外国人就业许可和居留许可期限的部分劳动合同无效，形成非法就业关系。

◎ **法律建议**

（1）外国人就业需办理许可证件，无法办理续期的则无法继续履行劳动合同。

（2）如果可以办理就业许可续期的，则可以与其续签劳动合同或者无固定期限劳动合同。但仅凭续签的劳动合同，可能无法办理就业许可续期。

二十九、因用人单位与劳动者未签劳动合同、劳动合同欠缺必备条款、约定不明确等原因，导致劳动报酬、劳动条件等重要劳动合同内容无法正常履行

◎ **法律法规**

《劳动合同法》（2012年修正）第11、17、18、81条。

◎ **法律责任或后果**

由劳动行政部门责令改正。给劳动者造成损害的，应承担赔偿责任。

◎ **法律建议**

（1）劳动合同应当具备的主要条款有：用人单位的双方基本信息，工作内容和工作地点，工作时间和休息休假，劳动报酬，社会保险，劳动保护、劳动条件和职业危害防护以及试用期、培训、保守秘密、补充保险和福利待遇等其他事项。

（2）劳动合同对劳动报酬和劳动条件等标准约定不明确，引发争议的，用人单位与劳动者可以重新协商、适用集体合同规定、实行同工同酬，以及适用国家有关规定。

（3）应及时签订劳动合同，可由人事或律师审查劳动合同内容并对必备条款进行明确、补充、更正。

三十、劳动者以欺诈、故意隐瞒与就业条件有关的本人情况等手段签订、变更劳动合同

◎ **法律法规**

《劳动合同法》(2012年修正)第26、39、86条。

◎ **法律责任或后果**

可能导致劳动合同无效或者部分无效;用人单位可以通知劳动者解除合同,并可以要求劳动者承担赔偿责任。

◎ **法律建议**

(1)劳动者采用欺骗、隐瞒、虚构、伪造其年龄、经历、学历证书、工作经验等方法,骗取用人单位签订、变更其劳动合同,获取不当工资报酬和级别待遇的,违背了用人单位的真实意思,故依法属于无效行为;用人单位可以通知劳动者解除其劳动合同。

(2)用人单位应加强对劳动者的入职背景调查,核实其经历和证书的真伪,防止受骗。

三十一、用人单位在劳动合同条款中设置欺诈、胁迫、乘人之危、排除劳动者权利、免除用人单位责任、违反强制性规定等违法内容

◎ **法律法规**

《劳动合同法》(2012年修正)第26、38、46、86条。

◎ **法律责任或后果**

可能导致劳动合同无效或者部分无效;劳动者可以通知用人单位解除合同,并要求支付经济补偿金、承担赔偿责任。

◎ **法律建议**

(1)《违反〈劳动法〉有关劳动合同规定的赔偿办法》第2条第2项,即由于用人单位的原因订立全部或部分无效劳动合同,对劳动者造成损害的,应支付劳动者应得工资收入25%的赔偿金的规定,已被《劳动合同法》取代,不再执行。

(2)由人事或律师审查劳动合同条款是否存在违法及可能导致劳动合

同无效的内容,并予以修改完善。

三十二、劳动合同存在重大误解、显失公平等情形

◎ **法律法规**

《合同法》第54条。

◎ **法律责任或后果**

劳动者可以要求撤销或者变更劳动合同。

◎ **法律建议**

(1)《劳动合同法》中没有规定重大误解、显失公平的劳动合同。但《合同法》中对此有规定。根据相关规定,行为人因对行为的性质、对方当事人,以及标的物的品种、质量、规格和数量等的错误认识,使行为的后果与自己的意思相悖,并造成较大损失的,可以认定为重大误解;一方当事人利用优势或者利用对方没有经验,致使双方的权利与义务明显违反公平、等价有偿原则的,可以认定为显失公平。例如,劳动者误以为在与用人单位协商一致的解除劳动关系协议中的补偿款2万元就是两年前拖欠的加班费,但实际上用人单位支付的只是经济补偿金,并没有支付加班费,故劳动者又提出追讨加班费的情形,即属于重大误解情形;用人单位在劳动合同中与劳动者约定"迟到一次即视为严重违纪,单位可以解除劳动合同",虽然并不违反法律规定,但明显处罚尺度对劳动者过于严格,即属于显失公平情形。

(2) 由人事或律师审查劳动合同条款是否存在重大误解、显失公平的内容,并予以修改完善。

三十三、以完成一定工作任务为期限的劳动合同中未明确约定任务完成的条件

◎ **法律法规**

《劳动合同法》(2012年修正)第15条。

◎ **法律责任或后果**

如未约定目标工作完成的标志,则难以确定此类劳动合同何时终止、何时支付劳动报酬。

◎ **法律建议**

由人事或律师审查劳动合同条款,明确约定目标工作完成的标志和终止条件。

三十四、未将签订后的劳动合同文本交付劳动者

◎ **法律法规**

《劳动合同法》(2012年修正)第16、81条。

◎ **法律责任或后果**

由劳动行政部门责令改正;给劳动者造成损害的,应当承担赔偿责任。

◎ **法律建议**

用人单位应及时向劳动者交付已经签订的劳动合同文本。

三十五、保管劳动合同文本不当导致劳动合同原件遗失、毁损或被劳动者窃走

◎ **法律法规**

《劳动合同法》(2012年修正)第10、50、82条。

◎ **法律责任或后果**

劳动者据此认为用人单位未依法签订书面劳动合同,要求支付双倍工资。

◎ **法律建议**

(1) 人事应统筹分类妥善保管已经签订的劳动合同文本,存放位置应当加锁。

(2) 可预备一份劳动合同签收表,载明劳动者姓名、合同起止期限、工资标准等主要内容,由劳动者签名后保管,以备不测。

(3) 如有分支机构、子公司的,签订劳动合同的情况应定期向总部备案。

(4) 用人单位对已经解除或者终止的劳动合同文本,至少保存两年备查。

(5) "董监高"、人事等特殊人员签订的劳动合同,除预备劳动合同签收表外,应分别由董事会、总经理办公室或者人力资源部门负责人等部门、人员

分开保管，防止被窃走。

三十六、劳动合同未约定采取何种工时

◎ **法律法规**

《劳动法》(2009年修正)第36、39条。

◎ **法律责任或后果**

可能导致用人单位支付大量的加班工资。

◎ **法律建议**

(1) 用人单位应根据本单位生产经营状况、岗位特点，分别与劳动者约定采取标准工时、综合工时、不定工时等不同的工时制度。

(2) 有季节性、轮班制、无法固定计算工作时间等情形的特殊岗位，应及时向劳动行政部门申报适用综合工资、不定工时许可。

三十七、擅自在劳动合同中约定法律允许范围以外的由劳动者承担违约金的条款

◎ **法律法规**

《劳动合同法》(2012年修正)第22、23、25条。

◎ **法律责任或后果**

该约定违反法律规定，应属无效，可能承担合同部分或全部无效的法律后果。

◎ **法律建议**

(1) 除涉及用人单位为劳动者提供专项培训费用，对其进行专业技术培训而约定服务期，以及负有保密义务的劳动者违反了与用人单位约定的竞业限制合同或条款这两种情况之外，用人单位不得在劳动合同中与劳动者约定由劳动者承担违约金。

(2) 如劳动合同中的保密条款、保密协议均未约定竞业限制内容的，用人单位同样不得与劳动者约定由劳动者承担违约金。

(3) 与外国人签订的劳动合同不适用上述规定。

(4) 无法律规定禁止约定由用人单位向劳动者承担违约金的情况。

三十八、未在录用后 30 日内办理网上录用备案手续

◎ **法律法规**

《就业服务与就业管理规定》(2015 年修订)第 62、75 条。

◎ **法律责任或后果**

用人单位未及时为劳动者办理就业登记手续的,由劳动行政部门责令改正,并可处以罚款。

◎ **法律建议**

不论劳动者是上海市户籍还是外地户籍、城市户籍还是农村户籍、中国国籍还是外国国籍,用人单位均应在录用劳动者之日起 30 日内统筹办理录用劳动者的就业登记网上备案。

三十九、委托未经政府授权批准的机构从事各类人事代理业务

◎ **法律法规**

《人才市场管理规定》(2015 年修订)第 19、35 条。

◎ **法律责任或后果**

因人事代理机构不具备相应资质、业务不熟悉、恶意欺骗、被行政处罚等原因导致用人单位人事代理工作无法顺利完成。

◎ **法律建议**

(1) 根据规定,开展流动人员人事档案管理、因私出国政审、在规定的范围内申报或组织评审专业技术职务任职资格、转正定级和工龄核定、大中专毕业生接收手续以及其他人事代理业务的,必须经过政府人事行政部门的授权。未经劳动行政部门授权从事人事代理业务的,可由劳动行政部门责令立即停办,并可处以罚款、停业整顿等行政处罚。

(2) 实践中人事代理机构代办入职和离职手续、代发工资、代为保管人事档案、代办社会保险统筹和缴纳等业务开展较为普遍,但从事上述业务均需要人事代理机构具有相应的、明确的资质许可方能办理。

四十、用人单位不具备保管人事档案资格或不愿意办理人事档案调集、保管、转移等事宜,又未委托职业介绍代办服务机构、人事代理机构代为办理人事档案工作

◎ 法律法规

《劳动合同法》(2012年修正)第50条。

《企业职工档案管理工作规定》第18条。

《流动人员人事档案管理暂行规定》第4、9、10、18条。

◎ 法律责任或后果

(1) 档案保管不当丢失的,劳动者可起诉要求补办档案、赔偿损失。

(2) 用人单位无正当理由不予办理档案转移手续的,劳动者可提出劳动仲裁要求办理。

(3) 擅自管理流动人员人事档案,擅自涂改档案内容或伪造档案材料,擅自向外公布、泄露档案内容,或出现其他违反规定行为造成严重后果的用人单位或直接责任者,可由党委组织部门和政府人事行政部门会同有关部门视情节轻重,给予批评教育或党纪、政纪处分;触犯法律的,依法追究责任。

◎ 法律建议

(1) 用人单位无资格保管劳动者档案的,应向有资质保管档案的人才流动服务机构办理委托存档手续,并签订档案管理合同书。

(2) 只能由区、县级以上组织部门和政府人事行政部门所属的人才流动服务机构负责管理档案,其他任何用人单位、个人无权管理档案。

(3) 企业职工调动、辞职、解除劳动合同或被开除、辞退等,应由职工所在单位在解除或终止劳动关系后15日内将其档案转交其新的工作单位或其户口所在地的街道劳动(组织人事)部门。不得交本人自带或邮寄。

四十一、用人单位为规避劳动保护、社会保险、经济补偿金等义务,故意与应当签订劳动合同的劳动者签订劳务合同

◎ 法律法规

原劳动和社会保障部《关于确立劳动关系有关事项的通知》(2005.5.25)

第1、2条。

◎ **法律责任或后果**

劳动者可以凭工资支付凭证或记录(职工工资发放花名册),用人单位向劳动者发放的"工作证""服务证"等能够证明身份的证件,招工招聘登记表、报名表等招用记录,考勤记录以及其他劳动者的证言等,证实存在劳动关系。

◎ **法律建议**

实践中,为规避相关劳动义务、不与劳动者签订劳动合同而是签订劳务合同的用人单位不在少数。建议用人单位在招用人员之前,认真考虑该岗位的工作时间长短、是否需要其接受用人单位的规章制度约束和管理以及能否对其进行处分、工作任务是否本单位业务组成部分等具体情况,以确定是签订劳动合同、非全日制劳动合同还是劳务合同,保护劳动者的正当合法权益。

四十二、高校毕业生持《全国普通高等学校毕业生就业协议书》要求确认劳动关系

◎ **法律法规**

《普通高等学校毕业生就业工作暂行规定》第24条。

◎ **法律责任或后果**

错误认定劳动关系。

◎ **法律建议**

按相关规定,《全国普通高等学校毕业生就业协议书》系高校毕业生与用人单位、高校三方签订,仅作为制定就业计划和派遣的依据,具有一定法律效力,但不属于劳动合同。

四十三、用人单位未建立职工名册或不具备规定内容

◎ **法律法规**

《劳动合同法实施条例》第8、33条。

原劳动部《关于加强劳动合同管理完善劳动合同制度的通知》(1997.4.3)第3条。

◎ **法律责任或后果**

由劳动行政部门责令限期改正；逾期不改正的，可处以罚款。

◎ **法律建议**

(1) 用人单位应当及时建立职工名册或台账，且其中应当包括劳动者姓名、性别、居民身份证号码、户籍地址及现住址、联系方式、工作年限、用工形式、用工起始时间、劳动合同期限、劳动合同约定的特别条款等内容。发生变动的，须及时更新其内容。

(2) 职工名册与劳动合同签收表的区别在于：职工名册可以不需要劳动者签字，仅为用人单位内部掌握用人情况所用；而劳动合同签收表则必须由劳动者签字，且主要为证实已经签订书面劳动合同时所用。

四十四、试用期约定期限过长

◎ **法律法规**

《劳动合同法》(2012 年修正)第 19、83 条。

◎ **法律责任或后果**

由劳动行政部门责令改正；违法约定的试用期已经履行的，由用人单位以劳动者试用期满的月工资为标准，按已经履行的超过法定试用期的期间向劳动者支付赔偿金。

◎ **法律建议**

劳动合同期限三个月以上不满一年的，试用期不得超过一个月；一年及以上不满三年的，试用期不得超过两个月；三年及以上、无固定期限的，试用期不得超过六个月。

四十五、同一用人单位与劳动者约定两次以上试用期、擅自延长试用期、续订劳动合同约定试用期，或者在同一用人单位变更岗位后再次约定试用期

◎ **法律法规**

《劳动合同法》(2012 年修正)第 19、83 条。

◎ **法律责任或后果**

由劳动行政部门责令改正。违法约定的试用期已经履行的，由用人单位以试用期满的月工资为标准向劳动者支付赔偿金。

◎ **法律建议**

（1）同一用人单位与同一劳动者只能约定一次试用期。如果该劳动者是在同一用人单位变更岗位，或者第二次入职该用人单位且从事不同岗位工作的，因此前双方已经有过劳动关系，用人单位理应对该劳动者的性格、能力和个人情况有所了解，对能否从事新的岗位工作理应作出合理评估，故同样不能再约定试用期。

（2）试用期除双方协商一致同意延长等个别情况外，不得延长，且延长后的试用期总长不得超过法律规定。

四十六、在以完成一定任务为期限和期限三个月以内的劳动合同中约定试用期

◎ **法律法规**

《劳动合同法》（2012年修正）第19、83条。

◎ **法律责任或后果**

由劳动行政部门责令改正。违法约定的试用期已经履行的，由用人单位以试用期满的月工资为标准向劳动者支付赔偿金。

◎ **法律建议**

以完成一定工作任务为期限的劳动合同或者劳动合同期限不满三个月的，不得约定试用期。

四十七、在劳动合同期限外单独约定试用期，或者劳动合同只约定一个试用期

◎ **法律法规**

《劳动合同法》（2012年修正）第19、83条。

◎ **法律责任或后果**

由劳动行政部门责令改正。违法约定的试用期已经履行的,由用人单位以试用期满的月工资为标准向劳动者支付赔偿金。

◎ **法律建议**

试用期应包含在劳动合同期限内。劳动合同仅约定试用期的,该试用期不成立,直接认定为正式劳动合同。

四十八、在试用期内未对劳动者请假加以适当的限制

◎ **法律法规**

《劳动合同法》(2012年修正)第4、39条。

《关于贯彻执行〈劳动法〉若干问题的意见》第30条。

◎ **法律责任或后果**

无法在试用期中以劳动者被证明不符合录用条件为由,解除劳动合同。

◎ **法律建议**

试用期内,用人单位对劳动者的知识水平、经验、工作能力进行全面的考察,以评价劳动者是否符合劳动合同规定的岗位要求,是否能够在试用期结束后予以转正。而试用期又不得延长。如果试用期内劳动者请假的次数过多、时间过长,留给用人单位考察劳动者的时间不够充分,则很有可能用人单位无法通过试用期得出劳动者是否符合岗位要求的结论。故用人单位有必要对劳动者在试用期内的请假次数、时间和请假种类予以适当的限制。当然,如果劳动者在工作期间因病、非因工负伤、孕产期等客观原因,不得不请假的,用人单位也不能拒绝批准。因此,用人单位可以在规章制度中明确,试用期内劳动者只能享有一定期间的合理假期,请事假、年假等特殊假期也可予以适当限制。请假超过该合理期限,即使有因病、非因工负伤、孕产期等规定情形的,用人单位仍可以劳动者在试用期间被证明不符合录用条件为由,解除其劳动合同。诸如规定:试用期内因病、非因工负伤、孕产期等客观原因请假的时间不得超过试用期长度1/4,或者在一个月内请事假不得超过3日,等等。

四十九、未能在试用期结束前及时对劳动者进行试用期考评

◎ **法律法规**

《劳动合同法》(2012年修正)第39条。

◎ **法律责任或结果**

试用期结束后无法再以劳动者不符合录用条件为由解除劳动合同。

◎ **法律建议**

(1)应对劳动者试用期到期日进行统一管理。试用期到期前一周应及时通知劳动者写出述职报告,并在试用期届满前通知劳动者是否经考核合格。用人单位也可放弃剩余试用期、提前通知劳动者试用合格、转正。

(2)应注意保留考核依据。从实践情况看,主要有证实劳动者工作情况的文件、材料,规章制度中明确试用期内不符合录用条件的详细规定,业务部门和人力资源部门、总经理等高级管理人员对劳动者在试用期内表现的意见、评语和认为其是否符合录用条件的结论。需要注意的是,被证实不符合录用条件的内容可以由人事或律师起草,但必须具备"试用期内表现经用人单位考核结果为不合格"这一关键内容,且上述考评意见和结论并不需要经过劳动者本人的同意,也不需要经过其签字确认,即可生效。

(3)考评合格的,通知其试用合格,转为正式员工,办理转正手续;考评不合格的,书面通知其解除劳动合同。上述手续必须在试用期到期之前全部完成。

(4)试用期内如根据《劳动合同法》第40条第1、2项的规定通知解除劳动合同的,亦无不可,但因需要提前30日通知,且须支付经济补偿金和代通知金,故显得不太经济和快捷。

五十、用人单位与劳动者签订集体合同或专项集体合同的,合同草案未经职代会或者全体职工讨论并以过半数同意票数通过便签订

◎ **法律法规**

《劳动合同法》(2012年修正)第51条。

《合同法》第52条。

《集体合同规定》第36、55条。

《上海市集体合同条例》(2015年修正)第22条。

◎ **法律责任或后果**

未通过法定程序签订的集体合同，因损害社会公共利益而无效。

◎ **法律建议**

（1）经双方协商代表协商一致的集体合同草案或专项集体合同草案，应当提交职工代表大会或者全体职工讨论。会议应当有 2/3 以上职工代表或者职工出席，且须经全体职工代表半数以上或者全体职工半数以上同意方可通过。

（2）《集体合同规定》《上海市集体合同条例》均不属于法律、行政法规，但可以以相关行为违反其规定、损害社会公共利益为由，宣告无效。故如果不能再次协商，可以要求通过劳动仲裁方式宣告无效。

五十一、集体合同草案经职代会或全体职工讨论通过后，未经协商双方首席代表签字而是由其他人签订或直接加盖公章

◎ **法律法规**

《集体合同规定》第 37 条。

《合同法》第 48 条。

◎ **法律责任或后果**

在经协商双方首席代表补签字之前，该合同效力待定。

◎ **法律建议**

尽快由协商双方首席代表补签字。

五十二、经协商签订集体合同后未在 10 日内报送劳动行政部门办理登记手续、审查通过并公布

◎ **法律法规**

《劳动合同法》（2012 年修正）第 54 条。

《合同法》第 44 条。

《集体合同规定》第 42 条。

◎ **法律责任或后果**

该合同未生效。

◎ **法律建议**

集体合同订立后，应当按规定报送劳动行政部门办理登记、审查手续。劳动行政部门自收到集体合同文本之日起 15 日内审查通过并公布，或者未提出异议的，集体合同方可生效。履行上述程序之前，该集体合同未生效。

五十三、集体合同中劳动报酬和劳动条件等标准低于当地政府规定的最低标准

◎ **法律法规**

《劳动合同法》（2012 年修正）第 55 条。

《合同法》第 52 条。

◎ **法律责任或后果**

该约定因损害社会公众利益而无效。

◎ **法律建议**

适用法定的、当地政府规定的最低工资标准。

五十四、劳动合同约定的劳动报酬和劳动条件标准低于集体合同标准

◎ **法律法规**

《劳动合同法》（2012 年修正）第 55 条。

《合同法》第 52 条。

《集体合同规定》第 6 条。

◎ **法律责任或后果**

该约定因损害社会公众利益而无效。

◎ **法律建议**

适用集体合同标准。

五十五、集体协商首席代表委托本用人单位以外的专业人员作为本方协商代表的人数超过本方代表的 1/3

◎ **法律法规**

《集体合同规定》第 23、55 条。

《合同法》第 52、54 条。

◎ **法律责任或后果**

签订的集体合同的效力有瑕疵。

◎ **法律建议**

如果不能再次协商,且签订的集体合同存在损害社会公共利益、显失公平等法定情形的,可以要求通过劳动仲裁方式宣告无效或者撤销。

五十六、集体协商的首席代表由非本用人单位人员代理

◎ **法律法规**

《集体合同规定》第 23、55 条。

《合同法》第 52、54 条。

◎ **法律责任或后果**

签订的集体合同的效力有瑕疵。

◎ **法律建议**

如果不能再次协商,且签订的集体合同存在损害社会公共利益、显失公平等法定情形的,可以要求通过劳动仲裁方式宣告无效或者撤销。

五十七、职工协商代表与用人单位协商代表相互兼任

◎ **法律法规**

《集体合同规定》第 24、55 条。

《合同法》第 52 条。

◎ **法律责任或后果**

未通过法定程序签订的集体合同,因损害社会公共利益而无效。

◎ **法律建议**

如果不能再次协商,可以要求通过劳动仲裁方式宣告无效。

五十八、用人单位协商代表的人数少于三人,或者用人单位协商代表的人数多于职工协商代表

◎ **法律法规**

《上海市集体合同条例》(2015 年修正)第 6 条。

◎ **法律责任或后果**

签订的集体合同的效力有瑕疵。

◎ **法律建议**

如果不能再次协商,且签订的集体合同存在损害社会公共利益、显失公平等法定情形的,可以要求通过劳动仲裁方式宣告无效或者撤销。

五十九、用人单位无正当理由拒绝、拖延集体协商要求

◎ **法律法规**

《工会法》(2009 年修订)第 53 条。

《集体合同规定》第 49、56 条。

《上海市集体合同条例》(2015 年修正)第 15、34 条。

◎ **法律责任或后果**

由劳动行政部门责令改正,或由双方依法提请上级工会指导,或者由劳动行政部门协调处理。

◎ **法律建议**

(1) 集体协商双方的任何一方均可以向对方以书面形式提出进行集体协商的建议。另一方在收到集体协商建议书之日起 15 日内应当给予书面答复,拒绝集体协商的,应当有正当的理由。

(2) 需要裁减人员 20 人以上或者裁减不足 20 人但占企业职工总数 10% 以上,劳动纠纷导致群体性停工、上访,生产过程中发现存在重大事故隐患或者职业危害的,集体协商的任何一方提出集体协商建议的,另一方不得拒绝或者拖延。

六十、用人单位参与协商过程中存在歧视、过激、威胁、收买、欺骗、泄露商业秘密等法律法规规定的违法行为

◎ **法律法规**

《劳动合同法》第 23、26、90 条。

《合同法》第 52、54 条。

《集体合同规定》第 26、49、55 条。

《工资集体协商试行办法》第 15 条。

◎ 法律责任或后果

签订的集体合同因存在欺诈、胁迫等法定情形而无效;造成损害的,应当赔偿损失。

◎ 法律建议

(1) 由双方依法提请劳动行政部门协调处理。

(2) 如果不能再次协商,可以要求通过劳动仲裁方式宣告无效。

六十一、协商时用人单位有不利于维护正常生产、工作秩序或者社会稳定的行为

◎ 法律法规

《上海市集体合同条例》(2015 年修正)第 21、40 条。

《集体合同规定》第 49、55 条。

◎ 法律责任或后果

(1) 由双方依法提请劳动行政部门协调处理。

(2) 构成违反治安管理行为的,由公安机关依法处理;构成犯罪的,依法追究刑事责任。

◎ 法律建议

(1) 用人单位在集体协商过程中,不得限制职工一方协商代表的人身自由,或者对其进行侮辱、威胁、恐吓、暴力伤害;拒绝或者阻碍职工进入劳动场所,拒绝提供生产工具或者其他劳动条件;拒绝提供与集体协商议题相关的资料或者提供虚假资料等的行为。

(2) 如果不能再次协商,且签订的集体合同存在损害社会公共利益、显失公平等法定情形的,可以要求通过劳动仲裁方式宣告无效或者撤销。

六十二、依法订立的集体合同生效后用人单位未依约履行

◎ 法律法规

《劳动合同法》(2012 年修正)第 56 条。

◎ **法律责任或后果**

工会可以依法申请仲裁、提起诉讼，要求用人单位承担责任。

◎ **法律建议**

用人单位应当依法履行集体合同。

第三章　劳动合同续订

一、劳动者在同一用人单位连续工作 10 年后提出续订劳动合同，用人单位不予续订无固定期限劳动合同

◎ **法律法规**

《劳动合同法》(2012 年修正)第 14、82 条。

《最高人民法院关于审理劳动争议案件适用法律若干问题的解释(一)》(2008 年修订)第 16 条。

◎ **法律责任或后果**

(1) 自应当续订无固定期限劳动合同之日(即劳动者提出之日)起，视为双方之间存在无固定期限劳动合同关系，并以原劳动合同确定双方的权利义务关系。

(2) 自应当续订无固定期限劳动合同之日起向劳动者每月支付双倍的工资，至实际签订之日止。

◎ **法律建议**

(1) 用人单位需立即与劳动者补订无固定期限劳动合同，而不论该 10 年期间是否全部签订过书面劳动合同。

(2) 劳动者如在该 10 年期间与该用人单位解除、终止过劳动关系，一段时间后又重新入职到该用人单位工作的，则其解除、终止劳动合同之前的工作年限将中断而不计入"连续工作"年限中。

(3) 用人单位应统一建立劳动者职工名册或台账，对劳动者的基本情况、实际工作年限、劳动合同期限、劳动合同中的约定条款等进行动态管理，防止出现此类情形。

二、劳动者在国有企业改制重新订立劳动合同时在该用人单位已连续工作满 10 年且距法定退休年龄不足 10 年，用人单位不予续订无固定期限劳动合同

◎ **法律法规**

《劳动合同法》(2012 年修正)第 14、82 条。

《最高人民法院关于审理劳动争议案件适用法律若干问题的解释(一)》(2008 年修订)第 16 条。

◎ **法律责任或后果**

(1) 自应当重新订立劳动合同之日(即劳动者提出之日)起，视为双方之间存在无固定期限劳动合同关系，并以原劳动合同确定双方的权利义务关系。

(2) 自应当重新订立劳动合同之日起向劳动者每月支付双倍的工资，至实际签订之日止。

◎ **法律建议**

(1) 需立即与劳动者补订无固定期限劳动合同。

(2) 用人单位应统一建立劳动者职工名册或台账，对劳动者的基本情况、实际工作年限、劳动合同期限、劳动合同中的约定条款等进行动态管理，防止出现此类情形。

三、劳动者在 2008 年 1 月 1 日后连续订立二次固定期限合同，没有《劳动合同法》第 39 条、第 40 条第 1、2 项规定的情形，期满后劳动者提出订立无固定期限合同

◎ **法律法规**

《劳动合同法》(2012 年修正)第 14 条。

◎ **法律责任或后果**

单位同意续订劳动合同的，应当续订无固定期限劳动合同；单位不同意续订的，可以到期终止合同，并支付经济补偿金。

◎ **法律建议**

2008 年 1 月 1 日之后，劳动者与用人单位连续签订了二次固定期限劳

动合同,又没有《劳动合同法》第 39 条规定的严重过错和第 40 条第 1、2 项规定的无过错解除的情形,并提出续订无固定期限劳动合同的,全国多数地区的劳动行政部门认为,用人单位应当无条件续订无固定期限劳动合同。而包括上海在内的少数地区的劳动行政部门认为,《劳动合同法》第 14 条第 3 项规定中,"应当订立无固定期限劳动合同"有一附加条件即"续订劳动合同的",这就意味着此前劳动合同到期后用人单位有权选择终止,因此可以不予续订;当然,应当支付经济补偿金。如果用人单位同意续订合同的,则应当续订无固定期限劳动合同。从文义解释的角度看,这种意见似乎更有说服力。因此,用人单位可以不予续订劳动合同(包括固定期限劳动合同和无固定期限劳动合同)。

四、劳动者在 2008 年 1 月 1 日后连续订立二次固定期限合同,没有《劳动合同法》第 39 条、第 40 条第 1、2 项规定情形,双方同意续订的,未签订无固定期限合同

◎ **法律法规**

《劳动合同法》(2012 年修正)第 14、82 条。

《最高人民法院关于审理劳动争议案件适用法律若干问题的解释(一)》(2008 年修订)第 16 条。

◎ **法律责任或后果**

(1) 自应当订立无固定期限劳动合同之日(即双方同意续订之日)起,视为双方之间存在无固定期限劳动合同关系,并以原劳动合同确定双方的权利义务关系。

(2) 自应当订立无固定期限劳动合同之日起向劳动者每月支付双倍的工资,至实际签订之日止。

◎ **法律建议**

(1) 需立即与劳动者补订无固定期限劳动合同。

(2) 用人单位应统一建立劳动者职工名册或台账,对劳动者的基本情况、实际工作年限、劳动合同期限、劳动合同中的约定条款等进行动态管理,防止出现此类情形。

五、劳动者在2008年1月1日后连续订立二次固定期限合同,没有《劳动合同法》第39条、第40条第1、2项规定情形,双方同意再次续订固定期限劳动合同

◎ **法律法规**

《劳动合同法》(2012年修正)第14条。

《劳动合同法实施条例》第11条。

上海市高级人民法院《关于适用〈劳动合同法〉若干问题的意见》(2009.3.3)第4-2条。

◎ **法律责任或后果**

劳动者续订固定期限劳动合同后反悔,又提出重新续订无固定期限劳动合同。

◎ **法律建议**

该固定期限合同合法有效,双方应遵照履行,不得单方擅自变更。

六、劳动者在2008年1月1日后已连续签订二次固定期限劳动合同,双方又签订了第三次固定期限劳动合同,该合同到期后,劳动者又提出续订无固定期限合同

◎ **法律法规**

《劳动合同法》(2012年修正)第14条。

上海市高级人民法院《关于适用〈劳动合同法〉若干问题的意见》(2009.3.3)第4-2条。

◎ **法律责任或后果**

与第二次签订的固定期限劳动合同届满时一样,第三次签订的固定期限劳动合同期限届满时,可以自然终止;也可以由双方协商续签固定期限合同;双方同意续订,劳动者提出续订无固定期限合同的,应当续订无固定期限合同。

◎ **法律建议**

按上海地区劳动行政部门的意见,无论劳动者与用人单位签订多少次固

定期限劳动合同,只要在同一用人单位连续工作不满 10 年,用人单位都有权到期终止其劳动合同。因此,此时用人单位可以拒绝续签劳动合同(包括固定期限和无固定期限劳动合同)。

七、与因存在法定事由而在同一用人单位连续工作满 10 年的劳动者签订无固定期限劳动合同

◎ **法律法规**

《劳动合同法》(2012 年修正)第 45 条。

上海市高级人民法院《关于适用〈劳动合同法〉若干问题的意见》(2009.3.3)第 4-3 条。

◎ **法律责任或后果**

法定顺延事由消失时,劳动合同期限已经届满,可以自然终止。

◎ **法律建议**

劳动合同正常到期时劳动者在同一用人单位工作不满 10 年,但因存在《劳动合同法》第 42 条规定的法定顺延事由,导致劳动者在用人单位连续工作满 10 年,该事由消失后劳动者能否要求签订无固定期限劳动合同?《劳动合同法》第 45 条明确规定:"劳动合同期满,有本法第 42 条规定情形之一的,劳动合同应当延续至相应的情形消失时终止。"在法律没有对终止的情况做出特别规定的情况下,不能违反法律关于合同终止的有关规定随意扩大解释,将订立无固定期限合同的后果纳入其中。故该劳动合同应当到期终止;用人单位可以不同意签订无固定期限劳动合同。

八、劳动合同中有该合同期满后自动延续至新的劳动合同签订之日等类似约定

◎ **法律法规**

《劳动合同法》(2012 年修正)第 10、26 条。

◎ **法律责任或后果**

该约定无效。

◎ **法律建议**

（1）该约定免除了用人单位应当签订书面劳动合同的法定义务，违反了法律、行政法规强制性规定，故应属无效；该劳动合同期满后可自然终止。到期后未续签劳动合同形成事实劳动关系的，按有关规定处理。但如约定了明确的自动延续期限的，如约定到期后自动续约3年的，该约定有效。

（2）建议由人事或律师对此类合同条款进行清理，避免不确定性。

九、未在劳动合同期满前提前一个月向劳动者提出终止或者续签劳动合同的书面意向

◎ **法律法规**

原劳动部《关于加强劳动合同管理完善劳动合同制度的通知》(1997.4.3)第5条。

《劳动合同法》(2012年修正)第44、46条。

《民法总则》第140条。

◎ **法律责任或后果**

（1）如劳动者同样未在劳动合同到期前向用人单位书面提出终止或者续订合同，双方将形成事实劳动关系。

（2）在劳动者其实不愿意续签的情况下，用人单位如首先表示不愿意续签，需要支付原本可能不需要支付的经济补偿金。

◎ **法律建议**

（1）按照规定，劳动合同期满前，用人单位应当提前一个月向劳动者提出终止或续订劳动合同的书面意向，并及时办理有关手续。显然规定的意图是希望用人单位主动提出续约或者终止的意见，避免形成事实劳动关系。但当时的法律法规并未规定合同到期终止时用人单位需要支付经济补偿金。

（2）续约应当属于明示的意思表示，而沉默的意思只有在有法律规定、当事人约定或者符合当事人之间的交易习惯时，才可以视为意思表示。因此，续约的意思表示劳资双方都应当及时表露，而不应当仅仅是用人单位的

义务。

（3）用人单位可在规章制度中规定，劳动者如愿意续签合同的，应在合同到期前至少45日以书面方式通知用人单位。逾期未通知的，视为劳动者不愿意续签合同，用人单位有权到期终止合同；但双方均表示愿意续签的除外。

十、劳动合同到期后双方继续履行，未及时续订或终止导致形成事实劳动关系

◎ **法律法规**

《劳动合同法》（2012年修正）第10、82条。

《劳动合同法实施条例》第6条。

《最高人民法院关于审理劳动争议案件适用法律若干问题的解释（一）》（2008年修订）第16条。

原劳动和社会保障部《关于确立劳动关系有关事项的通知》（2005.5.25）第1、2、3条。

上海市高级人民法院《关于适用〈劳动合同法〉若干问题的意见》（2009.3.3）第2条。

◎ **法律责任或后果**

劳动关系不确定。劳动者自上一份合同到期后第二个月起可主张双倍工资至到期后一年，共11个月。满一年后视为已签订无固定期限劳动合同。

◎ **法律建议**

（1）用人单位不愿意继续履行的，可以随时终止合同，并支付经济补偿金。

（2）用人单位愿意继续履行的，自合同到期后一个月内补签劳动合同。

（3）劳动者不愿意签订合同但愿意继续履行的，用人单位可以终止，并支付经济补偿金。

（4）劳动者不愿意签订合同并拒绝继续履行的，视为劳动者单方终止，可不支付经济补偿金。

（5）根据上海市高级人民法院《民一庭调研与参考》〔2014〕15号（2013.

4.27)第4-1条"关于用人单位是否可以无理由解除或终止事实劳动关系的问题"的规定,无论用工是否超过一个月,用人单位无正当理由提出解除或终止事实劳动关系的,应当参照《劳动合同法》第48条违法解除的规定,向劳动者支付双倍赔偿金[①]。实践中可能会出现一些用人单位已尽了诚信磋商义务,因不可归咎于任何一方责任的客观原因导致无法与劳动者就必备条款达成一致意见的情况,用人单位可以解除,并支付经济补偿金。

(6) 上述规定要求确认劳动者本人的真实意愿,现实情况显得相当复杂,建议人事与劳动者进行直接面谈并制作谈话笔录来了解、确定。

(7) 用人单位应统一建立职工名册或台账,对劳动者的基本情况、实际工作年限、劳动合同期限、劳动合同中的约定条款等进行动态管理,防止出现此类情形。

十一、在劳动合同期满前 30 日内未及时为聘请的外国人申请延长就业许可

◎ **法律法规**

《外国人在中国就业管理规定》(2017 年修订)第 18 条。

《劳动合同法》(2012 年修正)第 26 条。

《出境入境管理法》第 41、43、80 条。

《外国人入境出境管理条例》第 32 条。

《最高人民法院关于审理劳动争议案件适用法律若干问题的解释(四)》第 14 条。

◎ **法律责任和后果**

外国人未经许可擅自就业的,属于非法就业,与用人单位签订的劳动合同无效。非法聘用外国人的,处以罚款;有违法所得的,没收违法所得。该外国人被遣送出境所需的费用由本人承担;本人无力承担的,由非法聘用的单位、个人承担。

[①] 此规定似与《劳动合同法实施条例》第 5、6 条,《上海市劳动合同条例》第 40 条以及《最高人民法院关于审理劳动争议案件适用法律若干问题的解释》(一)第 16 条相矛盾,且效力级别很低。

◎ **法律建议**

用人单位应统一建立劳动者信息台账，对劳动者的基本情况、实际工作年限、劳动合同期限、约定条款等进行动态管理，及时申请延期许可，防止出现此类情形。

第四章　劳务与实习

一、招用劳务人员时未与之签订书面劳务合同

◎ **法律法规**

《合同法》第 32 条。

◎ **法律责任或后果**

难以证实双方之间的权利义务关系。

◎ **法律建议**

（1）此处的劳务人员仅指与用人单位不存在劳动关系，但存在雇佣关系的劳务人员，包括（但不限于）单位尚未领取营业执照之前已经招用的人员、已享受养老保险待遇或领取退休金的离退休人员。不包括因用人单位为规避义务，应当签署劳动合同而改签劳务合同的人员，以及不受雇主控制、指挥和监督而仅提供临时性承揽工作的人员；也不包括实习人员（另有规定）。

（2）劳务合同并无法律规定应当通过书面形式签订，但考虑到便于固定相关权利义务，仍然建议通过书面形式签订。为保护劳务人员的身体健康，对工作时间、劳动保护、工伤应参照劳动关系约定，其他内容不适用劳动法律规定，可自行约定。

二、无正当理由未及时足额支付劳务报酬

◎ **法律法规**

《合同法》第 109 条。

◎ **法律责任或后果**

劳务人员可以依据劳务合同约定要求支付劳务报酬或逾期付款违约金。

◎ **法律建议**

用人单位应当根据劳务合同约定及时足额支付劳务报酬。

三、与已满 16 周岁的勤工助学的在校生签订劳动合同

◎ **法律法规**

《关于贯彻执行〈劳动法〉若干问题的意见》第 12 条。

《职业学校学生实习管理规定》第 35 条。

◎ **法律责任或后果**

勤工助学人员要求确认劳动关系并承担工作时间、劳动保护、请假休假、经济补偿金和赔偿金等劳动法律责任。

◎ **法律建议**

在校生利用业余时间勤工助学，不视为就业，未建立劳动关系，可以不签订劳动合同。但是为其身体健康考虑，对工作时间、劳动保护方面应参照劳动关系和实习有关规定执行；如工作内容有受到伤害可能的，也可以参照实习有关规定投保强制实习责任保险。其他内容可自行约定。

四、招用不满 16 周岁未成年人在用人单位实习

◎ **法律法规**

《禁止使用童工规定》第 2、4、6 条。

◎ **法律责任或后果**

由劳动行政部门按照每使用一名童工每月处 5 000 元罚款的标准给予处罚。雇佣童工从事危重劳动，拒不改正的，吊销营业执照，并按照每使用一名童工每月处 1 万元罚款的标准处罚。构成犯罪的，依法追究刑事责任。

◎ **法律建议**

招聘人员时必须核查实习人员的身份证、户籍资料。对不满 16 周岁的未成年人，一律不得招聘实习。实习人员的录用登记、核查材料应当妥善保管。

五、招用跟岗、顶岗人员实习前，未签订实习协议或者三方实习协议

◎ **法律法规**

《职业学校学生实习管理规定》第 12、14、26 条。

◎ **法律责任或后果**

不得安排学生实习，并应根据相关规定和约定承担相关责任。

◎ **法律建议**

（1）根据有关规定，实习包括认识实习、跟岗实习和顶岗实习等形式。认识实习是指学生由职业学校组织到实习单位参观、观摩和体验，形成对实习单位和相关岗位的初步认识的活动。跟岗实习是指不具有独立操作能力、不能完全适应实习岗位要求的学生，由职业学校组织到实习单位的相应岗位，在专业人员指导下部分参与实际辅助工作的活动。顶岗实习是指初步具备实践岗位独立工作能力的学生，到相应实习岗位，相对独立参与实际工作的活动。

（2）单独招用学生跟岗、顶岗实习的，应当事先与其签订书面实习协议。受所在学校委派前来跟岗、顶岗实习的，应当事先与其签订书面三方实习协议。不得采用口头形式招用学生进行跟岗、顶岗实习。

六、三方实习协议缺少规定的内容，或者违反相关法律法规

◎ **法律法规**

《职业学校学生实习管理规定》第 13 条。

◎ **法律责任或后果**

根据法律法规规定承担相应法律责任。

◎ **法律建议**

根据规定，三方实习协议应包括（但不限于）以下内容：各方基本信息，实习的时间、地点、内容、要求与条件保障，实习期间的食宿和休假安排，实习期间劳动保护和劳动安全、卫生、职业病危害防护条件，责任保险与伤亡事故处理办法，对不属于保险赔付范围或者超出保险赔付额度部分的约定责任，实习考核方式、违约责任及其他事项。顶岗实习的实习协议内容还应当包括实习报酬及支付方式。

七、未满 18 周岁的学生参加跟岗、顶岗实习之前未取得学生监护人签字的知情同意书

◎ **法律法规**

《民法总则》第 22 条。

《职业学校学生实习管理规定》第 14 条。

◎ **法律责任或后果**

该学生的监护人有权以该未成年人的实习行为未征得其同意为由要求确认实习协议无效；造成损害的，应当承担赔偿责任。

◎ **法律建议**

招用跟岗、顶岗实习人员时必须核查其身份证、户籍资料。对不满 18 周岁的未成年人，应当要求其提供监护人签字的知情同意书，并提供监护人有效联系电话；自行实习的，还应当要求其提供所在学校出具的已收到其提交的实习协议证明及有效联系电话。实习人员的录用登记、核查材料应当妥善保管。

八、招用实习人员时未查阅其有效学生证

◎ **法律法规**

《合同法》第 48 条。

◎ **法律责任或后果**

如有冒名情况，可能发生使用童工实习、未经监护人许可使用未成年人实习等违法情形，并承担相应法律责任。

◎ **法律建议**

招用时应查阅其有效学生证及身份证、户籍资料并与本人样貌核对确认一致，并提供学校有效联系电话。未满 18 周岁的，还应要求其提供监护人有效联系电话。

九、招用实习人员后未指派专门人员指导业务和操作

◎ **法律法规**

《最高人民法院关于审理人身损害赔偿案件适用法律若干问题的解释》第 11 条。

《职业学校学生实习管理规定》第 7、26、35 条。

◎ **法律责任或后果**

可能导致不必要的人身伤害事故和雇主赔偿。

◎ **法律建议**

（1）用人单位与实习人员之间不存在劳动关系，但存在雇佣关系，即从事雇主授权或者指示范围内的生产经营活动或者其他劳务活动。根据规定，雇员在从事雇佣活动中遭受人身损害，雇主应当承担赔偿责任。雇佣关系以外的第三人造成雇员人身损害的，赔偿权利人可以请求第三人承担赔偿责任，也可以请求雇主承担赔偿责任。

（2）建议用人单位指派经验丰富、业务素质好、责任心强、安全防范意识高的专门人员指导业务和操作，降低事故发生概率，并根据规定为实习人员投保强制实习责任保险。

十、顶岗实习学生的人数超过规定比例

◎ **法律法规**

《职业学校学生实习管理规定》第9、26条。

◎ **法律责任或后果**

职业学校可根据情况调整实习安排，并根据实习协议要求实习单位承担相关责任。

◎ **法律建议**

（1）顶岗实习学生的人数不得超过实习用人单位在岗职工总数的10%，或高于同类岗位在岗职工总人数的20%。

（2）用人单位应统一建立实习人员信息台账，并应注意审核顶岗实习学生人数的规定比例。已经超出的，应在实习协议规定的时间内恢复规定比例，恢复之前不得再行招录新的实习学生。

十一、顶岗实习的时间超过6个月

◎ **法律法规**

《职业学校学生实习管理规定》第10、26条。

◎ **法律责任或后果**

职业学校可根据情况调整实习安排，并根据实习协议要求实习单位承担相关责任。

◎ **法律建议**

（1）超过规定期限的顶岗实习行为无效，用人单位、实习人员、学校三方均有权及时停止超期实习行为。

（2）用人单位应统一建立实习人员信息台账，对实习人员的基本情况、实习性质、岗位、实习时间和期限、实习协议中的约定条款等进行动态管理，防止出现此类情形。

十二、违反劳动保护的相关规定安排实习学生从事不适合岗位实习

◎ **法律法规**

《职业学校学生实习管理规定》第15、16、26条。

◎ **法律责任或后果**

职业学校可根据情况调整实习安排，并根据实习协议要求实习单位承担相关责任。

◎ **法律建议**

根据规定，实习单位要依法保障实习学生的基本权利，不得安排、接收一年级在校学生顶岗实习；不得安排未成年学生从事《未成年工特殊保护规定》中禁忌从事的劳动；不得安排实习的女学生从事《女职工劳动保护特别规定》中禁忌从事的劳动；不得安排学生到酒吧、夜总会、歌厅、洗浴中心等营业性娱乐场所实习；不得通过中介机构或有偿代理组织、安排和管理学生实习工作；不得安排学生从事高空、井下、放射性、有毒、易燃易爆，以及其他具有较高安全风险的实习（但相关专业和实习岗位有特殊要求，并报上级主管部门备案的实习安排除外）。

十三、违反劳动时间和加班的相关规定安排实习学生加班

◎ **法律法规**

《职业学校学生实习管理规定》第16、26条。

◎ **法律责任或后果**

职业学校可根据情况调整实习安排，并根据实习协议要求实习单位承担相关责任。

◎ **法律建议**

根据规定,学生跟岗、顶岗实习期间,实习单位应遵守国家关于工作时间和休息休假的规定,不得安排学生在法定节假日实习;不得安排学生加班和夜班(但相关专业和实习岗位有特殊要求,并报上级主管部门备案的实习安排除外)。

十四、招用劳务和实习人员的用人单位未依法履行安全生产职责

◎ **法律法规**

《劳动法》(2009年修正)第52条。

《安全生产法》(2014年修正)第4、18、42、78、91—93、96条。

《职业学校学生实习管理规定》第26、33条。

◎ **法律责任或后果**

(1) 由安全生产监督管理部门责令限期改正、罚款、停产停业;构成犯罪的,依法追究刑事责任。

(2) 职业学校可根据情况调整实习安排,并根据实习协议要求实习单位承担相关责任。

◎ **法律建议**

实习单位应当健全本单位生产安全责任制,执行相关安全生产标准,健全安全生产规章制度和操作规程,制定生产安全事故应急救援预案,配备必要的安全保障器材和劳动防护用品,加强对劳务人员和实习学生的安全生产教育培训和管理,保障劳务人员和学生实习期间的人身安全和健康。

十五、招用劳务和实习人员后未依法进行岗前培训和考核

◎ **法律法规**

《安全生产法》(2014年修正)第25、55、94条。

《职业学校学生实习管理规定》第26、34条。

◎ **法律风险或后果**

(1) 由安全生产监督管理部门责令限期改正、罚款、停产停业;构成犯罪

的,依法追究刑事责任。

(2) 职业学校可根据情况调整实习安排,并根据实习协议要求实习单位承担相关责任。

◎ **法律建议**

实习单位应当对劳务人员,及会同职业学校对实习学生进行安全防护知识、岗位操作规程教育和培训并进行考核。未经教育培训和未通过考核的劳务人员和学生不得参加劳务和实习。

十六、无正当理由未及时足额支付顶岗实习人员的实习报酬

◎ **法律法规**

《职业学校学生实习管理规定》第17、26条。

◎ **法律责任或后果**

(1) 应当按照实习协议约定发放,并承担逾期付款违约金。

(2) 职业学校可根据情况调整实习安排,并根据实习协议要求实习单位承担相关责任。

◎ **法律建议**

(1) 依法依约按时足额支付顶岗实习人员的实习报酬。

(2) 对于认识实习、跟岗实习,法律没有规定应当支付实习报酬。但从公平角度考虑,因实习人员付出了劳务,即使实习单位不发放实习报酬,也应当根据实习协议的约定,对其发放适量的就餐、通讯、交通等补贴。

十七、顶岗实习报酬低于本用人单位相同岗位试用期工资标准的80%

◎ **法律法规**

《职业学校学生实习管理规定》第17、26条。

◎ **法律责任或后果**

职业学校可根据情况调整实习安排,并根据实习协议要求实习单位承担相关责任。

◎ **法律建议**

实习单位应参考本单位相同岗位的报酬标准和顶岗实习学生的工作量、

工作强度、工作时间等因素,合理确定顶岗实习报酬,原则上不低于本单位相同岗位试用期工资标准的80%。如有欠发的,应当及时补发。

十八、违法侵害实习学生人身或财产权利

◎ **法律法规**

《职业学校学生实习管理规定》第19、26条。

◎ **法律责任或后果**

职业学校可根据情况调整实习安排,并根据实习协议要求实习单位承担相关责任。

◎ **法律建议**

根据规定,实习单位不得向实习学生收取实习押金、顶岗实习报酬提成、管理费或者其他形式的实习费用,不得扣押实习学生的居民身份证,不得要求实习学生提供担保或者以其他名义收取学生财物。

十九、用人单位未依法建立外地实习学生住宿制度和请销假制度

◎ **法律法规**

《职业学校学生实习管理规定》第23、26条。

◎ **法律责任或后果**

职业学校可根据情况调整实习安排,并根据实习协议要求实习单位承担相关责任。

◎ **法律建议**

根据规定,组织学生到外地实习,应当安排学生统一住宿;具备条件的实习单位,应为实习学生提供宿舍。实习单位要建立实习学生住宿制度和请销假制度。学生申请在统一安排的宿舍以外住宿的,须经学生监护人签字同意,由职业学校备案后方可办理。

二十、实习人员违反规定或约定,给实习单位造成财产损失

◎ **法律法规**

《职业学校学生实习管理规定》第30条。

◎ **法律责任或后果**

学生违规行为给实习单位造成财产损失的,应当依法予以赔偿。

◎ **法律建议**

实习单位应注意对学生加强规章制度、实习纪律教育和安全生产、操作技能培训。参照劳动法律规定,无违规操作造成的实习单位财产损失,应当免予赔偿。对于违反规章制度、实习纪律以及实习协议规定进行操作造成财产损失的学生,应当先进行批评教育;对于其造成的财产损失,应当免予赔偿或者适当降低其赔偿金额和比例。

二十一、未对实习人员投保强制实习责任保险

◎ **法律法规**

《最高人民法院关于审理人身损害赔偿案件适用法律若干问题的解释》第 11 条。

《职业学校学生实习管理规定》第 35、36 条。

◎ **法律责任或后果**

可能因人身伤害事故导致不必要的雇主赔偿。

◎ **法律建议**

实习人员实习期间受到人身伤害,属于实习责任保险赔付范围的,由保险公司赔付。不属于保险赔付范围或者超出保险赔付额度的部分,由实习用人单位、职业学校及学生按照实习协议约定承担责任。未按规定投保强制实习责任保险,实习协议也未约定承担责任方式的,由实习用人单位向受到人身伤害的实习人员承担全部赔偿责任。

第五章　规章制度

一、用人单位未按照规定，与本用人单位工会协商设立职工代表大会制度及其具体办法

◎ **法律法规**

《上海市职工代表大会条例》(2017年修正)第4、5、46条。

◎ **法律责任或后果**

市、区级总工会可以根据工会劳动法律法规对此进行监督检查，也可以发出工会劳动法律监督整改意见书，要求企事业单位在90日内予以改正。对企事业单位逾期不改正的，市、区总工会可以根据需要向同级各相关行政管理部门提出工会劳动法律监督处理建议书。

◎ **法律建议**

(1) 职工代表大会(或者职工大会，下同)是企事业单位实行民主管理的基本形式，是协调劳动关系的重要制度，是职工行使民主管理权力的机构。职工人数在100人以上的企事业用人单位应当召开职工代表大会；职工人数不足100人的企事业用人单位一般召开职工大会。用人单位与本单位工会应当协商制定实行职工代表大会制度的具体办法，并纳入本单位的管理制度。

(2) 对国有企业、各行业建立职工代表大会制度另有规定的，按照规定执行。

二、用人单位未组织劳动者参加工会、建立基层工会组织和工会委员会

◎ **法律法规**

《工会法》(2009年修订)第3、10条。

中华全国总工会《关于加强工会会员会籍管理有关问题的暂行规定》(2000.9.11)第1条。

◎ **法律责任或后果**

未明确。

◎ **法律建议**

(1) 凡是符合《中国工会章程》规定的入会条件,与用人单位建立劳动(工作)关系(含事实劳动或工作关系,下同)的职工,均可以申请加入工会,取得中华全国总工会会员会籍。如职工所在的企业暂未成立工会组织,其本人可向企业所属的街、镇工会或产业工会提出申请,在他们的指导下加入工会组织。

(2) 用人单位有工会会员25人以上的,应当建立基层工会委员会;不足25人的,可以单独建立基层工会委员会,也可以由几个用人单位联合组建;也可以选举组织员一人,组织会员开展活动。

三、用人单位阻挠职工依法参加和组织工会或者阻挠上级工会帮助、指导职工筹建工会

◎ **法律法规**

《工会法》(2009年修订)第50条。

《上海市职工代表大会条例》(2017年修正)第6、48条。

◎ **法律责任或后果**

由劳动行政部门责令其改正;拒不改正的,由劳动行政部门提请政府处理。以暴力、威胁等手段阻挠造成严重后果,构成犯罪的,依法追究刑事责任。

◎ **法律建议**

企事业用人单位的工会组织是职工代表大会的工作机构,承担职工代表大会的日常工作。用人单位不得以作为、不作为等各种形式,阻挠职工依法参加和组织工会,或者阻挠上级工会帮助、指导职工筹建工会。

四、用人单位妨害工会、职代会依法行使职工民主管理权利

◎ **法律法规**

《工会法》(2009年修订)第53条。

《上海市职工代表大会条例》(2017年修正)第48条。

◎ **法律责任或后果**

由市、区人民政府以及各相关行政管理部门责令改正,对用人单位法定代表人和有关责任人给予批评教育;拒不改正的,依法处理。

◎ **法律建议**

用人单位妨害工会、职代会依法行使职工民主管理权利的表现形式有:①妨碍工会组织职工通过职代会和其他形式依法行使民主权利;②非法撤销、合并工会组织;③妨碍工会依法调查处理;④无正当理由拒绝进行平等协商;⑤阻挠建立职工代表大会制度;⑥应当提交职工代表大会审议和审议通过的事项,未按照法定程序提交,给职工造成损害;⑦擅自变更或者拒不执行职工代表大会决议并侵害职工权益;⑧其他法律法规规定的行为。

五、用人单位未就法定事项向职代会报告、接受审议、听取职工的意见和建议

◎ **法律法规**

《上海市职工代表大会条例》(2017年修正)第10、33、48条。

《公司法》(2013年修正)第18条。

◎ **法律责任或后果**

(1) 企事业单位的工会有权以书面形式要求纠正,企事业单位应当根据工会的要求予以纠正,并给予书面答复。

(2) 由市、区人民政府以及各相关行政管理部门责令改正,对用人单位法定代表人和有关责任人给予批评教育;拒不改正的,依法处理。

◎ **法律建议**

根据规定,用人单位应当向职代会报告、接受审议、听取职工的意见和建议的事项有:①发展规划,年度经营管理情况和重要决策;②制订、修改、决定直接涉及职工切身利益的规章制度或者重大事项,以及改革改制中职工分流安置、经济补偿等劳动关系变更的方案;③工会与企业就职工工资调整、经济性裁员、群体性劳动纠纷和生产过程中发现的重大事故隐患或者职业危害

等事项进行集体协商的情况；④职工代表大会工作机构的工作情况、联席会议协商处理的事项；⑤国有、集体及其控股的企业、事业单位财务预决算等重要事项；⑥改制、合并、分立、搬迁、停产、解散、申请破产等重大经营管理问题；⑦其他事项。

六、用人单位未就法定事项向职代会报告，并通过职代会审议

◎ **法律法规**

《上海市职工代表大会条例》（2017年修正）第11、33、48条。

《公司法》（2013年修正）第18条。

◎ **法律责任或后果**

（1）相关决定对本用人单位职工不具有约束力。

（2）工会有权以书面形式要求纠正，用人单位应当根据工会的要求予以纠正，并给予书面答复。

（3）由市、区人民政府以及各相关行政管理部门责令改正，对用人单位法定代表人和有关责任人给予批评教育；拒不改正的，依法处理。

◎ **法律建议**

根据规定，用人单位应当向职代会报告并审议通过的事项有：①涉及劳动报酬、工作时间、休息休假、保险福利等事项的集体合同草案；②工资调整机制、女职工权益保护、劳动安全卫生等专项集体合同草案；③因劳动关系变更方案引发群体性劳动纠纷，依照规定开展集体协商形成的专项集体合同草案；④国有、集体及其控股企业的薪酬制度，福利制度，劳动用工管理制度，职工教育培训制度，改革改制中涉及的职工安置方案等涉及职工切身利益的重要事项；⑤事业单位的职工聘任、考核奖惩办法，收益分配的原则和办法，职工生活福利制度，改革改制中涉及的职工安置方案，以及其他涉及职工切身利益的重要事项；⑥其他事项。

七、用人单位未就法定事项向职代会报告并接受监督

◎ **法律法规**

《上海市职工代表大会条例》（2017年修正）第12、48条。

◎ **法律责任或后果**

由市、区人民政府以及各相关行政管理部门责令改正，对用人单位法定代表人和有关责任人给予批评教育；拒不改正的，依法处理。

◎ **法律建议**

根据规定，用人单位应当向职代会报告，并接受审查监督的事项有：①职代会提案办理情况；②职代会审议通过的重要事项落实情况；③集体合同和专项集体合同履行情况；④劳动安全卫生标准执行、社会保险费交缴、职工教育培训经费提取使用等情况；⑤其他事项。

八、未通过职代会形式选举产生董事会、监事会中的职工代表

◎ **法律法规**

《上海市职工代表大会条例》(2017年修正)第13、33、48条。

《公司法》(2013年修正)第44、51、67、70、108、117条。

◎ **法律风险或后果**

（1）相关选举决定对本用人单位职工不具有约束力。工会有权以书面形式要求纠正，用人单位应当根据工会的要求予以纠正，并给予书面答复。

（2）由市、区人民政府以及各相关行政管理部门责令改正，对用人单位法定代表人和有关责任人给予批评教育；拒不改正的，依法处理。

◎ **法律建议**

（1）两个以上的国有企业、两个以上的其他国有投资主体投资设立的有限责任公司、国有独资公司，其董事会成员中应当有公司职工代表；其他有限责任公司、股份有限公司的董事会成员中可以有公司职工代表。

（2）有限责任公司、股份有限公司的监事会成员中均应当有公司职工代表，且比例不得低于1/3。

（3）董事会、监事会中的职工代表人数、具体比例由公司章程规定。

九、用人单位没有制定员工手册或者其内容过于原则不具备操作性

◎ **法律法规**

《劳动合同法》(2012年修正)第4条。

《企业内部控制基本规范》第 16 条。

◎ **法律责任或后果**

用人单位难以行使行政管理权、用人权。

◎ **法律建议**

(1) 用人单位的人力资源政策主要涉及以下事项：①员工的聘用、培训、辞退与辞职；②员工的薪酬、考核、晋升与奖惩；③关键岗位员工的强制休假制度和定期岗位轮换制度；④掌握国家秘密或重要商业秘密的员工离岗的限制性规定；⑤其他事项。

(2) 员工手册是对用人单位人力资源政策、劳动人事管理的基本规定，应对劳动者的聘用、培训、辞退与辞职，薪酬、考核、晋升与奖惩，工作时间和加班，安全生产，社会保险等基本制度进行详细、可操作的规定。员工手册制定后可另行制定其余规章制度。

十、用人单位制定或修改直接涉及劳动者切身利益的规章制度和重大事项时，未征求工会的意见，未经职工代表大会、全体职工讨论，提出方案和意见，平等协商等民主程序

◎ **法律法规**

《劳动合同法》(2012 年修正)第 4 条。

《公司法》(2013 年修正)第 18 条。

《最高人民法院关于审理劳动争议案件适用法律若干问题的解释(一)》(2008 年修订)第 19 条。

《上海市集体合同条例》(2015 年修正)第 12 条。

◎ **法律责任或后果**

可能导致该规章制度和重大事项对劳动者不发生法律效力。

◎ **法律建议**

(1) "直接涉及劳动者切身利益的规章制度和重大事项"是指关于劳动报酬、工作时间、休息休假、劳动安全卫生、保险福利、职工培训、劳动纪律、劳动定额管理，以及其他直接涉及劳动者切身利益的规章制度或者重大事项。

（2）司法实践中，如规章制度在通过职工行使民主权利的程序方面存在一定瑕疵，但内容不违反法律法规、不存在不合理情形，已向劳动者公示或告知的，也可以认为有效。

（3）如规章制度并非属于"直接涉及劳动者切身利益的规章制度和重大事项"的，可以不通过职工行使民主权利的程序；但考虑到两者在实践中很难明确区分，故建议在制定、修改的时候咨询律师的意见。

十一、规章制度未向劳动者公示、未告知劳动者、未发送给劳动者或者未经劳动者签字确认

◎ **法律法规**

《劳动合同法》（2012年修正）第4条。

◎ **法律责任或后果**

可能导致该规章制度对劳动者不发生法律效力。

◎ **法律建议**

（1）规章制度公示的办法可以有下列几种：①用人单位各个部门将规章制度传阅、召开传达会议后，由所有劳动者在附页上签字确认。用人单位劳动者人数较少时比较适宜采用该方式；②通过发送电子邮件方式（不建议采用微信群、QQ群等即时通信工具）将规章制度发送给劳动者。如果用人单位有采用员工姓名作为地址的统一工作邮箱的，比较适宜采用该方式；③将规章制度张贴在用人单位设置的公告栏后，拍照（应当加载拍摄日期）固定。劳动者人数较多时建议采用此方式。

（2）对于新入职的劳动者，可以在签订劳动合同时，在附页上附加签收规章制度。

（3）对于新制定、修改的规章制度，应向所有劳动者重新办理公示、告知手续，并妥善保管相关证据。

（4）并不需要保证每位劳动者手中必须拿到该份规章制度的稿件，只需要办理过公示、告知手续就可以。但如劳动者需要查阅规章制度的具体内容的，用人单位应当提供查阅。

十二、规定劳务人员直接适用用人单位规章制度

◎ **法律法规**

原劳动和社会保障部《关于确立劳动关系有关事项的通知》(2005.5.25)第1条。

◎ **法律责任或后果**

劳务人员提出要求确认劳动关系,补签劳动合同,支付双倍工资,承担工资、劳动保护、社保等劳动法律义务。

◎ **法律建议**

(1) 如有证据证实用人单位依法制定的各项劳动规章制度适用于劳动者,劳动者受用人单位的劳动管理,从事用人单位安排的有报酬的劳动的,可以直接确认为劳动关系。故如用人单位确实仅需要招用提供临时性承揽工作的人员的,可以与其签订劳务合同。但如果需要劳务人员提供长期、受用人单位劳动管理的劳务活动的,建议签订劳动合同;一定要签订劳务合同的,则不能直接在劳务合同中约定劳务人员直接适用用人单位规章制度。

(2) 如果有必要的,可以将关于劳务人员的管理规定通过劳务合同而不是规章制度形式体现;或者规定劳务人员在劳务报酬、劳动纪律等某些方面参照用人单位的规章制度执行。

十三、未考虑非全日制工作人员、实习人员适用用人单位规章制度的具体情况和问题

◎ **法律法规**

《劳动合同法》(2012年修正)第4、80条。

《职业学校学生实习管理规定》第20条。

◎ **法律责任或后果**

(1) 用人单位直接涉及劳动者切身利益的规章制度违反法律、法规规定的,由劳动行政部门责令改正,给予警告;给劳动者造成损害的,应当承担赔偿责任。

(2) 职业学校可根据情况调整实习安排,并根据实习协议要求实习单位

承担相关责任。

◎ **法律建议**

因非全日制工作人员、实习人员与一般劳动者的岗位特征、工作时间、报酬支付等方面存在较大区别,适用于一般劳动者的某些规章制度,例如考勤、请假、劳动纪律等方面不一定能够适用于非全日制工作人员、实习人员,故建议专门起草适用于非全日制工作人员、实习人员的规章制度,或在规章制度中表明哪些内容不适用于这些人员。

十四、在开业后半年内未将制定的规章制度报送劳动行政部门进行备案

◎ **法律法规**

原劳动部《关于对新开办用人单位实行劳动规章制度备案制度的通知》(1997.11.25)第1—5条。

◎ **法律责任或后果**

(1) 对制定的规章制度违反劳动法律法规规定的,责令限期改正。

(2) 不按规定期限报送备案的,应依法给予行政处罚。

◎ **法律建议**

需要备案的规章制度主要包括:劳动合同管理、工资管理、社会保险福利待遇、工时休假、职工奖惩,以及其他劳动管理规定。劳动行政部门对新开办用人单位规章制度备案审查的内容主要是:劳动规章制度内容是否符合法律法规规定;制定劳动规章制度的程序是否符合有关规定。

十五、规章制度的内容与劳动合同相矛盾

◎ **法律法规**

《最高人民法院关于审理劳动争议案件适用法律若干问题的解释(二)》第16条。

◎ **法律责任或后果**

内部规章制度与集体合同或者劳动合同约定的内容不一致,优先适用集体合同、劳动合同的约定。

◎ **法律建议**

（1）优先适用劳动合同,规章制度应作为劳动合同补充。

（2）劳动合同规定的劳动条件和劳动待遇不得低于规章制度。

（3）对某些特殊人员可在劳动合同中约定不适用某些规章制度。

（4）竞业限制等只能适用于部分劳动者的内容,只能由劳动合同约定,不能通过规章制度体现。

十六、未根据国家政策依法制定平均工资增长制度

◎ **法律法规**

《劳动法》(2009年修正)第46条。

◎ **法律责任或后果**

未明确。

◎ **法律建议**

（1）工资水平应当根据经济社会发展和企业经济效益的提高而适当提高,这是让劳动者及时分享用人单位发展带来的红利、激发劳动者的工作潜能、和谐用人单位劳动关系的重要手段。但平均工资增长制度适用的前提是用人单位当年有经济效益增长,否则工资增长无从谈起。

（2）平均工资增长不意味着每个劳动者的收入水平都应当提高,也不意味着每个劳动者的收入水平增长速度都要相同,应当与劳动者的具体情况、考核结果相挂钩。

十七、未依法建立用人单位内部工资支付制度、奖金分配制度、提成发放制度、年终奖发放制度等内部工资支付制度,或者未告知劳动者

◎ **法律法规**

《劳动合同法》(2012年修正)第4条。

《工资支付暂行规定》第17条。

◎ **法律责任或后果**

难以科学考核、分配相关劳动报酬。

◎ **法律建议**

(1) 各项内部工资支付制度明显属于直接涉及劳动者切身利益的规章制度和重大事项，故应当依法行使民主程序，依法建立完整、规范、科学的内部劳动报酬支付制度，并依法告知劳动者。

(2) 内部工资支付制度除了规定工资、奖金、提成、年终奖等各种工资支付项目和支付条件外，还应当包括工资支付水平、工资支付形式、工资支付对象、工资支付时间以及特殊情况下的工资支付等其他法定内容。

(3) 对于奖金、提成、年终奖等工资的发放标准和计算依据，目前法律法规并无过多的规定，基本上可由用人单位自行依法制定，诸如"离职不予发放年终奖""年终奖年后发放""提成款在业务回款到账后按比例支取"等，其设置可以无条件，也可以有条件；只要不违反法律法规规定，均可认为有效。用人单位应当根据规定及时、足额发放。

十八、用人单位未明确制定奖金、提成、年终奖等工资支付制度，但劳动者有证据可以证实用人单位事实上发放并主张相应工资

◎ **法律法规**

《劳动争议调解仲裁法》第6条。

《最高人民法院关于审理劳动争议案件适用法律若干问题的解释（一）》（2008年修订）第13条。

◎ **法律责任或后果**

不予发放相关劳动报酬的证据应由用人单位承担举证责任并负责提供。如劳动者能证实证据属于用人单位掌握管理的，用人单位应当提供；用人单位拒不提供的，应当承担不利后果。

◎ **法律建议**

(1) 用人单位确实发放奖金、提成、年终奖等非日常性工资的，应依法建立工资、奖金、提成、年终奖等内部工资支付制度。

(2) 无法提供的，则可以推定劳动者的主张成立，也可以根据往年发放

情况或公平原则综合确定应当支付的金额。

十九、奖金、提成、年终奖等内部工资支付制度未明确具体发放条件

◎ **法律法规**

《劳动合同法》(2012年修正)第3、4条。

◎ **法律责任或后果**

劳动者与用人单位解除劳动关系后,或者在不符合用人单位指定条件下,要求用人单位发放全部或按比例部分发放奖金、提成、年终奖。

◎ **法律建议**

(1) 用人单位应当制定完整的奖金、提成、年终奖发放制度,并明确其发放条件。

(2) 如确实不符合发放条件的,解除劳动关系时用人单位可以不予发放奖金、提成、年终奖。但用人单位违法解除劳动合同的情况除外,此时用人单位应当根据诚信、公平原则适当发放。

二十、用人单位未依法建立劳动者绩效考核制度

◎ **法律法规**

《劳动合同法》(2012年修正)第4条。

◎ **法律责任或后果**

难以评价劳动者的工作状况、是否不胜任工作,难以根据考核结果计算并发放奖金、提成、年终奖等与考核结果挂钩的工资。

◎ **法律建议**

(1) 绩效考核制度明显属于直接涉及劳动者切身利益的规章制度和重大事项,故应当依法行使民主程序,依法建立完整、规范、科学的绩效考核制度,并依法告知劳动者。

(2) 绩效考核制度确定的计件指标、工作量完成考核指标应当符合法律法规规定和用人单位具体情况,在规定的工作时间内,既能够使多数劳动者顺利完成、减少不当加班时间,又能够使少数业务能力强、素质高的劳动者完成超额工作量以获得超额工资收入,起到鼓励先进、督促后进的正

向作用。

二十一、用人单位对劳动者采用警告、通报批评、记过、留用察看等不涉及劳动关系变更或解除的处分措施

◎ **法律法规**

《劳动合同法》(2012 年修正)第 4 条。

◎ **法律责任或后果**

劳动者提出采取上述处分措施违反法律法规规定,应属无效。

◎ **法律建议**

(1)《企业职工奖惩条例》曾规定,用人单位有权对其职工进行处分,处分方式有警告、记过、记大过、降级、撤职、留用察看、开除、一次性罚款等,但该规定已于 2008 年 1 月 15 日废止,目前无采取上述处分措施的明确法律依据。因用人单位有权进行内部行政管理、执行劳动纪律,故仍有权对劳动者采取相应处分措施,具体可由规章制度规定。

(2) 从实践情况看,警告、通报批评、记过、留用察看等处分措施,因不涉及劳动关系、劳动条件变更、解除等情况,如发生劳动争议,仲裁机构、法院一般不予受理。

(3) 如处分措施涉及罚款、变更工作岗位、解除劳动合同的,应当严格依照法定、规定程序进行。其他处分措施的操作程序可适当从简,但不得剥夺劳动者要求申辩、申诉或向本单位中更高级别管理部门要求复查的权利。

二十二、用人单位规章制度中未明确劳动人事管理的一切活动应当注意收集证据、书面留痕的工作原则

◎ **法律法规**

《劳动合同法》(2012 年修正)第 4 条。

◎ **法律责任或后果**

无证据或无充分证据证实用人单位采取的劳动人事管理行为合法。

◎ **法律建议**

（1）无论是用人单位的"董监高"，还是人事工作人员，如果没有一定的工作经验或者法律知识，往往难以体会到收集证据、书面留痕的工作原则的重要性。但是，劳动人事管理的一切活动的行动依据，来源于法律法规规定、规章制度规定和劳动合同约定；而上述行动依据无一不是通过收集证据、书面留痕的工作原则来进行的。如果不能收集证据，就无法固定相关事实、无法采取相关劳动人事管理行为，发生劳动争议、给用人单位带来风险和损失的几率也会大大增加。因此，用人单位应当在劳动人事管理工作中坚持、贯彻这一原则。

（2）可以采取的具体措施有：①重要的书面文件，如劳动合同、规章制度、社保缴纳证明、解除劳动合同通知书等，除了使用电子文档外，应当保留打印的书面文档。②有条件的，应当购买或者开发电子办公系统。没有条件的，建议一切管理活动通过电子邮件或者办公管理软件进行；减少依赖于微信或者QQ等即时通信工具开展工作的几率。③建立行之有效的档案归档和保管、利用制度；电子文档数据应当及时备份。④积极开展教育培训工作，提高用人单位管理人员和劳动者的证据意识。

二十三、用人单位规章制度中未对违纪违法行为的处分、处罚行为设置申诉程序或举报途径

◎ **法律法规**

《劳动合同法》（2012年修正）第4条。

◎ **法律责任或后果**

错误认定违法违纪事实，错误处分、处罚。

◎ **法律建议**

（1）无论违纪违法行为是轻是重，都应当允许劳动者通过申辩、申诉或向本单位中更高级别管理部门要求复查的权利，以便纠正错误认定违法违纪行为的事实。

（2）不得因劳动者对处分、处罚不服而提出申辩、申诉或要求复查的行为，加重处分、处罚的程度。

二十四、用人单位规章制度修改过于频繁

◎ **法律法规**

《劳动合同法》(2012年修正)第4条。

◎ **法律责任或后果**

反复与工会协商、召开职代会进行讨论、表决和行使民主程序，占用正常工作时间，效率低下，过于繁琐。

◎ **法律建议**

（1）建议重要规章制度一年一修订，也可交定期召开的职工代表大会同步审议。

（2）不涉及职工切身利益的规章制度可直接制定、修改，但建议先征询律师的意见。

二十五、用人单位未根据实际情况制定各部门业务操作规程

◎ **法律法规**

《劳动合同法》(2012年修正)第4条。

◎ **法律责任或后果**

使得工作效率降低、违法行为发生风险加大，导致用人单位业务失败、被行政处罚、增加成本支出或遭受其他风险和损失。

◎ **法律建议**

用人单位在进行业务活动时，可以结合事先风险评估结果，建立完整、统一的业务操作规程，明确各岗位办理业务和事项的工作流程和相应责任，以保证经营管理合法合规、资产安全、财务报告及相关信息真实完整，提高经营效率和效果，促进、实现其发展战略。

二十六、用人单位未根据实际情况制定重要业务主管授权审批制度

◎ **法律法规**

《劳动合同法》(2012年修正)第4条。

◎ **法律责任或后果**

使得违法行为发生风险加大，导致用人单位业务失败、被行政处罚、增加

成本支出或遭受其他风险和损失。

◎ **法律建议**

用人单位在进行业务活动时,可以结合事先风险评估结果,建立完整、统一的重要业务主管授权审批制度,明确各岗位办理一般业务和重要业务的不同审批程序和相应责任,降低其违法投融资、违法提供担保、违法从事业务等违法活动的概率,以保证经营管理合法合规、资产安全、财务报告及相关信息真实完整,促进、实现其发展战略。

二十七、用人单位未制定完备的财务会计政策和制度

◎ **法律法规**

《劳动合同法》(2012年修正)第4条。

◎ **法律责任或后果**

使得用人单位财务报告、数据不准确,违法行为发生风险加大,导致业务失败、被行政处罚、增加成本支出或遭受其他风险和损失。

◎ **法律建议**

用人单位应依照法律法规规定,制定完备的、与本单位实际情况相吻合的财务会计政策和制度,并认真执行。非经法定程序,不得擅自调整、变更已经确定的财务会计政策和制度,或者不予执行。

二十八、用人单位未制定合同管理制度

◎ **法律法规**

《劳动合同法》(2012年修正)第4条。

◎ **法律责任或后果**

使得用人单位违法行为发生风险加大,导致用人单位业务失败、被行政处罚、增加成本支出或遭受其他风险和损失。

◎ **法律建议**

用人单位的业务活动,必须通过签订、履行合同的方式进行。对于用人单位的业务收入、支付行为和经营目标的实现,签订、履行合同都起着非常关键的作用。因此,用人单位可以制定相应的合同管理制度,对本单位合同的

签订、履行以及管理活动进行规范。

二十九、用人单位未制定印章、证照管理制度

◎ **法律法规**

《劳动合同法》(2012 年修正)第 4 条。

◎ **法律责任或后果**

使得用人单位违法行为发生风险加大,导致用人单位业务失败、被行政处罚、增加成本支出或遭受其他风险和损失。

◎ **法律建议**

(1)用人单位的印章、证照是特殊性质的资产,其使用行为均可对外代表用人单位并担保用人单位对相关民事活动承担法律责任,十分重要。尤其是公章,因对其刻制和使用的专门性法律法规不多,一旦发生法律纠纷,一般总是重大疑难案件,对用人单位生产经营活动的影响巨大。故建议用人单位应当对公章、证照的使用制定规章制度。

(2)建议用人单位建立用印登记和证照使用登记制度。

(3)实践中,用人单位同时使用两枚以上公章,使用公章的同时使用合同专用章、劳动人事专用章、部门专用章的情形也十分常见。如无提高经营效率、降低审批工作量方面的考虑,不建议使用两枚以上公章或者使用这些专用章,因为多枚印章的使用无疑加大了保管的难度,增加了丢失、被盗和违法启用的风险。

三十、用人单位将公章、营业执照、银行账号、保险柜钥匙等重要物品交给单一员工保管

◎ **法律法规**

《企业内部控制基本规范》第 28、29 条。

◎ **法律责任或后果**

使得用人单位违法行为发生风险加大,导致用人单位业务失败、被行政处罚、增加成本支出或遭受其他风险和损失。

◎ **法律建议**

用人单位将公章、营业执照、银行账号、保险柜钥匙等重要物品交给单一员工保管,与不相容职务分离控制的原则相违背,增加了道德风险和法律风险。应当建立相关重要物品分离保管制度,形成保管人员各司其职、各负其责、相互制约的工作机制。

三十一、用人单位未制定关键岗位员工的强制休假和定期岗位轮换的管理制度

◎ **法律法规**

《企业内部控制基本规范》第 16 条。

◎ **法律责任或后果**

使得用人单位违法行为发生风险加大,导致用人单位业务失败、被行政处罚、增加成本支出或遭受其他风险和损失。

◎ **法律建议**

关键岗位员工的强制休假制度,有利于发现用人单位的管理漏洞,也有利于正确评估关键岗位员工的工作能力和价值。定期岗位轮换制度,则有利于员工全面了解用人单位各方面业务、提升全局观念和管理能力,也有利于消除滋生道德风险和腐败行为的土壤,保障用人单位的业务环境良好。故用人单位可以制定相应的规章制度。

三十二、用人单位未明确规章制度是否直接适用于子(孙)公司、分公司、关联公司[①]

◎ **法律法规**

《劳动合同法》(2012 年修正)第 4 条。

◎ **法律责任或后果**

用人单位制定的规章制度因无明确法律规定、授权,未行使民主程序,而无法直接适用于子(孙)公司、分公司、关联公司。

---

① 关联公司的定义可见财政部颁布的《企业会计准则第 36 号——关联方披露》的相关规定。

◎ **法律建议**

（1）规章制度一般应由层级最高、具有最高经营管理权的母公司、总公司、集团公司制定、修改。

（2）子（孙）公司如未设专门劳动人事管理部门、人员的，可由其管理部门发文规定适用母公司的规章制度。如设有，还可自行建立规章制度，并报母公司备案，母公司对此有监督、修改、撤销的权力。

（3）分公司不具有独立法人资格，可以直接适用总公司的规章制度。

（4）关联公司一般不可直接适用本公司已经制定的规章制度。

（5）如准备在子（孙）公司、分公司、关联公司适用规章制度，在制定时应当向子（孙）公司、分公司、关联公司员工行使民主程序。

第六章 培训与服务期

一、未与劳动者约定在脱产的专业技术培训期间劳动报酬应如何支付

◎ **法律法规**

《劳动合同法》(2012年修正)第22、35条。

◎ **法律责任或后果**

劳动者主张按照劳动合同约定的原有劳动报酬标准支付。

◎ **法律建议**

因脱产培训期间劳动者未为用人单位提供劳动,故可在签订的培训协议中协商酌情减少劳动报酬。

二、未与劳动者约定在脱产的专业技术培训期间发生人身伤害事故或致人损害时应如何承担责任

◎ **法律法规**

《侵权责任法》第34条。

《最高人民法院关于审理人身损害赔偿案件适用法律若干问题的解释》第9条。

◎ **法律责任或后果**

脱产培训期间仍然可以认为劳动者是在完成用人单位工作任务;受到损害或者致人损害的,由用人单位承担工伤保险责任或者赔偿责任。

◎ **法律建议**

(1)脱产培训如果是用人单位安排劳动者参加的,可以认为是劳动者仍然在完成用人单位的工作任务。故用人单位应当继续为劳动者缴纳工伤保险或投保第三者责任险。

（2）如果脱产培训是劳动者自行提出参加且用人单位同意，但不作为用人单位工作任务的，可事先在培训协议中自行约定劳动合同是否中止履行，用人单位是否继续承担工伤保险责任和投保第三者责任险。

三、劳动者明知专业技术培训目的，但培训结束后拒绝服从用人单位调整岗位和工作安排

◎ **法律法规**

《劳动合同法》（2012年修正）第22、35条。

◎ **法律责任或后果**

劳动者以未经过其同意擅自变更岗位为由，在培训结束后拒绝调岗。

◎ **法律建议**

用人单位安排劳动者从事专业技术培训，可以是其专业技术能力的提高，也可以是为劳动者安排调岗进行前期准备。故如有调岗安排的，应事先在培训协议中明确培训的目的，并约定此次培训结束后，劳动者同意调岗。

四、未与劳动者约定在未能获得专业证书、考核不合格、中途退出等情况下如何负担专业技术培训费用

◎ **法律法规**

《劳动合同法》（2012年修正）第22条。

◎ **法律责任或后果**

劳动者拒绝承担用人单位已经支付的培训费用损失。

◎ **法律建议**

可在培训协议中约定由劳动者自行承担或部分承担。

五、为劳动者提供专项培训费用，对其进行专业技术培训后，未约定服务期

◎ **法律法规**

《劳动合同法》（2012年修正）第22条。

◎ **法律责任或后果**

因劳动者提前辞职导致用人单位投入的培训费用损失。

◎ **法律建议**

可约定服务期，且服务期限没有所谓最高五年限制，但必须与投入的培训费用金额相匹配。

六、约定服务期后，未与劳动者约定违约金、约定的违约金数额高于培训费用或者应分摊的培训费用

◎ **法律法规**

《劳动合同法》(2012年修正)第22条。

◎ **法律责任或后果**

因劳动者提前辞职导致用人单位投入的培训费用损失或约定无效。

◎ **法律建议**

可与劳动者约定违约金，但其金额不得高于培训费用，也不得超过服务期尚未履行部分所应分摊的培训费用。

七、在劳动合同期限外约定了服务期后，未变更劳动合同期限

◎ **法律法规**

《劳动合同法实施条例》第17条。

《劳动合同法》(2012年修正)第22条。

原上海市劳动局《上海市关于实施〈上海市劳动合同条例〉若干问题的通知（一）》(2002.4.17)第6条。

◎ **法律责任或后果**

服务期期限与劳动合同期限有冲突。

◎ **法律建议**

劳动合同应当续延至服务期满；双方另有约定的，从其约定。

八、约定的服务期包含在劳动合同期限内

◎ **法律法规**

《劳动合同法实施条例》第 17 条。

《劳动合同法》(2012 年修正)第 22 条。

◎ **法律责任或后果**

服务期为劳动合同吸收。

◎ **法律建议**

约定的服务期无效;在劳动合同到期前与劳动者协商重新确定服务期。

九、用人单位未提供培训费用,或者培训并非属于专业技术培训,而约定服务期和违约金

◎ **法律法规**

《劳动合同法》(2012 年修正)第 22 条。

◎ **法律责任或后果**

约定的服务期和违约金无效。

◎ **法律建议**

(1) 未由用人单位提供培训费用,或者用人单位对劳动者进行上岗前的职业培训、必要的日常培训、职业和技能培训等不属于专业技术培训的岗位技能培训的,不得与劳动者约定服务期和违约金。

(2) 专业技术培训可以脱产,也可以不脱产;可以在本用人单位内聘请教师提供培训,也可以由劳动者自行外出参加培训;但均应由用人单位提供培训费用。

(3) 用人单位提供专业技术培训费用,但无法取得符合入账要求的发票、凭证的,不得视为提供培训费用。

(4) 培训费可以包括(但不限于)授课费、教材费、差旅费、住宿费、考试费、证书费等。

十、未约定在培训完成后，劳动合同履行期间、服务期间劳动者依照《劳动合同法》第 38 条规定要求解除劳动合同时劳动者是否承担违约金

◎ **法律法规**

《劳动合同法实施条例》第 26 条。

◎ **法律责任或后果**

用人单位不得要求劳动者承担违约金。自行约定支付违约金的，约定无效。

◎ **法律建议**

用人单位在劳动管理过程中应注意防止因用人单位过错导致劳动者解除合同的规定情形。

十一、未约定在培训完成后，劳动合同履行期间、服务期间用人单位依照《劳动合同法》第 39 条规定情形，要求解除劳动合同时劳动者应承担违约金

◎ **法律法规**

《劳动合同法》(2012 年修正)第 22 条。

《劳动合同法实施条例》第 26 条。

◎ **法律责任或后果**

用人单位可要求劳动者承担违约金，但因试用期内被证明不符合录用条件而解除的除外。

◎ **法律建议**

(1) 用人单位有权要求劳动者承担违约金，但违约金的数额必须符合规定，其金额不得高于培训费用，也不得超过服务期尚未履行部分所应分摊的培训费用，且金额明确。

(2)《劳动合同法》第 39 条第 1 项规定的"劳动者在试用期间被证明不符合录用条件"而被解除劳动合同的情形，不属于法定的劳动者应当支付违约金的情形；劳动者是否需要支付违约金，可由双方约定。

十二、未约定在培训完成后,劳动合同履行期间、服务期间发生双方协商一致、劳动者在试用期间被证明不符合录用条件及《劳动合同法》第 40、41 条规定情形,用人单位要求解除劳动合同时劳动者是否承担违约金

◎ **法律法规**

《劳动合同法》(2012 年修正)第 22 条。

◎ **法律责任或后果**

未明确。

◎ **法律建议**

用人单位可与劳动者自行约定。未约定的,用人单位要求解除合同即视为用人单位主动放弃服务期,不得要求劳动者承担违约金。

十三、约定培训完成后,劳动合同到期后用人单位终止合同而主动放弃服务期的,仍要求劳动者赔偿违约金

◎ **法律法规**

原上海市劳动局《上海市关于实施〈上海市劳动合同条例〉若干问题的通知(一)》(2002.4.17)第 6 条。

◎ **法律责任或后果**

该约定无效,用人单位无法主张违约金。

◎ **法律建议**

劳动合同期满用人单位终止合同而主动放弃服务期履行的,不得追索劳动者服务期的违约责任。

十四、用人单位未依法对职工、专业技术人员继续教育工作提供不少于工资总额 1.5% 的教育培训经费,或者挪用该经费

◎ **法律法规**

《就业促进法》(2015 年修正)第 47、67 条。

《关于大力推进职业教育改革与发展的决定》第 19 条。

《专业技术人员继续教育规定》第 27 条。

◎ **法律责任或后果**

由劳动行政部门或者有关行业主管部门责令改正。有关部门可以收取其应当承担的职业教育经费,用于本地区的职业教育。给职工、专业技术人员造成损害的,依法承担赔偿责任。

◎ **法律建议**

用人单位应当按照国家有关规定提取职工教育经费,不得拒绝提供或者挪用。

第七章　保密和竞业限制

一、录用来自竞争对手、尚未解除劳动合同或者签有保密协议、竞业限制协议的劳动者后不当获取其应该保守的商业秘密

◎ **法律法规**

《劳动合同法》(2012年修订)第90、91条。

《反不正当竞争法》(2017年修订)第9、21条。

《违反〈劳动法〉有关劳动合同规定的赔偿办法》第6条。

《最高人民法院关于审理劳动争议案件适用法律若干问题的解释(一)》(2008年修订)第11条。

◎ **法律责任或后果**

(1) 由监督检查部门责令停止侵害商业秘密的违法行为，处以罚款；情节严重的，处高额罚款。

(2) 因获取商业秘密给原用人单位造成的经济损失，除该劳动者承担直接赔偿责任外，用人单位应当承担连带赔偿责任，其连带赔偿的份额应不低于对原用人单位造成经济损失总额的70%。

◎ **法律建议**

谨慎录用尚未解除劳动合同、未办理合法离职手续并取得解除劳动合同证明的劳动者。录用来自竞争对手且签有保密协议的劳动者后，不应当要求其提供应当保守的原用人单位的商业秘密；对来自竞争对手并签有竞业限制协议的劳动者，不应当录用。

二、未明确用人单位商业秘密的具体范围

◎ **法律法规**

《劳动合同法》(2012年修正)第23条。

《反不正当竞争法》(2017年修订)第9条。

◎ **法律责任或后果**

导致商业秘密被不当泄露。

◎ **法律建议**

商业秘密的范围可以很广泛,但主要是指与用人单位经营、管理相关的重要业务信息、经营信息或技术信息。用人单位与劳动者可以在劳动合同、保密协议或者规章制度中明确保守用人单位的商业秘密。

三、未采取合适的申请专利、商标、著作权等知识产权保护措施,仅单纯依赖保密措施保护商业秘密

◎ **法律法规**

《反不正当竞争法》(2017年修订)第9条。

《专利法》(2008年修正)第2条。

《商标法》(2013年修正)第3条。

《著作权法》(2010年修正)第57条。

◎ **法律责任或后果**

导致商业秘密被不当泄露。

◎ **法律建议**

保守商业秘密与采取专利、商标、著作权等知识产权保护措施相比,有费用较低、手续较为简便的特点,但保护力度则较低;一旦发生不当泄露,则可能不再具有相应的价值,用人单位将遭受巨大损失。因此,应当根据需要保密信息的具体情况,分别采用商业秘密或者专利、商标、著作权等知识产权保护措施。

四、未明确哪些劳动者需要承担保守商业秘密的义务并与其签订保密协议

◎ **法律法规**

《劳动合同法》(2012年修正)第23、90条。

◎ **法律责任或后果**

导致了解、掌握用人单位商业秘密的劳动者工作中或离职后故意或者过失泄露用人单位商业秘密。

◎ **法律建议**

一般来说,掌握用人单位经营秘密、技术秘密岗位的劳动者、高级管理人员需要签订保密协议,具体范围由用人单位确定。

五、用人单位对商业秘密未采取合理的保密措施

◎ **法律法规**

《劳动合同法》(2012年修正)第23、90条。

《最高人民法院关于审理不正当竞争民事案件应用法律若干问题的解释》第11条。

◎ **法律责任或后果**

导致商业秘密被不当泄露。

◎ **法律建议**

用人单位为防止信息泄漏所采取的保密措施,主要包括(但不限于):①限定涉密信息的知悉范围,只对必须知悉的相关人员告知其内容;②对于涉密信息载体采取加锁等防范措施;③在涉密信息的载体上标有保密标志;④对于涉密信息采用密码或者代码等;⑤签订保密协议;⑥对于涉密的机器、厂房、车间等场所限制来访者或者提出保密要求;⑦确保信息秘密的其他合理措施。此外,书面通知也可以认定为保密措施。采取的保密措施在正常情况下应当足以防止涉密信息泄漏。

六、需要保守的商业秘密过多过滥

◎ **法律法规**

《劳动合同法》(2012年修正)第23、90条。

《反不正当竞争法》(2017年修订)第9条。

◎ **法律责任或后果**

导致保密无重点,需要保密的商业秘密难以真正保密。

◎ **法律建议**

商业秘密指不为公众所知悉、能为权利人带来经济利益、具有实用性并经权利人采取保密措施的商业信息,而一般不具有保密价值的信息不构成商业秘密。用人单位应当认真甄别哪些商业信息为真正需要保密的商业秘密,从而能够重点、有针对性地采取保密措施,防止不当泄密;而一般性的商业信息则不作为商业秘密,可以不采取保密措施。

七、因劳动者的故意或者过失行为导致泄密

◎ **法律法规**

《劳动合同法》(2012 年修正)第 23、90 条。

《反不正当竞争法》(2017 年修正)第 9、21 条。

◎ **法律责任或后果**

商业秘密可能不再具有相应的价值,用人单位将遭受巨大损失。

◎ **法律建议**

(1) 劳动者违反约定或者违反用人单位有关保守商业秘密的要求,披露、使用或者允许他人使用其所掌握的用人单位商业秘密的,可以由监督管理部门作为不正当竞争行为进行查处。

(2) 用人单位应加强对劳动者保密意识的教育,与劳动者签订保密协议,并可在保密协议中约定泄露商业秘密的损害赔偿的计算方式。

(3) 发生泄密行为的,除可要求劳动者赔偿外,还可向监督管理部门举报后要求查处。

八、未制定保守商业秘密的规章制度

◎ **法律法规**

《劳动合同法》(2012 年修正)第 4、23、90 条。

◎ **法律责任或后果**

导致了解、掌握用人单位商业秘密的劳动者工作中或离职后故意或者过失泄露用人单位商业秘密。

◎ **法律建议**

因保密措施的内容较为复杂，以制定书面保密规章制度为好。制定后应加强对劳动者的教育、妥善执行。

九、未规定用人单位的高级管理人员、核心技术人员、部门管理者、重要劳动者在为用人单位工作期间，不得自行或以他人名义兼职、从事第二职业、开办或投资与其业务相竞争的企业

◎ **法律法规**

《劳动合同法》(2012年修正)第4、23、90条。

《公司法》(2013年修正)第148条。

◎ **法律责任或后果**

导致了解、掌握用人单位商业秘密的劳动者在劳动合同履行期间因从事相同行业竞争业务而故意或者过失泄露公司商业秘密。

◎ **法律建议**

《公司法》第148条规定了公司董事、高管在履职期间，有禁止利用职务便利为自己或者他人谋取属于公司的商业机会，自营或者为他人经营与所任职公司同类业务的义务（股东会、股东大会同意除外）。为保守商业秘密的需要，除上述人员外，用人单位也可以规定掌握用人单位商业秘密的重要岗位劳动者，在劳动合同履行期间，不得从事上述同业竞争活动，但不宜将同业竞争的义务不加区别地扩展到用人单位的全体劳动者。

十、未规定公司的董事、监事、非全日制工作人员、劳务人员、实习人员需要保守商业秘密或未与其签订保密协议

◎ **法律法规**

《劳动合同法》(2012年修正)第4、23、90条。

◎ **法律责任或后果**

导致了解、掌握用人单位商业秘密的上述人员工作中或离职后故意或者过失泄露用人单位商业秘密。

◎ **法律建议**

可以与其签订保密协议。

十一、保密协议中仅约定劳动合同期内有保密义务

◎ **法律法规**

《劳动合同法》(2012年修正)第23、90条。

◎ **法律责任或后果**

导致了解、掌握用人单位商业秘密的上述人员离职后故意或者过失泄露用人单位商业秘密。

◎ **法律建议**

可在劳动合同、保密协议中约定,保守商业秘密可以没有期限限制,直至商业秘密被公开或者丧失价值为止,不受劳动合同期限以及是否被解除、终止的限制。

十二、保密协议中对泄密造成损失约定由劳动者承担违约金

◎ **法律法规**

《劳动合同法》(2012年修正)第23、25、90条。

◎ **法律责任或后果**

该约定无效。

◎ **法律建议**

《劳动合同法》规定劳动合同中用人单位除服务期和竞业限制事项之外,不得与劳动者约定由劳动者承担违约金。故如劳动者违反保密协议约定造成用人单位损失的,用人单位应当依据《劳动合同法》《反不正当竞争法》等法律法规中有关损害赔偿的规定要求劳动者赔偿损失。

十三、保密协议中对泄密造成损失应如何承担损害赔偿责任约定不明

◎ **法律法规**

《劳动合同法》(2012年修正)第90、91条。

《合同法》第114条。

《反不正当竞争法》(2017年修正)第17条。

《最高人民法院关于审理不正当竞争民事案件应用法律若干问题的解释》第17条。

《违反〈劳动法〉有关劳动合同规定的赔偿办法》第6条。

◎ **法律责任或后果**

因法律规定的原则性、取证的困难导致最终无法获得全额赔偿,损失难以全部弥补。

◎ **法律建议**

(1) 用人单位和劳动者可以在保密协议中约定因违约产生的损害赔偿的计算方式,可约定按实际损失、实际获得利益、制止违约行为的合理费用、参照商业秘密许可使用金额倍数计算等。

(2) 保密协议没有约定损害赔偿计算方式的,损害赔偿以弥补实际损失为主。实际损失难以计算的,赔偿额为行为人在违约期间因违约行为所获得的利益,并应当承担用人单位因制止违约行为所支付的合理费用。因违约行为导致需要保守的商业秘密已为公众所知悉的,可根据其商业价值(研究开发成本、实施该项商业秘密所得收益、可得利益、可保持竞争优势的时间等因素)计算。用人单位因违约行为所受到的实际损失、违约人因违约行为所获得的利益难以确定的,由法院根据违约行为的情节判决给予300万元以下的赔偿。

(3) 保密协议可以视作劳动合同的附属合同。如果新的用人单位招用尚未解除保密协议的劳动者,不当获取其掌握的原用人单位商业秘密,对原用人单位造成经济损失的,除可以要求该劳动者承担直接赔偿责任外,也可以要求新用人单位承担不低于经济损失总额70%的连带赔偿责任。

十四、未明确已经签订了竞业限制协议的劳动者在履行劳动合同期间,是否应当履行竞业限制义务

◎ **法律法规**

《劳动合同法》(2012年修正)第23、39条。

◎ **法律责任或后果**

劳动者在履行劳动合同期间同时与其他用人单位发生劳动关系或者投

资、设立其他企业与用人单位从事相互竞争的业务或为其提供劳务,并泄露用人单位商业秘密。

◎ **法律建议**

(1) 劳动者对用人单位的竞业限制义务只能是在劳动关系解除或终止之后方才产生,在劳动合同履行期间用人单位无法要求劳动者履行竞业限制义务。

(2) 用人单位可以依据其他法律法规禁止劳动者在任职期间帮助他人经营与其所任职的用人单位同类的业务,或者自己经营用人单位同类的业务。如果劳动者是与其他用人单位发生劳动关系的,用人单位可以依照《劳动合同法》第39条第4项的规定,以"劳动者同时与其他用人单位建立劳动关系,对完成本单位的工作任务造成严重影响,或者经用人单位提出后拒不改正"为由,解除其劳动合同。如果劳动者是自己投资、设立其他企业与用人单位从事相互竞争的业务或为其提供劳务的,则属于同业竞争的范围,对此用人单位应当通过劳动合同或者规章制度明确不允许劳动者在职期间从事同业竞争行为,并追究其责任。

(3) 如果劳动者在职期间泄露用人单位商业秘密的,用人单位还可以依照签订的保密协议追究其赔偿责任。

十五、未明确如竞业限制条款包含在劳动合同条款中而未订立竞业限制协议的,劳动合同解除或终止后,竞业限制条款是否仍然有效

◎ **法律法规**

《劳动合同法》(2012年修正)第23、90条。

《最高人民法院关于审理劳动争议案件适用法律若干问题的解释(四)》第8、9条。

◎ **法律责任或后果**

劳动者提出竞业限制条款与劳动合同一同解除或终止,其不应当承担竞业限制义务。

◎ **法律建议**

(1) 竞业限制协议或条款在劳动合同解除、终止之时开始发生法律效

力,不因劳动合同解除或终止而失效。

(2) 竞业限制协议或条款在履行过程中,因用人单位的原因导致三个月未支付经济补偿,劳动者可以要求解除竞业限制协议。用人单位可以随时要求解除竞业限制协议,但应当额外支付劳动者三个月的竞业限制经济补偿。

十六、未明确用人单位违法解除劳动合同后竞业限制协议是否仍然有效

◎ **法律法规**

《劳动合同法》(2012年修正)第23、90条。

◎ **法律责任或后果**

劳动者提出由于非其过错导致劳动合同解除或终止,故其不应当履行竞业限制义务。

◎ **法律建议**

如竞业限制协议无其他特别约定的,该协议不因劳动合同的解除、终止而解除。劳动合同因用人单位过错而使得劳动关系解除、经济性裁员、用人单位转产、停业解散以及违法解除等原因解除的,并不能影响竞业限制协议开始发生法律效力。

十七、在规章制度中规定竞业限制义务

◎ **法律法规**

《劳动合同法》(2012年修正)第23、90条。

◎ **法律责任或后果**

劳动者主张该规章制度内容无效,其不应当承担竞业限制义务。

◎ **法律建议**

《劳动合同法》第23条明确用人单位只能在劳动合同或者保密协议中与劳动者约定竞业限制条款。此外,由于具有竞业限制义务的劳动者的身份只能是用人单位的高级管理人员、高级技术人员和其他负有保密义务的人员,并非用人单位的所有劳动者均具有该义务;故竞业限制义务不能通过规章制度作出规定,并适用于所有劳动者,只能通过劳动合同与特定劳动者约定。

十八、未对需要签订竞业限制协议的人员身份进行合理限制

◎ **法律法规**

《劳动合同法》(2012年修正)第23、24条。

◎ **法律责任或后果**

签约人数过多,导致劳动合同解除或终止后用人单位需支付过量的补偿金。

◎ **法律建议**

只需要与高级管理人员、高级技术人员、关键岗位技术工人、市场计划和营销人员、其他接触商业秘密的人员签订竞业限制协议即可。

十九、未对竞业限制的竞业用人单位和岗位、地域、期限等作明确的约定,或者约定竞业范围过于广泛、地域过大、年限过长

◎ **法律法规**

《劳动合同法》(2012年修正)第24条。

《就业促进法》(2015年修正)第3、26条。

◎ **法律责任或后果**

导致竞业限制协议不当限制、损害劳动者合法就业权利。

◎ **法律建议**

(1) 根据《就业促进法》,劳动者依法享有平等就业和自主择业的权利。用人单位不得违法剥夺劳动者平等的就业机会和公平的就业条件,不得实施就业歧视。因此用人单位不得滥用竞业限制的规定,不得限制或剥夺劳动者的就业权。

(2) 在解除或者终止劳动合同后,竞业限制人员到与本用人单位生产或者经营同类产品、从事同类业务的有竞争关系的其他用人单位,或者自己开业生产或经营同类产品、从事同类业务的竞业限制期限,不得超过两年。在用人单位没有业务开展的地域一般不得限制。

二十、劳动者认为其所从事的职业就业面狭窄因此无需履行竞业限制义务

◎ **法律法规**

《劳动合同法》(2012年修正)第23、24条。

◎ **法律责任或后果**

劳动者主张签订的竞业协议不当限制其就业选择，侵害其就业权而无效。

◎ **法律建议**

因实践中某些需要保守商业秘密的劳动者，从事的专业技术研究工作专业性很强而应用面十分狭窄，如果履行竞业限制协议，很可能无法顺利再就业。对此，用人单位应在坚持竞业限制协议有效、按期支付其竞业限制补偿金的同时，要求其履行竞业协议。尽量区分其主观方面的知识和客观方面的技术成果，明确前者不需要保护而后者需要保护。

二十一、将竞业限制补偿款包含在劳动合同约定的劳动报酬中

◎ **法律法规**

《劳动合同法》(2012年修正)第23条。

《最高人民法院关于审理劳动争议案件适用法律若干问题的解释(四)》第8条。

◎ **法律责任或后果**

因用人单位的原因导致三个月未支付经济补偿的，劳动者可以要求解除竞业限制协议。

◎ **法律建议**

竞业限制补偿金应在解除或者终止劳动合同后，在竞业限制期限内按月给予劳动者。在劳动合同履行期间竞业限制补偿金已包含在劳动合同约定的报酬中的，因当时竞业限制协议并未生效，故该约定无效，不应当免除用人单位支付补偿的义务。

二十二、未约定竞业限制补偿款，或者竞业限制补偿款约定标准过高或过低

◎ **法律法规**

《最高人民法院关于审理劳动争议案件适用法律若干问题的解释(四)》第6条。

◎ **法律责任或后果**

因用人单位的原因导致三个月未支付经济补偿的,劳动者可以要求解除竞业限制协议。

◎ **法律建议**

竞业限制补偿金以每月不高于劳动者履行劳动合同期间的工资收入的30%为宜。补偿金金额低于当地最低工资标准的,按照当地最低工资标准支付。

二十三、用人单位不按月发放竞业限制补偿款超过三个月

◎ **法律法规**

《最高人民法院关于审理劳动争议案件适用法律若干问题的解释(四)》第6条。

◎ **法律责任或后果**

劳动者可以要求解除竞业限制协议。

◎ **法律建议**

在劳动合同解除或终止后,用人单位应当按照竞业限制协议的约定,按时足额支付竞业限制补偿款。

二十四、用人单位在履行过程中要求解除竞业限制协议

◎ **法律法规**

《最高人民法院关于审理劳动争议案件适用法律若干问题的解释(四)》第9条。

◎ **法律责任或后果**

劳动者可以请求额外支付三个月竞业限制补偿金。

◎ **法律建议**

(1) 劳动者在竞业限制协议解除后,在寻找新的工作单位的过程中其生活来源没有着落,故有关法规明确用人单位应当再额外支付三个月的补偿金。

(2) 在签订竞业限制协议之前首先应考虑必要性;如用人单位在竞业限

制协议履行过程中要求解除的,应当按规定支付额外的补偿金。

二十五、劳动者违反竞业限制约定,向用人单位支付违约金后,用人单位未继续支付补偿金并要求劳动者继续履行竞业限制义务

◎ **法律法规**

《最高人民法院关于审理劳动争议案件适用法律若干问题的解释(四)》第10条。

◎ **法律责任或后果**

劳动者可以根据相关规定,要求解除竞业限制协议。

◎ **法律建议**

在劳动者承担违约金后,用人单位可以继续支付补偿金并要求劳动者继续履行竞业限制义务。

二十六、在解除、终止劳动合同的同时或者之前,用人单位即主张解除此前签订的竞业限制协议

◎ **法律法规**

《最高人民法院关于审理劳动争议案件适用法律若干问题的解释(四)》第7条。

原上海市劳动和社会保障局《关于实施〈上海市劳动合同〉条例若干问题的通知(二)》(2004.1.5)第4条。

◎ **法律责任或后果**

劳动者要求额外支付1—3个月的竞业限制补偿金。

◎ **法律建议**

根据有关规定,当事人在劳动合同或者保密协议中约定了竞业限制和经济补偿,当事人解除劳动合同时,除另有约定外,用人单位可以要求劳动者履行竞业限制协议。该规定明确竞业限制协议的解除方式可以双方另行约定,故如用人单位认为不需要劳动者履行竞业限制义务的,应当在竞业限制协议中明确该协议在竞业限制期开始之前,可由用人单位随时通知解除,且不支

付额外的竞业限制补偿金。未约定的,根据上海地区的规定,用人单位应当在竞业限制协议生效前一个月通知劳动者,以便劳动者可以做好寻找新工作的准备。

二十七、对劳动者违反竞业限制义务需要承担的违约金约定过高

◎ **法律建议**

《劳动合同法》(2012年修正)第23、90条。

《合同法》第114条。

《最高人民法院关于适用〈合同法〉若干问题的解释(二)》第29条。

《最高人民法院第八次全国法院民事商事审判工作会议(民事部分)纪要》(2016.11.30)第28条。

上海市高级人民法院《关于商事审判中规范违约金调整问题的意见》(2009.12.9)第9条。

◎ **法律责任或后果**

因违约金过分高于实际损失导致难以获得法院全额支持。

◎ **法律建议**

(1) 用人单位和劳动者可以在竞业限制协议中约定因违约产生的违约金的具体数额,也可以约定违约金的计算方式。现实中比较多的就是约定一个高额的数字。

(2) 违约金不足以弥补实际损失的,按实际损失计算。约定的违约金高于造成实际损失的30%以上的,可认定为"约定违约金过分高于造成的损失",法院可予以调整违约金的金额。

(3) 实际损失无法确定的,法院可在参考用人单位已经支出的费用等因素的基础上,在不超过银行同类贷款利率4倍范围内调整违约金的金额。

二十八、对劳动者违反竞业限制义务应如何承担损害赔偿责任约定不明

◎ **法律法规**

《劳动合同法》(2012年修正)第23、90条。

《合同法》第 114 条。

《反不正当竞争法》(2017 年修正)第 17 条。

《最高人民法院关于审理不正当竞争民事案件应用法律若干问题的解释》第 17 条。

《违反〈劳动法〉有关劳动合同规定的赔偿办法》第 6 条。

◎ **法律责任或后果**

因法律规定的原则性、取证的困难导致最终无法获得全额赔偿、损失难以全部弥补。

◎ **法律建议**

（1）因承担竞业限制义务的主体主要是掌握用人单位商业秘密的劳动者，故对其违反竞业限制义务的损害赔偿责任可参考保守商业秘密的规定处理。

（2）用人单位和劳动者可以在竞业限制协议中约定因违约产生的损害赔偿的计算方式，可约定按实际损失、实际获得利益、制止违约行为的合理费用、参照商业秘密许可使用金额倍数计算等。

（3）竞业限制协议没有约定损害赔偿计算方式的，损害赔偿以弥补实际损失为主。实际损失难以计算的，赔偿额为行为人在违约期间因违约行为所获得的利益，并应当承担用人单位因制止违约行为所支付的合理费用。因违约行为导致需要保守的商业秘密已为公众所知悉的，可根据其商业价值(研究开发成本、实施该项商业秘密所得收益、可得利益、可保持竞争优势的时间等因素)计算。用人单位因违约行为所受到的实际损失、行为人因违约行为所获得的利益难以确定的，由法院根据违约行为的情节判决给予 300 万元以下的赔偿。

（4）竞业限制协议可以视作劳动合同的附属合同。如果新的用人单位招用尚未解除竞业限制协议的劳动者，不当获取其掌握的原用人单位商业秘密，对原用人单位造成经济损失的，除可以要求该劳动者承担直接赔偿责任外，也可以要求新用人单位承担不低于经济损失总额 70% 的连带赔偿责任。

第八章 工资支付

一、劳动者提供了正常劳动的情况下,用人单位支付的工资低于最低工资标准

◎ **法律法规**

《最低工资规定》第3、12条。

《劳动合同法》(2012年修正)第38、46、85条。

◎ **法律责任或后果**

由劳动行政部门责令限期支付差额部分。逾期不支付的,责令用人单位加付50%以上、100%以下赔偿金。劳动者有权通知用人单位随时解除劳动合同,并支付经济补偿金。

◎ **法律建议**

(1) 在劳动者提供正常劳动的情况下,用人单位应支付给劳动者的工资在剔除延长工作时间工资,中班、夜班、高温、低温、井下、有毒有害等特殊工作环境及条件下的津贴,法律、法规和国家规定的劳动者福利待遇后,不得低于当地最低工资标准。

(2) 因请假、旷工等原因,劳动者当月未提供正常劳动的情况下,发放的工资可以低于最低工资标准。

(3)《违反和解除劳动合同的经济补偿办法》第4条曾规定,用人单位支付劳动者的工资报酬低于当地最低工资标准的,要在补足低于标准部分的同时,另外支付25%的经济补偿金,但该规定目前已经废止。

二、在试用期内低于当地最低工资标准或者本用人单位相同岗位最低档工资标准,以及劳动合同工资标准的 80% 支付工资

◎ **法律法规**

《劳动合同法》(2012 年修正)第 20、38、46、85 条。

◎ **法律责任或后果**

由劳动行政部门责令限期支付差额部分。逾期不支付的,责令用人单位加付 50% 以上、100% 以下赔偿金。劳动者有权通知用人单位随时解除劳动合同,并支付经济补偿金。

◎ **法律建议**

(1)用人单位应严格执行有关规定,制定本单位工资支付制度,明确各岗位各档工资支付标准,并统筹安排试用期和正式合同中工资金额、比例事宜。

(2)《违反和解除劳动合同的经济补偿办法》第 4 条曾规定,用人单位支付劳动者的工资报酬低于当地最低工资标准的,要在补足低于标准部分的同时,另外支付 25% 的经济补偿金,但该规定目前已经废止。

三、无故拖欠劳动者工资

◎ **法律法规**

《劳动法》(2009 年修正)第 50 条。

《劳动合同法》(2012 年修正)第 38、46、85 条。

《工资支付暂行规定》第 18 条。

《对〈工资支付暂行规定〉有关问题的补充规定》第 4 条。

◎ **法律责任或后果**

由劳动行政部门责令限期支付差额部分。逾期不支付的,责令用人单位加付 50% 以上、100% 以下赔偿金。劳动者有权通知用人单位随时解除劳动合同,并支付经济补偿金。

◎ **法律建议**

(1)工资是劳动者通过劳动从用人单位获取的报酬,是保障其生存和发展的重要经济来源。用人单位应按劳动合同约定或法律法规、政策规定,及时、足额向劳动者支付其应得工资,不得无故拖欠。

(2) 所谓"无故拖欠",系指用人单位无正当理由超过规定付薪时间未支付劳动者工资。不包括以下情形:①用人单位遇到非人力所能抗拒的自然灾害、战争等原因,无法按时支付工资;②用人单位确因生产经营困难、资金周转受到影响,在征得本单位工会同意后,暂时延期支付劳动者工资。其他情况下拖欠工资均属无故拖欠。

(3)《违反和解除劳动合同的经济补偿办法》第3条曾规定,用人单位无故拖欠劳动者工资的,需加发相当于工资报酬25%的经济补偿金,但此规定目前已经废止。

四、擅自克扣劳动者工资(包括最低工资在内)

◎ **法律法规**

《劳动法》(2009年修正)第50条。

《劳动合同法》(2012年修正)第38、46、85条。

《工资支付暂行规定》第15条。

《对〈工资支付暂行规定〉有关问题的补充规定》第3条。

上海市人力资源和社会保障局《上海市企业工资支付办法》(2016年修订)第20条。

◎ **法律责任或后果**

由劳动行政部门责令限期支付差额部分。逾期不支付的,责令用人单位加付50%以上、100%以下赔偿金。劳动者有权通知用人单位随时解除劳动合同,并支付经济补偿金。

◎ **法律建议**

(1) 用人单位应按劳动合同约定或法律法规、政策规定,及时、足额向劳动者支付其应得工资,不得无故克扣。

(2) 所谓"克扣",系指用人单位无正当理由扣减劳动者应得工资。不包括以下合法减发工资的情况:①国家的法律、法规中有明确规定的;②依法签订的劳动合同中有明确规定的;③用人单位依法制定并经职代会批准的规章制度中有明确规定的;④企业工资总额与经济效益相联系,经济效益下浮时,工资必须下浮的;⑤因劳动者请事假等相应减发工资;⑥代缴应由劳动者个人缴纳的个人所得税;⑦代缴应由劳动者个人承担的社会保险费和住房公积金;⑧按法院判决、裁定代扣的抚养费、赡养费;⑨法律、法规规定可以从劳动者工资中扣除的其他费用等。

(3)《违反和解除劳动合同的经济补偿办法》第3条曾规定,用人单位克扣劳动者工资的,需加发相当于工资报酬25%的经济补偿金,但此规定目前已经废止。

五、有能力支付而以转移财产、逃匿等方法无故拖欠、逃避支付劳动者的工资

◎ **法律法规**

《劳动法》(2009年修正)第50条。

《劳动合同法》(2012年修正)第38、46、85条。

《刑法》(2017年修正)第276条之一。

◎ **法律责任或后果**

由劳动行政部门责令限期支付差额部分。逾期不支付的,责令用人单位加付50%以上、100%以下赔偿金;构成犯罪的,依法追究其刑事责任。劳动者有权通知用人单位随时解除劳动合同,并支付经济补偿金。

◎ **法律建议**

用人单位应按合同约定和国家规定及时、足额支付工资。不得无故拖欠、逃避支付劳动者的工资。

六、不以法定货币支付工资,而以实物、有价证券等代替支付

◎ **法律法规**

《工资支付暂行规定》第5条。

《劳动合同法》(2012年修正)第85条。

◎ **法律责任或后果**

以拖欠工资论。

◎ **法律建议**

用人单位应以国家法定货币或外币形式向劳动者发放工资,不得以实

物、有价证券等代替支付。

七、向劳动者支付工资未采取划账方式，或者现金支付后未要求劳动者签收

◎ **法律法规**

上海市人力资源和社会保障局《上海市企业工资支付办法》(2016年修订)第4条。

◎ **法律责任或后果**

造成无法证实劳动者已领取工资。

◎ **法律建议**

应采取划账支付方式。用现金支付的，应当要求劳动者签收，并保留凭证。

八、支付工资时未向劳动者出具工资清单或支付明细表

◎ **法律法规**

《工资支付暂行规定》第6条。

上海市人力资源和社会保障局《上海市企业工资支付办法》(2016年修订)第5条。

◎ **法律责任或后果**

劳动者有权要求行使工资知情权，出具工资清单或支付明细表。

◎ **法律建议**

用人单位应当书面记载支付劳动者工资的数额、项目、时间、本人姓名等，并按有关规定保存备查。用人单位应向劳动者出具工资清单或支付明细表并保存至少两年。采用电子邮件、自助查询等方法的，不需要劳动者签字确认。

九、未能至少每月向劳动者支付一次工资

◎ **法律法规**

《工资支付暂行规定》第7条。

上海市人力资源和社会保障局《上海市企业工资支付办法》(2016年修订)第6条。

◎ **法律责任或后果**

以拖欠工资论。

◎ **法律建议**

除依法、依约实行周、日、小时工资制或一次性临时劳动之外,用人单位应按月发放工资。支付工资的具体日期由用人单位与劳动者约定。如遇法定休假日或休息日,通过银行发放工资的,不得推迟支付工资;直接发放工资的,应提前支付工资。

十、劳动者完成一次性临时劳动或某项具体工作后用人单位未按有关协议或合同约定在其完成劳动任务后即支付工资

◎ **法律法规**

《工资支付暂行规定》第8条。

◎ **法律责任或后果**

以拖欠工资论。

◎ **法律建议**

用人单位应按约在劳动者完成其劳动任务后及时向劳动者支付工资。

十一、采取年薪制或考核制计发工资的,未能每月支付不低于当地最低标准的工资

◎ **法律法规**

上海市人力资源和社会保障局《上海市企业工资支付办法》(2016年修订)第6条。

◎ **法律责任或后果**

以拖欠工资论。

◎ **法律建议**

对实行年薪制或按考核周期兑现工资的劳动者,用人单位应当每月按不

低于最低工资的标准预付工资,年终或考核周期期满时结算。

十二、约定采取年薪制但未明确薪酬金额、确定方式和发放时间

◎ **法律法规**

《劳动合同法》(2012年修正)第18条。

《上海市劳动合同条例》第27条。

◎ **法律责任或后果**

以拖欠工资论。

◎ **法律建议**

约定采用年薪制但未明确薪酬金额、确定方式和发放时间的,如已履行部分的劳动报酬和劳动条件高于用人单位规章制度、集体合同规定或者法定劳动标准相应内容的,按照实际已经履行的标准确认。低于上述标准的,则按照有利于劳动者的原则确认。

十三、不符合法定情形擅自降低劳动者工资

◎ **法律法规**

《工资支付暂行规定》第15、16、17条。

上海市高级人民法院《关于审理劳动争议案件若干问题的解答》(2006.1.1)第6-3条。

◎ **法律责任或后果**

由劳动行政部门责令限期支付。逾期不支付的,责令用人单位加付50%以上、100%以下赔偿金。

◎ **法律建议**

(1)根据用人单位遭遇不可抗力、生产经营困难等具体情况,经与职代会协商形成降低工资方案,告知全体人员、报送劳动部门备案后,可以依法降低工资。

(2)劳动合同、规章制度明确工资水平与经济效益挂钩的,可以降低。

(3)根据上海口径,劳动合同中有约定、用人单位可证明调整工作岗位与降低工资具有合理性的,可以相应降低工资。

(4) 有其他法定情形的，可以扣除部分工资。

(5) 可以在劳动合同、规章制度中设置基本工资、绩效奖金等不同工资种类，约定或规定基本工资不可变动而绩效奖金可以上下浮动。

十四、未将应依法计入工资总额的收入计入工资总额

◎ **法律法规**

《关于工资总额组成的规定》第 4 条。

《劳动合同法》(2012 年修正) 第 38、46 条。

《社会保险法》第 86 条。

◎ **法律责任或后果**

(1) 导致错误计算工资总额和社会保险缴费基数，少缴社保。

(2) 劳动行政部门可责令补缴并给予滞纳金、罚款等行政处罚。

(3) 劳动者有权通知用人单位随时解除劳动合同，并支付经济补偿金。

◎ **法律建议**

工资总额含计时工资、计件工资、奖金、津贴和补贴、加班加点工资、特殊情况下支付的工资以及由用人单位规章制度自行确立的工资形式。企业工资总额作为社会保险缴费基数计算依据，应当按用人单位情况如实计算并报送劳动行政部门。

十五、将依法不应计入工资总额的收入计入工资总额

◎ **法律法规**

《关于工资总额组成的规定》第 4、11 条。

◎ **法律责任或后果**

导致错误计算工资总额和社会保险缴费基数。

◎ **法律建议**

用人单位缴交、发放的社会保险费和职工福利费，离退休人员待遇，劳动保护支出，发明创造奖金，稿费和讲课费，出差伙食补助费，调动工作的旅费和安家费，对购买本企业股票和债券的职工所支付的股息(包括股金分红)和

利息、医疗补助费、生活补助费、在校学生实习补贴等工资收入和费用，均不应计入工资总额。

十六、将依法不应计入最低工资的收入计入最低工资

◎ **法律法规**

《劳动合同法》(2012年修正)第38、46、85条。

《最低工资规定》第12条。

上海市人民政府《上海市企业职工最低工资规定》(2010年修订)第5条。

◎ **法律责任或后果**

由劳动行政部门责令限期支付差额部分。逾期不支付的，责令用人单位加付50%以上、100%以下赔偿金。劳动者有权通知用人单位随时解除劳动合同，并支付经济补偿金。

◎ **法律建议**

加班费、夜班津贴、有毒有害等津贴及法律法规规定的职工社会保险（包括用人单位承担和职工个人承担部分）、福利待遇等均不应列入最低工资。

十七、劳动者在法定、约定的工作时间内未能提供正常劳动的，仍然支付其最低工资

◎ **法律法规**

《最低工资规定》第12条。

◎ **法律责任或后果**

劳动者主张按照劳动合同约定标准或者最低工资标准支付工资。

◎ **法律建议**

发放最低工资的前提条件是劳动者提供正常劳动。如果劳动者因用人单位生产经营困难、请假等情况未能提供正常劳动的，用人单位可以低于最低工资标准支付工资，或可根据规定、约定向劳动者支付生活费。

十八、实施计件工资的用人单位确定的最低单件计价不合理，使得劳动者所得计件工资低于当地最低工资标准

◎ **法律法规**

《劳动法》(2009 年修正)第 37 条。

《劳动合同法》(2012 年修正)第 38、46、85 条。

◎ **法律责任或后果**

由劳动行政部门责令限期支付与最低工资的差额部分。逾期不支付的，责令用人单位加付 50% 以上、100% 以下赔偿金。劳动者有权通知用人单位随时解除劳动合同，并支付经济补偿金。

◎ **法律建议**

对实行计件工作的劳动者，用人单位应当在标准工时制下合理确定其劳动定额和计件报酬标准，使得劳动者在提供正常劳动的情况下收入不低于最低工资标准。

十九、计件定额的确定、修改未通过用人单位职工民主程序

◎ **法律法规**

上海市人力资源和社会保障局《上海市企业工资支付办法》(2016 年修订)第 13 条。

◎ **法律责任或后果**

该劳动定额的确定、修改事项无效，对劳动者不发生法律效力。

◎ **法律建议**

计件定额的确定、修改，属于涉及员工切身利益的重要规章制度，故应当通过法定的民主程序合理制定。

二十、未能体现按劳分配原则

◎ **法律法规**

《劳动法》(2009 年修正)第 46 条。

◎ **法律责任或后果**

未明确。

◎ **法律建议**

工资分配应当遵循按劳分配原则,实行同工同酬;工资水平在经济发展的基础上逐步提高。故用人单位在工资分配上,应合理拉开劳动者收入差距,提倡多劳多得。

二十一、未能体现同工同酬原则

◎ **法律法规**

《劳动法》(2009年修正)第46条。

《关于〈劳动法〉若干条文的说明》第46条。

◎ **法律责任或后果**

未明确。

◎ **法律建议**

(1)"同工同酬"是指用人单位对于从事相同工作,付出等量劳动且取得相同劳动成果的劳动者,应支付同等的劳动报酬。

(2)用人单位对相同岗位应设置统一收入标准,不得有性别、年龄、籍贯、学历、资历等歧视,但允许有适当差别。

二十二、劳动者在法定工作时间内依法参加社会活动期间,未正常支付工资

◎ **法律法规**

《劳动法》(2009年修正)第51条。

《劳动合同法》(2012年修正)第38、46、85条。

《工资支付暂行规定》第10条。

上海市人力资源和社会保障局《上海市企业工资支付办法》(2016年修订)第8条。

《集体合同规定》第27条。

《上海市集体合同条例》(2015年修正)第10条。

◎ **法律责任或后果**

由劳动行政部门责令限期支付差额部分。逾期不支付的,责令用人单位加付50%以上、100%以下赔偿金。劳动者有权通知用人单位随时解除劳动合同,并支付经济补偿金。

◎ **法律建议**

(1) 根据相关法律法规,劳动者参加的社会活动主要包括(但不限于):依法行使选举权或被选举权;当选代表出席乡(镇)、区以上政府、党派、工会、青年团、妇女联合会等组织召开的会议;担任人民法院陪审员、证人;出席劳动模范、先进工作者大会;《工会法》规定的不脱产工会基层委员会委员因工会活动占用的生产或工作时间;参与集体合同协商和谈判工作;集体协商代表在履职期限内利用不超过三个工作日的工作时间从事搜集与集体协商有关资料等活动;其他规定的社会活动。

(2) 劳动者参加社会活动期间,视为正常提供了劳动,应正常支付其工资。

二十三、劳动者在法定节假日休假、带薪年休假、探亲假、婚假、丧假、陪产假、节育手术假期间,未正常支付工资

◎ **法律法规**

《劳动法》(2009年修正)第51条。

《劳动合同法》(2012年修正)第38、46、85条。

《工资支付暂行规定》第11条。

《职工带薪年休假条例》第2条。

《上海市人口与计划生育条例》(2016年修正)第31条。

上海市人民政府《上海市计划生育奖励与补助若干规定》(2016年修订)第13条。

◎ **法律责任或后果**

由劳动行政部门责令限期支付差额部分。逾期不支付的,责令用人单位加付50%以上、100%以下赔偿金。劳动者有权通知用人单位随时解除劳动合同,并支付经济补偿金。

◎ **法律建议**

（1）劳动者在上述假期期间，视为正常提供了劳动，应正常支付其工资。

（2）女职工产假、生育假期间，用人单位正常缴纳生育保险的，停发工资，由生育女职工按规定向生育保险基金领取生育津贴。未按规定缴纳生育保险的，生育女职工的生育津贴、与生育相关的医疗费用由用人单位按照女职工产假前工资的标准、生育保险规定标准，由用人单位自行支付。

二十四、对未婚先孕（育）、违法生育[①]的女职工在产假期间仍正常发放工资

◎ **法律法规**

原劳动部工资局《复女职工非婚生育时是否享受劳保待遇问题》(1965.9.10)。

《上海市人口与计划生育条例》(2016年修正)第41条。

◎ **法律责任或后果**

造成用人单位经济损失。

◎ **法律建议**

（1）女职工非婚生育时，不能享受生育待遇。其需要休产假的时间不应发给工资。对于生活有困难的，可以酌情给予补助。

（2）对违法生育子女的女职工，其分娩的住院费和医药费自理，不享受生育保险待遇和产假期间的工资待遇。

（3）用人单位可以在规章制度中自行规定，未婚先孕（育）、违法生育的女职工休产假期间按事假处理，不发放工资或者仅发放生活补助费；或者按病假处理，发给病假工资。

[①] 本书中的"违法生育"特指具有婚姻关系的女职工违反《人口与计划生育法》和《上海市人口与计划生育条例》等有关规定，违法生育子女的情形。严格讲，未婚先孕、未婚先育也属于违法生育的情形。

二十五、女职工按有关规定享受的产前假、哺乳假期间的工资低于其原工资性收入的 80%

◎ **法律法规**

《劳动合同法》(2012 年修正)第 38、46、85 条。

《上海市实施〈妇女权益保障法〉办法》第 23 条。

上海市人民政府《上海市女职工劳动保护办法》(2010 年修正)第 18 条。

◎ **法律责任或后果**

由劳动行政部门责令限期支付差额部分。逾期不支付的,责令用人单位加付 50% 以上、100% 以下赔偿金。劳动者有权通知用人单位随时解除劳动合同,并支付经济补偿金。

◎ **法律建议**

产前假和哺乳假期间的工资按劳动者本人原工资的 80% 发给。调整工资时,产前假、产假、哺乳假视作正常出勤。

二十六、女职工孕期或者哺乳期不适应原岗位,经协商调整工作岗位或者改善相应的工作条件后,用人单位以调岗为由降低其工资

◎ **法律法规**

《劳动合同法》(2012 年修正)第 38、46、85 条。

《上海市实施〈妇女权益保障法〉办法》第 23 条。

上海市人民政府《上海市女职工劳动保护办法》(2010 年修正)第 6 条。

◎ **法律责任或后果**

由劳动行政部门责令限期支付差额部分。逾期不支付的,责令用人单位加付 50% 以上、100% 以下赔偿金。劳动者有权通知用人单位随时解除劳动合同,并支付经济补偿金。

◎ **法律建议**

女职工孕期或者哺乳期不适应原岗位的,用人单位不得以调岗为由,降低劳动者原工资性收入水平。

二十七、劳动者因疑似传染病患者经隔离观察后排除，未视为提供正常劳动支付其隔离观察期间的工资

◎ **法律法规**

《劳动合同法》(2012年修正)第38、46、85条。

上海市人力资源和社会保障局《上海市企业工资支付办法》(2016年修订)第15条。

◎ **法律责任或后果**

由劳动行政部门责令限期支付差额部分。逾期不支付的，责令用人单位加付50%以上、100%以下赔偿金。劳动者有权通知用人单位随时解除劳动合同，并支付经济补偿金。

◎ **法律建议**

上述期间，视为劳动者正常提供了劳动，应正常支付其工资。

二十八、被法院判处管制、缓刑的劳动者，继续在原用人单位工作的，拒不支付其工资

◎ **法律法规**

《劳动合同法》(2012年修正)第38、46、85条。

上海市人力资源和社会保障局《上海市企业工资支付办法》(2016年修订)第16条。

◎ **法律责任或后果**

由劳动行政部门责令限期支付差额部分。逾期不支付的，责令用人单位加付50%以上、100%以下赔偿金。劳动者有权通知用人单位随时解除劳动合同，并支付经济补偿金。

◎ **法律建议**

应当正常支付其工资，不得因其被刑事处罚而拖延、克扣其工资。

二十九、拒绝支付本单位工会委员会的专职主席、副主席、委员的工资、奖金、补贴、社保、福利待遇

◎ **法律法规**

《劳动合同法》(2012年修正)第38、46、85条。

《工会法》(2009年修订)第41条。

◎ **法律责任或后果**

由劳动行政部门责令限期支付差额部分。逾期不支付的,责令用人单位加付50%以上、100%以下赔偿金。劳动者有权通知用人单位随时解除劳动合同,并支付经济补偿金。

◎ **法律建议**

不得以不参加生产经营活动为由,拒绝支付本单位工会委员会的专职主席、副主席、委员的工资待遇。

三十、用人单位工会非专职委员占用工作时间从事工会工作,每月不超过三个工作日的,拒绝发放期间工资和其他待遇

◎ **法律法规**

《劳动合同法》(2012年修正)第38、46、85条。

《工会法》(2009年修订)第40条。

◎ **法律责任或后果**

由劳动行政部门责令限期支付差额部分。逾期不支付的,责令用人单位加付50%以上、100%以下赔偿金。劳动者有权通知用人单位随时解除劳动合同,并支付经济补偿金。

◎ **法律建议**

(1)基层工会委员会召开会议或者组织职工活动,应当在生产或者工作时间以外进行。需要占用生产或者工作时间的,应当事先征得用人单位的同意。

(2)基层工会的非专职委员占用生产或者工作时间参加会议或者从事工会工作,每月不超过三个工作日,其工资照发,其他待遇不受影响。

三十一、用人单位拒绝向工会每月按全部职工工资总额 2% 拨付活动经费

◎ **法律法规**

《工会法》(2009 年修订)第 42、43、49 条。

◎ **法律责任或后果**

基层工会或者上级工会可以向当地人民法院申请支付令,或者提出劳动仲裁;拒不执行生效的支付令、裁决书或裁判文书的,工会可以依法申请人民法院强制执行。

◎ **法律建议**

用人单位应当按时足额拨付应当拨付的工会活动经费。

三十二、劳动合同被确认无效后,劳动者的劳动报酬计算缺乏明确标准

◎ **法律法规**

《最高人民法院关于审理劳动争议案件适用法律若干问题的解释(一)》(2008 年修订)第 14 条。

◎ **法律责任或后果**

难以准确计算劳动报酬。

◎ **法律建议**

签订的劳动合同无效的,一般可参照本用人单位同期、同工种、同岗位的工资标准支付劳动报酬。已经履行的,也可以按照实际已经履行的内容综合确认。

三十三、确因生产经营困难,在一个月内暂时无法支付工资

◎ **法律法规**

《工资支付暂行规定》第 12 条。

上海市人力资源和社会保障局《上海市企业工资支付办法》(2016 年修订)第 10、12 条。

◎ **法律责任或后果**

劳动者主张按时足额支付工资。

◎ **法律建议**

可在与工会或职工代表协商一致、告知全体劳动者后延期一个月内,按正常工资标准发放。

三十四、因生产经营困难而停工超过一个月,期间未与劳动者协商确定停工期间工资标准

◎ **法律法规**

《工资支付暂行规定》第12条。

上海市人力资源和社会保障局《上海市企业工资支付办法》(2016年修订)第12条。

《对〈工资支付暂行条例〉有关问题的补充规定》第4条。

◎ **法律责任或后果**

劳动者主张按照原有劳动合同工资标准支付工资。

◎ **法律建议**

停工超过一个月的,用人单位可根据劳动者提供的劳动,按双方新约定的、不低于最低工资标准的金额发放。劳动者未提供劳动的,上海地区无明确规定,故有约定的从其约定,无约定的可按公平原则发放生活费。

三十五、用人单位规章制度对劳动者罚款的种类过多、罚款金额过高

◎ **法律法规**

《劳动合同法》(2012年修正)第4条。

《工资支付暂行规定》第15、16条。

上海市人力资源和社会保障局《上海市企业工资支付办法》(2016年修订)第22条。

◎ **法律责任或后果**

劳动者提出采取罚款措施属于克扣劳动者工资的违法行为,应属无效。

◎ **法律建议**

(1)《企业职工奖惩条例》曾规定，用人单位有权对其职工进行罚款处分，但该规定已于2008年1月15日废止，目前无采取上述处分措施的明确法律依据。因罚款仍然是用人单位内部行政管理的最有效措施，故用人单位仍有权对劳动者采取罚款的处分措施，但只能由劳动合同约定或者规章制度规定。

(2) 用人单位对劳动者罚款的规章制度必须经民主程序制定、公示。罚款的金额应当根据劳动者违纪违法行为的事实、性质、情节以及危害程度综合确定，具有合理性。

(3) 罚款数额必须予以限制，比如最高500元；种类过多、罚款金额过高的滥罚行为无法律依据，应属无效。罚款扣除部分不能超过劳动者当月工资的20%，支付给劳动者的余额不得低于最低工资标准。

三十六、用人单位规章制度对劳动者设置罚款的执行程序规定不明确、不严格

◎ **法律法规**

《劳动合同法》(2012年修正)第4条。

《工资支付暂行规定》第15条。

◎ **法律责任或后果**

劳动者提出采取罚款措施程序不当，属于克扣劳动者工资的违法行为，应属无效。

◎ **法律建议**

因劳动者的工资不能随意克扣，故如依照劳动合同或者规章制度决定对劳动者执行罚款处分的，除应当具有合同或制度依据外，应当严格依照规定程序，通知、联系劳动者谈话、了解违纪违法事实、给予申辩权利、查清事实后，方可作出罚款决定。决定作出后，应当允许劳动者向人事管理部门申诉或向本单位中更高级别管理部门要求复查。

三十七、因劳动者故意或者重大过失给用人单位造成经济损失，但未在劳动合同或规章制度中明确应当由劳动者承担赔偿责任及其具体方式

◎ **法律法规**

《工资支付暂行规定》第 16 条。

《最高人民法院关于审理人身损害赔偿案件适用法律若干问题的解释》第 9 条。

◎ **法律责任或后果**

难以向劳动者主张损害赔偿责任。

◎ **法律建议**

根据规定，雇员因故意或者重大过失致人损害的，应当与雇主承担连带赔偿责任。雇主承担连带赔偿责任的，可以向雇员追偿。因此，劳动者必须就故意或者重大过失致人损害担责。但是，因劳动者本人原因给用人单位造成经济损失的，用人单位只能按照劳动合同或者规章制度的规定，要求其赔偿经济损失。因此，如果劳动合同或规章制度中没有明确应当由劳动者承担赔偿责任及其具体方式的，用人单位也不得以劳动者因故意或者重大过失致人损害为由，直接要求劳动者对其赔偿损失。

三十八、因劳动者故意或者重大过失造成用人单位经济损失，依法应承担赔偿责任的，从其工资中扣除赔偿费的金额或比例过大

◎ **法律法规**

《劳动合同法》（2012 年修正）第 38、46、85 条。

《工资支付暂行规定》第 16 条。

上海市人力资源和社会保障局《上海市企业工资支付办法》（2016 年修订）第 22 条。

◎ **法律责任或后果**

由劳动行政部门责令限期支付差额部分。逾期不支付的，责令用人单位加付 50% 以上、100% 以下赔偿金。劳动者有权通知用工单位随时解除劳动

合同,并支付经济补偿金。

◎ **法律建议**

(1) 应当在劳动合同或规章制度中明确由劳动者承担赔偿责任及其具体方式,并将处理结果依法通知劳动者。

(2) 每月扣除其工资的金额比例不得超过当月工资的 20%;扣除后低于最低工资标准的,按最低工资标准支付。

三十九、因劳动者一般过失,或者劳动者并未违反劳动合同和规章制度而无过失但造成经济损失的,依据劳动合同、规章制度的规定要求劳动者承担赔偿责任

◎ **法律法规**

《劳动法》(2009 年修正)第 56 条。

《工资支付暂行规定》第 16 条。

《最高人民法院关于审理人身损害赔偿案件适用法律若干问题的解释》第 9 条。

◎ **法律责任或后果**

劳动者以劳动合同、规章制度相关规定无效,系职务行为、无故意或重大过失为由要求免责。

◎ **法律建议**

(1) 劳动者在劳动过程中必须严格遵守安全操作规程。但因劳动者和用人单位的地位和经济实力、赔偿能力明显不对等,故对于劳动者的一般过失或者无过失的行为造成用人单位损害的,现有法律法规无应当承担损害赔偿责任的规定。

(2) 应当在劳动合同或规章制度中明确,对于劳动者无故意或重大过失行为造成用人单位损害的,一般应予免责。即使因故意或重大过失而应予赔偿的,也应仅限于直接经济损失,且应当从轻;损失较轻的,也可以免责。

四十、未按照规定从劳动者应得工资中代扣代缴社会保险、所得税、法院裁判文书确定的义务部分

◎ **法律法规**

《工资支付暂行规定》第 15 条。

◎ **法律责任或后果**

违反法定义务被行政机关、司法机关处罚。

◎ **法律建议**

用人单位应按规定和相关文书予以及时代扣代缴。

四十一、未按劳动合同和规章制度向劳动者支付各类津贴和补贴

◎ **法律法规**

《劳动合同法》(2012 年修正)第 38、46、85 条。

《关于工资总额组成的规定若干具体范围的解释》第 3、4 条。

上海市人力资源和社会保障局《上海市企业工资支付办法》(2016 年修订)第 9 条。

◎ **法律责任或后果**

由劳动行政部门责令限期支付欠付津贴和补贴。逾期不支付的,责令用人单位加付 50% 以上、100% 以下赔偿金。劳动者有权通知用人单位随时解除劳动合同,并支付经济补偿金。

◎ **法律建议**

(1) 津贴有补偿职工特殊或额外劳动消耗的津贴、保健性津贴、技术性津贴、年功性津贴等多类,又可以分为中夜班津贴、有毒有害作业岗位津贴、上下班交通补贴、工作餐补贴、住房补贴、夏季高温津贴等多种。

(2) 津贴和补贴中有相当一部分是属于职工福利性质的,应当依法计入工资总额。但是在确定加班工资和假期工资(主要是病假工资)的计算基数时,上下班交通补贴、工作餐补贴、住房补贴、中夜班津贴、夏季高温津贴等津贴和补贴均不得计算在内。

(3) 如果津贴和补贴的发放并未附加任何条件(如单位经济效益许可、完成工作量或绩效任务等),则该津贴和补贴属于劳动者应得的工资性收入,

用人单位同样不得随意拖欠或克扣。

四十二、劳动合同解除或终止后未能一次性付清所欠工资

◎ **法律法规**

《劳动合同法》(2012年修正)第50、85条。

《工资支付暂行规定》第9条。

上海市人力资源和社会保障局《上海市企业工资支付办法》(2016年修订)第7条。

◎ **法律责任或后果**

由劳动行政部门责令限期支付差额部分。逾期不支付的,责令用人单位加付50％以上、100％以下赔偿金。

◎ **法律建议**

(1)《劳动合同法》明确规定,对劳动者应当支付经济补偿金的,应当在劳动合同解除、终止后双方办理交接手续时一次性付清。但如双方对所欠其他工资协商一致且不违反法律、法规规定的,可以从其约定。

(2) 如果根据用人单位的规章制度、劳动合同或劳动者有证据证明用人单位发放奖金、提成、年终奖等非日常性工资的,如无明确不得发放的条件,解除或终止劳动合同后用人单位应当按照公平原则酌情发放。

第九章　工作时间和加班

一、未按规定对特殊岗位工作的劳动者申请综合工时、不定工时行政许可

◎ **法律法规**

原劳动部《关于企业实行不定时工作制和综合计算工时工作制的审批办法》(1995.1.1)第4、5、6条。

◎ **法律责任或后果**

可能导致用人单位支付大量的加班工资。

◎ **法律建议**

（1）用人单位应当对从事"三班倒"，受周期性、季节和自然条件影响，递送等岗位适用综合工时劳动者申请办理综合工时行政许可。对总经理等高级管理人员、长期在外工作人员及其他适用不定工时劳动者应当申请办理不定工时行政许可。

（2）未申请综合工时和不定工时岗位行政许可或许可到期后未续期的，劳动合同约定采用综合工时和不定工时的内容无效。

二、标准工时下要求劳动者每天加班超过3小时，或者每月超过36小时；或者采取各种方式强迫劳动者自愿加班超过上述期限

◎ **法律法规**

《劳动法》(2009年修正)第41、90条。

《劳动合同法》(2012年修正)第31条。

◎ **法律责任或后果**

由劳动行政部门给予警告,责令改正,并可以处以罚款。

◎ **法律建议**

(1) 用人单位由于生产经营需要,经与工会和劳动者协商后可以延长工作时间,一般每日不得超过 1 小时;因特殊原因需要延长工作时间的,在保障劳动者身体健康的条件下延长工作时间每日不得超过 3 小时,每月不得超过 36 小时。

(2) 严格遵守加班规定,同时提倡上班时间高效完成工作,不提倡加班。

三、未保障劳动者每周至少休息一日

◎ **法律法规**

《劳动法》(2009 年修正)第 38、90 条。

◎ **法律责任或后果**

由劳动行政部门给予警告,责令改正,并可以处以罚款。

◎ **法律建议**

为保证劳动者的身体健康,用人单位应当保证适用所有种类工时的劳动者每周均能至少休息一日。

四、未规定加班的具体审批程序

◎ **法律法规**

《劳动法》(2009 年修正)第 44 条。

《劳动合同法》(2012 年修正)第 4 条。

《工资支付暂行规定》第 13 条。

上海市人力资源和社会保障局《上海市企业工资支付办法》(2016 年修订)第 13 条。

◎ **法律责任或后果**

劳动者在用人单位不需要加班的情况下擅自加班骗取加班费,或者单纯以到达、离开时间早于或者晚于规定工作时间而主张加班。

◎ **法律建议**

(1) 现有法律法规均规定,只有用人单位依法安排劳动者加班的,才需要根据规定支付额外的劳动报酬。而劳动者自愿加班的,则没有规定应当支付劳动报酬。

(2)为明确加班是否系用人单位安排,用人单位应当依法建立、完善加班和考勤的规章制度,通过打卡方式确定劳动者到达和离开办公室的时间,同时配合人工考勤方式以及交接班记录、加班通知、加班审批单等证据确定是否存在经过法定审批程序的加班情况。只有通过法定审批程序的加班,方可视为用人单位依法安排的加班活动,并支付额外的劳动报酬。

五、规定了加班的具体审批程序,但审批人在加班前借故不审批,事后也不补办

◎ **法律法规**

《劳动法》(2009年修正)第41、90条。

《劳动合同法》(2012年修正)第3、31条。

◎ **法律责任或后果**

属于变相强迫劳动者加班。可由劳动行政部门给予警告,责令改正,并可以处以罚款。

◎ **法律建议**

公司管理人员应当秉承诚实信用原则履行劳动合同,执行规章制度;需要安排劳动者加班的,应当及时履行审批手续,或在事后补办。

六、用人单位变相强迫劳动者加班

◎ **法律法规**

《劳动法》(2009年修正)第37、41、90条。

《劳动合同法》(2012年修正)第31条。

◎ **法律责任或后果**

可由劳动行政部门给予警告,责令改正,并可以处以罚款。

◎ **法律建议**

(1)变相加班的表现为,用人单位确定的劳动定额标准(包括计时和计件在内)不合理或者采取不合理的定额包干方式,规定的劳动定额过高、强度

过大,使得多数劳动者在标准工时内无法完成工作任务而变相加班。

(2) 用人单位应根据规定的工时制度,重新确定合理的劳动定额。需要安排劳动者加班的,审批程序、加班时间必须符合规定。

七、实施计件工资的用人单位在劳动者在正常工作时间已经完成劳动定额的情况下延长其工作时间

◎ **法律法规**

《劳动法》(2009年修正)第37、41、90条。

《劳动合同法》(2012年修正)第31条。

《工资支付暂行规定》第13条。

◎ **法律责任或后果**

属于强迫劳动者加班。可由劳动行政部门给予警告,责令改正,并可以处以罚款。

◎ **法律建议**

实行计件工资的劳动者,在完成计件定额任务后,由用人单位安排延长工作时间的,应根据相关规定,限制其加班时间,并按规定标准支付其加班工资。

八、要求劳动者加班,未征求工会意见或者与劳动者协商,被拒绝后以扣发工资甚至解除劳动合同的威胁方式强迫劳动者加班

◎ **法律法规**

《劳动法》(2009年修正)第41条。

《劳动合同法》(2012年修正)第31、38、46、48条。

《关于贯彻执行〈劳动法〉若干问题的意见》第71条。

◎ **法律责任或后果**

劳动者以用人单位采取威胁方式强迫劳动而提出解除劳动合同,支付经济补偿金;以及确认违法解除合同,恢复劳动关系,或支付双倍赔偿金。

◎ **法律建议**

用人单位安排劳动者加班的,应当先征求工会意见或者与劳动者协商。

用人单位以威胁的手段强迫劳动者劳动的,劳动者可以立即解除劳动合同,不需事先告知用人单位。用人单位违法解除劳动合同的,劳动者可以要求恢复劳动关系,或者支付双倍赔偿金。故用人单位应和谐劳资关系、完善企业文化,并控制加班审批。

九、片面理解加班时间限制的规定

◎ **法律法规**

《劳动法》(2009 年修正)第 42 条。

◎ **法律责任或后果**

用人单位正常生产秩序和劳动者人身财产安全受到损害。

◎ **法律建议**

发生自然灾害、重大事故,生产设备、交通运输线路、公共设施发生故障等严重影响用人单位正常生产秩序和劳动者人身财产安全的紧急情况下,加班加点可以不受时间限制,也可以不征求工会意见和劳动者同意,但仍然应当支付加班工资。

十、未规定劳动者在外地出差、夜间或假日值班等特殊情形能否认定为加班

◎ **法律法规**

《劳动合同法》(2012 年修正)第 4 条。

上海市高级人民法院《关于审理劳动争议案件若干问题的解答》(2006.1.1)第 3 条。

◎ **法律责任或后果**

可能导致用人单位支付不必要的加班费。

◎ **法律建议**

(1) 工作日正常工作时间内出差在途的,应视为工作时间。

(2) 可在规章制度中规定工作日正常工作时间之外的出差在途时间、休息日出差在途时间、夜间或假日值班等无工作内容的时间、期间可以休息的值班时间均不认定为加班。

（3）劳动者可以要求单位按照规章制度、集体合同、单项集体协议、劳动合同或惯例等支付出差或值班津贴（而非加班工资）等相应待遇。

十一、未通过打卡和人工考勤相结合的方式确定劳动者出勤、缺勤、外出、请假、加班、迟到、早退、旷工的时间

◎ 法律法规

《劳动合同法》（2012年修正）第4条。

◎ 法律责任或后果

仅有打卡记录难以确定劳动者是否在加班，以及是否存在缺勤、迟到、早退、旷工等情况。

◎ 法律建议

缺勤可能有外出、请假、出差、旷工等多种情况，而打卡记录只能证明到达或离开办公室的时间，不能证实非工作时间仍在办公室就属于加班。而且打卡记录往往只能保留一段时间，超出该时间的打卡记录便难以获取。故在打卡考勤之外，还应当通过人工方式，按月编制劳动者的考勤表，结合加班审批记录、请假记录等证据，综合确定出勤、缺勤和加班时间。

十二、未正常保留两年以内劳动者出勤和加班情况的人工考勤表

◎ 法律法规

《最高人民法院关于审理劳动争议案件适用法律若干问题的解释（三）》第9条。

《工资支付暂行规定》第6条。

◎ 法律责任或后果

因无法举证否认劳动者加班主张被推定劳动者加班事实成立而支付加班费。

◎ 法律建议

（1）劳动者主张加班费的，应当就加班事实的存在承担举证责任。但劳动者有证据证明用人单位掌握加班事实存在的证据，用人单位不提供的，由用人单位承担不利后果。此外，用人单位还应当书面记录支付劳动者工资的

数额、时间、领取者的姓名以及签字,并按规定保存两年以上备查。

(2)实践中,劳动者就加班的事实通常容易举出的证据是非工作时间形成的电子邮件等工作成果、延时下班的打卡记录,以及用人单位规定了加班审批程序的规章制度。这时,举证责任通常转移到用人单位这边。如果用人单位仅仅抗辩称因没有办理加班审批手续、故不认定为加班的理由就显得苍白无力了,因为这时用人单位不提供审批手续至少有两种可能,一种是的确没有办理过审批手续而无法提供,还有一种则是用人单位办理过审批手续而拒不提供。用人单位并不能排除后一种可能性的存在,而且要举证证明没有办理过审批手续也显得相当困难。而如果用人单位能够提供出当月经劳动者自己签字确认的人工考勤记录表的话,则是否存在经过审批的加班行为就一目了然了。因此,用人单位应当正常保留两年以内员工出勤和加班情况的人工考勤表,以备不时之需。

十三、未规定专人负责登记或者监督打卡

◎ **法律法规**

《劳动合同法》(2012年修正)第4条。

◎ **法律责任或后果**

劳动者采取代打卡等方式隐瞒缺勤情况或骗取加班费。

◎ **法律建议**

用人单位应起草关于出勤和考勤的规章制度,明确人工考勤表由专人负责登记,打卡机则由专人监督打卡,杜绝不打卡、代打卡等不能反映真实出勤情况的现象出现。

十四、未规定对人事或者负责登记、监督打卡人员的打卡记录、考勤情况的监督程序

◎ **法律法规**

《劳动合同法》(2012年修正)第4条。

◎ **法律责任或后果**

因人事统管劳动工作,由其自行监督出勤情况,存在弄虚作假的风险。

◎ **法律建议**

用人单位应当依法建立和完善劳动规章制度。故对于人事或者负责登记、监督打卡人员的打卡记录、考勤情况,一般均可在规章制度中规定,由总经理或者人力资源部门负责人负责监督打卡、考勤情况和签字确认。

十五、未按时调取打卡考勤记录或者制作人工考勤表

◎ **法律法规**

《劳动合同法》(2012年修正)第4条。

◎ **法律责任或后果**

因考勤记录保存时限限制,导致考勤记录灭失,无法及时制作人工考勤表。

◎ **法律建议**

应通过规章制度明确,人事应按规定时间及时调取考勤记录或制作人工考勤表。

十六、未规定人工考勤表须于工资支付周期内交劳动者本人签字确认,以及劳动者无正当理由不予确认的后果

◎ **法律法规**

《劳动合同法》(2012年修正)第4条。

◎ **法律责任或后果**

未经劳动者签字确认的考勤表,仲裁机构或法院有可能以其存在被篡改、伪造的风险而对其真实性不予认可。

◎ **法律建议**

(1)因出勤记录涉及该工资支付周期内的工资支付情况,故人工考勤表应当根据工资支付周期及时制作。一般多是按月制作。

(2)因人工考勤表由用人单位单方记录或掌握,存在伪造或篡改的可能性,故在制作完毕后,需要交劳动者本人签字确认。劳动者无正当理由在规定的期限内既不签字确认也不提出异议的,可规定视为认可当月考勤记录。

十七、未规定劳动者外出工作的具体审批程序

◎ **法律法规**

《劳动合同法》(2012 年修正)第 4 条。

◎ **法律责任或后果**

导致难以认定迟到、早退、旷工。

◎ **法律建议**

缺勤可能有外出、请假、出差、旷工等多种情况,而打卡记录同样只能证明到达或离开办公室的时间,不能直接证实劳动者不在办公室是外出工作,还是迟到、早退、旷工。故用人单位应当制定规定外出工作具体审批程序的规章制度。

十八、未规定因出差、晚间加班、天气恶劣等原因导致迟到的合理缓冲时间

◎ **法律法规**

《劳动合同法》(2012 年修正)第 3、4 条。

◎ **法律责任或后果**

劳动者提出其迟到具有合理原因,不应当予以处分或者罚款。

◎ **法律建议**

(1) 用人单位应秉承诚实信用原则,制定相关规章制度,免除劳动者因难以归责于自身的原因导致迟到的相关责任,予以适当宽限,体现人性化管理。

(2) 如果是因天气恶劣、发生公共交通事件等原因迟到的,除政府部门发布公告直接规定不计入迟到的情形之外,应当要求劳动者提供公共交通部门提供的证明文件。

(3) 有些用人单位则规定,劳动者每月享有无理由迟到若干次,时间在 10 分钟以内;超过规定次数或时间又无合理理由的,方认定为迟到。可参考。

十九、用人单位不承认适用综合工时的员工的加班

◎ **法律法规**

《工资支付暂行规定》第 13 条。

《关于贯彻执行〈劳动法〉若干问题的意见》第 65 条。

◎ **法律责任或后果**

劳动者以用人单位要求劳动者加班而拒不支付加班费为由，要求向其支付加班费并加付 50％—100％赔偿金。

◎ **法律建议**

（1）综合工时可以以周、月、季、年等为周期，综合计算工作时间，但其平均日工作时间和平均周工作时间应与法定标准工作时间基本相同，延长的工作时间应当认定为加班，并按规定支付加班费。

（2）用人单位应做好综合计算工时人员的排班、考勤工作，准确计算其工作时间，安排其合理休息。需要安排其加班的，应支付加班费。

二十、未规定不在办公室工作的综合计算工时人员如何考勤，如何计算出勤时间、加班时间

◎ **法律法规**

《劳动合同法》（2012 年修正）第 4 条。

原劳动部《关于企业实行不定时工作制和综合计算工时工作制的审批办法》（1995.1.1）第 5 条。

◎ **法律责任或后果**

无法明确计算综合计算工时劳动者的出勤时间、加班时间。

◎ **法律建议**

对于综合计算工时劳动者，其中有相当一部分（如交通、铁路、邮电、水运、航空、渔业等行业中连续作业人员，地质及资源勘探、建筑、制盐、制糖、旅游等受季节和自然条件限制行业人员等）是在户外工作。对于这些人员的考勤，难以统一通过在办公室设置打卡机的办法直接进行。建议在规章制度中规定：此类劳动者上下班必须做好交接班记录，并可安排当班负责人对这些人员的出勤情况进行书面考勤，在规定的时间汇总到管理部门，一并处理。

二十一、用人单位拒不支付劳动者加班工资

◎ **法律法规**

《劳动法》(2009年修正)第44条。

《劳动合同法》(2012年修正)第85条。

◎ **法律责任或后果**

劳动者以用人单位要求劳动者加班而拒不支付加班费为由，要求向其支付加班费并加付50%—100%赔偿金。

◎ **法律建议**

（1）加班应当根据法律法规规定的标准支付加班费，这一点没有争议。但用人单位拒不支付劳动者加班费，劳动者能否根据《劳动合同法》第38条的规定，以用人单位未及时足额支付劳动报酬而要求解除劳动合同、支付经济补偿金，则不无疑问。《最高人民法院关于审理劳动争议案件适用法律若干问题的解释（一）》第15条曾规定过，拒不支付加班工资的，劳动者可以解除劳动合同。所谓"拒不支付"，是指劳动者向用人单位提出支付加班工资的请求，而用人单位明确表示拒绝支付，劳动者才能解除劳动合同；而对于仅有拖欠劳动者加班工资的行为，不属于"拒不支付"，劳动者不能解除劳动合同。但《劳动合同法》第85条中仅规定"安排加班不支付加班费"的，可以主张支付并加付赔偿金，没有规定可以解除劳动合同；且该条明确区分了"劳动报酬"和"加班费"为两个不同概念。因此，《劳动合同法》第38条规定的"未及时足额支付劳动报酬"而可以解除劳动合同，并不包括"拒不支付加班费"的情形。根据该法第85条的规定，拒不支付加班工资的，劳动者只能要求用人单位支付、加付50%—100%赔偿金，而不能要求解除劳动合同。

（2）《违反和解除劳动合同的经济补偿办法》第3条曾规定，用人单位拒不支付劳动者延长工作时间工资报酬的，需加发相当于工资报酬25%的经济补偿金，但此规定目前已经废止。

二十二、因未签劳动合同、劳动合同未约定工资标准，或者在劳动合同约定的工资标准中已包含加班费等原因，导致加班工资的计算基数无法确定

◎ 法律法规

《劳动法》(2009年修正)第44条。

上海市人力资源和社会保障局《上海市企业工资支付办法》(2016年修订)第9条。

上海市高级人民法院《民一庭调研指导——劳动争议案件若干问题的解答》(2010.12.1)第2条。

◎ 法律责任或后果

无法准确确定工资标准和计算加班工资。

◎ 法律建议

（1）双方在劳动合同中对劳动者月工资有明确约定的，根据约定办理。实际履行与约定不一致的，以实际履行为准。劳动合同未约定的，可根据集体合同、工资专项合同约定办理。亦未约定，且通过正常出勤月所有工资性收入扣除年终奖、上下班交通补贴、工作餐补贴、住房补贴、中夜班津贴、夏季高温津贴、加班工资等项目的方法仍无法确定的，可按劳动者正常出勤月所有工资性收入的70%确定。工资标准不得低于最低工资标准。

（2）《关于〈劳动法〉若干条文的说明》第44条曾说明加班工资计算基数为劳动者基本工资，此规定已失效。

二十三、在工作日安排加点或者法定节假日安排加班，不支付加班工资而安排补休

◎ 法律法规

《劳动法》(2009年修正)第44条。

《劳动合同法》(2012年修正)第85条。

◎ 法律责任或后果

劳动者以用人单位要求劳动者加班而拒不支付加班费为由，要求向其支

付加班费并加付50%—100%赔偿金。

◎ **法律建议**

休息日安排劳动者工作,可以安排劳动者补休,也可以支付不低于工资的200%的工资报酬。平时加点和国定假日加班,法律法规均未规定可以补休,故不能随意安排补休以替代支付加班工资。

二十四、在法定节假日安排劳动者加班只安排补休、不支付或只支付300%的劳动报酬

◎ **法律法规**

《劳动法》(2009年修正)第44条。

《劳动合同法》(2012年修正)第85条。

《对〈工资支付暂行规定〉有关问题的补充规定》第2条。

原劳动和社会保障部《关于职工全年月平均工作时间和工资折算问题的通知》(2008.1.3)第2条。

上海市人力资源和社会保障局《上海市企业工资支付办法》(2016年修订)第13条。

◎ **法律责任或后果**

劳动者以用人单位要求劳动者加班而拒不支付加班费为由,要求向其支付加班费并加付50%—100%赔偿金。

◎ **法律建议**

法定节假日与平时加点、周末加班不同,即使不工作也是带薪日。《对〈工资支付暂行规定〉有关问题的补充规定》明确:"安排在法定休假节日工作的,应另外支付给劳动者不低于劳动合同规定的劳动者本人小时或日工资标准300%的工资。"既然是"另外支付",显然不应当包括本薪。且《上海市企业工资支付办法》也明确规定,安排劳动者在法定休假节日工作的,按照本人工资标准的300%"支付加班工资",显然也没有包括本薪在内。故安排劳动者在法定节假日加班的,应当合计支付相当于平时工资400%的劳动报酬。

二十五、在法定节假日安排适用综合工时、不定工时的劳动者加班未支付加班费

◎ **法律法规**

《劳动法》(2009年修正)第44条。

《劳动合同法》(2012年修正)第85条。

《关于贯彻执行〈劳动法〉若干问题的意见》第62条。

上海市人力资源和社会保障局《上海市企业工资支付办法》(2016年修订)第13条。

◎ **法律责任或后果**

劳动者以用人单位要求劳动者加班而拒不支付加班费为由,要求向其支付加班费并加付50%—100%赔偿金。

◎ **法律建议**

(1) 安排适用综合工时、不定工时的劳动者在元旦、春节、清明、五一、端午、中秋、国庆等全民休假的法定节假日加班的,无论适用何种工时,均应当按规定支付加班费。

(2) 在妇女节、青年节等部分公民休假的节日期间,对照常工作的劳动者,无论适用何种工时,用人单位均应支付工资,但不支付加班工资;如果该节日恰逢休息日,用人单位安排劳动者工作的,应当按周末加班的规定安排补休或支付加班工资。

二十六、在正常工作时间之外、双休日、法定节假日安排劳动者接受培训、开会等任务,不支付加班费

◎ **法律法规**

《劳动法》(2009年修正)第44条。

《劳动合同法》(2012年修正)第85条。

◎ **法律责任或后果**

劳动者以用人单位要求劳动者加班而拒不支付加班费为由,要求向其支付加班费并加付50%—100%赔偿金。

◎ **法律建议**

培训、开会的内容与工作相关,目的也是为了用人单位创造更多的效益,故属于加班,应当支付加班费。但如果安排劳动者从事文化娱乐活动的,则不作为加班。

第十章 请假休假

一、未按规定同意劳动者享受婚假、丧假、产前假、产假、难产假、生育假、陪产假、哺乳假、节育手术假等法定休假

◎ **法律法规**

原国家劳动总局《关于国营企业职工请婚丧假和路程假问题的通知》(1980.2.20)第1条。

《上海市人口与计划生育条例》(2016年修正)第31条。

《女职工劳动保护特别规定》第7条。

上海市人民政府《上海市女职工劳动保护办法》(2010年修正)第12、14、16条。

上海市人民政府《上海市计划生育奖励与补助若干规定》(2016年修订)第13条。

《违反〈劳动法〉有关劳动合同规定的赔偿办法》第2、3条。

◎ **法律责任或后果**

由有关部门责令改正;支付应付工资;造成损害的,承担损害赔偿责任;造成女职工和未成年工身体健康损害的,除按国家规定提供治疗期间的医疗待遇外,还应支付相当于其医疗费用25%的赔偿费用。

◎ **法律建议**

用人单位应当保障劳动者享有法律规定的各项假期,并依法给予相应工资待遇。

二、未制定关于劳动者是否享有探亲假及期间有关待遇的规章制度

◎ **法律法规**

《关于职工探亲待遇的规定》第2、3条。

《劳动合同法》(2012年修正)第4条。

◎ **法律责任或后果**

由有关部门责令改正；支付应付工资；造成损害的，承担损害赔偿责任。

◎ **法律建议**

（1）凡在国家机关、人民团体和全民所有制企业、事业单位工作满一年的固定职工，与配偶不住在一起，又不能在公休假日团聚的，可以享受探望配偶的待遇；与父亲、母亲都不住在一起，又不能在公休假日团聚的，可以享受探望父母的待遇。探亲假期是指职工与配偶、父母团聚的时间，另外根据实际需要给予路程假。上述假期均包括公休假日和法定节日在内。

（2）关于民营企业是否根据《关于职工探亲待遇的规定》享受探亲假，并无明确统一规定，可在规章制度中自行规定。

三、除年假、事假外，未根据具体情况要求劳动者提供或者审核劳动者提出的请假原因和材料的真实性

◎ **法律法规**

《劳动合同法》(2012年修正)第4条。

◎ **法律责任或后果**

无法查实劳动者是否有权休相应假期。

◎ **法律建议**

用人单位应要求劳动者根据规章制度提供必要的证明材料，最好是原件材料加以审核确认后，予以准假。但年假、事假为无理由假期，不需要提供请假材料、审核请假原因。

四、未按规定在劳动者休法定假时给予规定的工资和其他待遇

◎ **法律法规**

《劳动法》(2009年修正)第51条。

《劳动合同法》(2012年修正)第38、46条。

◎ **法律责任或后果**

劳动者要求追讨工资和待遇，或以用人单位不支付劳动报酬为由，提出

解除劳动合同,支付经济补偿金。

◎ **法律建议**

用人单位应根据法律法规的具体规定分别给予规定的工资和其他待遇。

五、未按规定合理安排劳动者每年应有的带薪年休假

◎ **法律法规**

《劳动法》(2009年修正)第45条。

《职工带薪年休假条例》第5条。

《企业职工带薪年休假实施办法》第15条。

◎ **法律责任或后果**

用人单位不安排劳动者休年休假又不支付未休年休假工资报酬的,由劳动行政部门依据职权责令限期改正。对逾期不改正的,除责令该用人单位支付未休年休假工资报酬外,用人单位还应当按照未休年休假工资报酬的数额向劳动者加付赔偿金。

◎ **法律建议**

用人单位应统筹安排劳动者休年休假。无法安排的,应按劳动者未休年假天数乘以日工资收入支付300%的补偿。

六、未规定劳动者提出休带薪年休假的审批程序

◎ **法律法规**

《职工带薪年休假条例》第5条。

《劳动合同法》(2012年修正)第4条。

◎ **法律责任或后果**

因工作安排交接困难、用人单位拒绝批准等问题,导致无法保障劳动者年休假。

◎ **法律建议**

用人单位应制定完备的劳动者休带薪年休假的规章制度、审批程序。年休假应以用人单位统筹为主,并考虑劳动者本人意愿。

七、擅自规定在本用人单位工作满一年后方可休带薪年休假

◎ **法律法规**

《劳动法》(2009年修正)第38、46、89条。

《关于〈企业职工带薪年休假实施办法〉有关问题的复函》第1条。

◎ **法律责任或后果**

用人单位制定的劳动规章制度违反法律、法规规定，由劳动行政部门给予警告，责令改正；对劳动者造成损害的，应当承担赔偿责任。劳动者可以提出解除劳动合同，并要求支付经济补偿金。

◎ **法律建议**

劳动者连续工作满一年以上，既包括劳动者在同一用人单位连续工作一年以上，也包括劳动者在不同用人单位连续工作一年以上的情形；故不得规定在本用人单位工作满一年以上方可有年休假。

八、用人单位以劳动者当年入职前在其他用人单位已休年假或休年假情况不明为由，拒绝根据规定按比例折算当年年假天数

◎ **法律法规**

《企业职工带薪年休假实施办法》第5、15条。

◎ **法律责任或后果**

用人单位不安排劳动者休年休假又不支付未休年休假工资报酬的，由劳动行政部门依据职权责令限期改正。对逾期不改正的，除责令该用人单位支付未休年休假工资报酬外，用人单位还应当按照未休年休假工资报酬的数额向劳动者加付赔偿金。

◎ **法律建议**

劳动者当年度年休假天数，按照在本单位剩余日历天数折算确定，折算后不足一整天的部分不享受年休假。

九、用人单位以无法查明劳动者累计工作年限为由而拒绝给予相应的年假待遇

◎ **法律法规**

《关于〈企业职工带薪年休假实施办法〉有关问题的复函》第2条。

《企业职工带薪年休假实施办法》第 15 条。

◎ **法律责任或后果**

用人单位不安排劳动者休年休假又不支付未休年休假工资报酬的,由劳动行政部门依据职权责令限期改正。对逾期不改正的,除责令该用人单位支付未休年休假工资报酬外,用人单位还应当按照未休年休假工资报酬的数额向劳动者加付赔偿金。

◎ **法律建议**

劳动者此前的累计工作年限,包括其在机关、团体、企业、事业单位、民办非企业单位、有雇工的个体工商户等单位从事全日制工作期间,以及依法服兵役和其他规定可以计算为工龄的期间。累计工作时间可以根据档案记载、用人单位缴纳社保费记录、劳动合同或者其他具有法律效力的证明材料确定。

十、用人单位以劳动者已休寒暑假、有薪事假、病假等假期过多等为由,拒绝给予相应的年假待遇

◎ **法律法规**

《职工带薪年休假条例》第 4 条。

《企业职工带薪年休假实施办法》第 8、15 条。

◎ **法律责任或后果**

用人单位不安排劳动者休年休假又不支付未休年休假工资报酬的,由劳动行政部门依据职权责令限期改正。对逾期不改正的,除责令该用人单位支付未休年休假工资报酬外,用人单位还应当按照未休年休假工资报酬的数额向劳动者加付赔偿金。

◎ **法律建议**

(1) 劳动者有下列情形之一的,不享受当年的年休假:①依法享受寒暑假,其休假天数多于年休假天数的;②请事假累计 20 天以上,且单位按照规定不扣工资的;③累计工作满 1 年不满 10 年,请病假累计 2 个月以上的;④累计工作满 10 年不满 20 年,请病假累计 3 个月以上的;⑤累计工作满 20 年以上,请病假累计 4 个月以上的。

（2）已享受当年年假，年度内又出现上述规定情形之一的，不享受下一年度的年休假。

十一、劳动者因本人原因口头提出不休年休假，事后又提出要求按日工资收入水平补发300%的补偿

◎ **法律法规**

《企业职工带薪年休假实施办法》第10、15条。

◎ **法律责任或后果**

用人单位不安排劳动者休年休假又不支付未休年休假工资报酬的，由劳动行政部门依据职权责令限期改正。对逾期不改正的，除责令该用人单位支付未休年休假工资报酬外，用人单位还应当按照未休年休假工资报酬的数额向劳动者加付赔偿金。

◎ **法律建议**

用人单位可以只支付其正常工作期间的工资收入，不再支付其300%的报酬，但应当要求其以书面方式提出不休年假的申请，或在谈话记录上签字确认。

十二、未规定劳动者带薪年休假是否可以跨一个年度安排

◎ **法律法规**

《职工带薪年休假条例》第5条。

《企业职工带薪年休假实施办法》第9、15条。

《劳动合同法》（2012年修正）第4条。

◎ **法律责任或后果**

用人单位不安排劳动者休年休假又不支付未休年休假工资报酬的，由劳动行政部门依据职权责令限期改正。对逾期不改正的，除责令该用人单位支付未休年休假工资报酬外，用人单位还应当按照未休年休假工资报酬的数额向劳动者加付赔偿金。

◎ **法律建议**

用人单位因生产、工作特点确有必要跨年度安排职工年休假的，可以跨

一个年度安排。确因工作需要,须跨一个年度安排年休假的,应征得劳动者本人同意。用人单位一般可在规章制度中加以安排劳动者是否可以跨年度休年假。

十三、擅自将劳动者根据国家规定应当另行享有的法定休假日、休息日,以及探亲假、婚丧假、产假、工伤停工留薪期间等日期计入带薪年休假

◎ **法律法规**

《职工带薪年休假条例》第 3 条。

《企业职工带薪年休假实施办法》第 6、15 条。

◎ **法律责任或后果**

用人单位不安排劳动者休年休假又不支付未休年休假工资报酬的,由劳动行政部门依据职权责令限期改正。对逾期不改正的,除责令该用人单位支付未休年休假工资报酬外,用人单位还应当按照未休年休假工资报酬的数额向劳动者加付赔偿金。

◎ **法律建议**

国家法定休假日、休息日,以及劳动者依法享受的探亲假、婚丧假、产假等国家规定的假期以及因工伤停工留薪期间,不计入年休假的假期。

十四、解除或者终止劳动合同时,擅自将劳动者按照比例折算后多休的年休假天数扣回

◎ **法律法规**

《企业职工带薪年休假实施办法》第 12、15 条。

◎ **法律责任或后果**

用人单位不安排劳动者休年休假又不支付未休年休假工资报酬的,由劳动行政部门依据职权责令限期改正。对逾期不改正的,除责令该用人单位支付未休年休假工资报酬外,用人单位还应当按照未休年休假工资报酬的数额向劳动者加付赔偿金。

◎ **法律建议**

用人单位与劳动者解除或者终止劳动合同时,当年度未安排休满应休年休假的,应当按照当年已工作时间折算应休未休年休假天数,并支付未休年休假工资报酬,但折算后不足一整天的部分可以不支付。用人单位当年已安排休完年休假的,多于折算应休年休假的天数不再扣回。

十五、劳务派遣单位、实际用工单位拒绝为劳务派遣劳动者安排休年假

◎ **法律法规**

《企业职工带薪年休假实施办法》第14、15条。

◎ **法律责任或后果**

劳务派遣单位、实际用工单位不安排劳动者休年休假又不支付未休年休假工资报酬的,由劳动行政部门依据职权责令限期改正。对逾期不改正的,除责令劳务派遣单位、实际用工单位连带支付未休年休假工资报酬外,还应当按照未休年休假工资报酬的数额向劳动者加付连带赔偿金。

◎ **法律责任**

被派遣劳动者应享受年休假。但被派遣劳动者在劳动合同期限内无工作期间天数多于其全年应当享受的年休假天数的除外。

十六、未与劳动者约定病假期间工资的计算基数

◎ **法律法规**

上海市人力资源和社会保障局《上海市企业工资支付办法》(2016年修订)第9、14条。

《劳动合同法》(2012年修正)第38、46条。

◎ **法律责任或后果**

劳动者要求追讨病假工资或疾病救济费,或以用人单位不支付劳动报酬为由,提出解除劳动合同,支付经济补偿金。

◎ **法律建议**

(1) 劳动合同对劳动者月工资有明确约定的,按劳动合同、集体合同(或

工资专项集体合同）约定的劳动者所在岗位相对应的月工资确定计算基数；实际履行与劳动合同约定不一致的，按实际履行的劳动者所在岗位相对应的月工资确定计算基数。

(2) 劳动合同、集体合同均未约定假期工资的计算基数，且通过正常出勤月所有工资性收入扣除年终奖、上下班交通补贴、工作餐补贴、住房补贴、中夜班津贴、夏季高温津贴、加班工资等项目的方法仍无法确定的，可按劳动者正常出勤月所有工资性收入的70%确定。

(3) 上述假期工资的计算基数不得低于上海市规定的最低工资标准。

(4) 日工资按月工资除以每月平均计薪天数21.75天计算；小时工资按日工资除以8小时计算。

十七、未按规定根据病假工资基数正确计算劳动者病假工资、疾病救济费和病假日

◎ **法律法规**

原上海市劳动局《关于加强企业职工疾病休假管理保障职工疾病休假期间生活的通知》(1995.10.1)第3、4、5条。

《劳动合同法》(2012年修正)第38、46条。

◎ **法律责任或后果**

劳动者要求追讨病假工资或疾病救济费，或以用人单位不支付劳动报酬为由，提出解除劳动合同，支付经济补偿金。

◎ **法律建议**

(1) 应根据连续工龄，在约定或规定的病假工资计算基数的基础上，给予60%—100%的折算。

(2) 待遇低于本单位月平均工资40%的，应补足到40%，该40%金额低于上海市在职职工定期生活困难补助标准的，应补足到该标准。待遇高于上海市上年度月平均工资标准的，可按该标准计发。用人单位现行的职工疾病、非因工负伤休假期间的待遇计发办法高于上述规定的，可继续保留。

(3) 连续休假期内含有休息日、节假日的应予剔除。

十八、劳动者患病期间的病假工资或者疾病救济费标准低于当地最低工资标准的 80%，或者不予发放

◎ **法律法规**

《关于贯彻执行〈劳动法〉若干问题的意见的通知》第 59 条。

原上海市劳动和社会保障局《关于本市企业职工疾病休假工资或疾病救济费最低标准的通知》(2000.4.1)第 1、2 条。

《劳动合同法》(2012 年修正)第 38、46 条。

◎ **法律责任或后果**

劳动者要求追讨病假工资或疾病救济费，或以用人单位不支付劳动报酬为由，提出解除劳动合同，支付经济补偿金。

◎ **法律建议**

劳动者患病或非因工负伤治疗期间，在规定的医疗期间内病假工资或疾病救济费可以低于当地最低工资标准支付，但不能低于当地最低工资标准的 80%，且该最低标准不包括劳动者个人缴纳的社保金、公积金。

十九、未制定劳动者关于请病假程序的规章制度

◎ **法律法规**

《劳动合同法》(2012 年修正)第 4 条。

◎ **法律责任或后果**

难以识别劳动者是否开具虚假医疗病假证明、虚报病假。

◎ **法律建议**

请病假程序一般要求劳动者请病假之前，或者病假结束后能够来上班之时提供病假单、正规医疗机构挂号单、病史卡和医药费单据的材料，及时办理病假或补假手续。提供的材料应当是原件；是复印件的，应当与原件核对无异。

二十、未制定关于用人单位有权要求劳动者前往指定医院复检的规章制度

◎ **法律法规**

《劳动合同法》(2012 年修正)第 4 条。

原上海市劳动局《关于加强企业职工疾病休假管理保障职工疾病休假期间生活的通知》(1995.10.1)第2条。

◎ **法律责任或后果**

难以识别劳动者开具虚假医疗病假证明、虚报病假。

◎ **法律建议**

劳动者因疾病需要休假的情况有疑点的,用人单位可以要求劳动者前往指定医院复检,并开具病情证明单。此类措施对遏制虚假医疗病假证明有一定效果,但由于即使复检结果与此前不同,也无法得出此前结果虚假的结论,故还应慎重把握。

二十一、无法否定劳动者提供的病假单内容的真实性或合理性

◎ **法律法规**

《劳动合同法》(2012年修正)第4条。

◎ **法律责任或后果**

要求劳动者提供原件核对后,虽仍有合理推测依据怀疑该病假单的内容为虚假,但无法否认其真实性,不得随意认定劳动者旷工。

◎ **法律建议**

仲裁机构、法院均不审查病假单的真伪。但如劳动者提供的挂号单、病历卡、诊疗费单据不全或医生承认为伪造的,可以认定为伪造。

二十二、未及时确定劳动者医疗期或对劳动者医疗期进行集中统一管理

◎ **法律法规**

《劳动合同法》(2012年修正)第40条。

《企业职工患病或非因工负伤医疗期规定》第3、4条。

《关于贯彻〈企业职工患病或非因工负伤医疗期规定〉的通知》第1条。

上海市人民政府《关于本市劳动者在履行劳动合同期间患病或者非因工负伤的医疗期标准的规定》(2015年修订)第2、3、5条。

◎ **法律责任或后果**

医疗期满后用人单位仍然不要求劳动者回用人单位上班,或者迟迟不行使调岗、解除劳动合同等权利。

◎ **法律建议**

(1) 医疗期计算应从病休第一天开始,在规定期限内累计计算,公休、假日和法定节日包括在内。

(2) 劳动者在本单位工作第1年,医疗期为3个月;以后工作每满1年,医疗期增加1个月,但不超过24个月。

(3) 劳动者经鉴定为完全丧失劳动能力但不符合退休、退职条件的,应当延长医疗期,延长的医疗期与规定医疗期合计不低于24个月。

(4) 集体合同、劳动合同、用人单位内部规章制度对医疗期规定的时间更长的,根据其规定时间确定医疗期。

(5) 医疗期满后劳动者不能为用人单位提供正常劳动的,法律允许用人单位对劳动者调岗,或在调岗后仍不能正常劳动的情况下解除劳动合同。

(6) 因医疗期内劳动者可能存在一段时间之内多段不同病休时间,故用人单位应当对所有病假劳动者的医疗期进行集中统一管理,做好病假手续审核和考勤工作,及时确认医疗期内劳动者病假缺勤的情况。

二十三、未规定劳动者请事假是否不发放工资

◎ **法律法规**

《职工带薪年休假条例》第4条。

《劳动合同法》(2012年修正)第4条。

◎ **法律责任或后果**

劳动者主张用人单位应当发放事假工资。

◎ **法律建议**

用人单位可在规章制度中自主规定是否发放事假工资。2003年4月1日生效的《上海市企业工资支付办法》第14条曾规定事假可以发放事假工资,但该规定已经被废止。故实践中事假一般均可由规章制度规定,不发工资。

第十一章　安全生产与职业病防治

一、用人单位未建立、健全安全生产的各项制度

◎ **法律法规**

《安全生产法》(2014年修正)第4、18、78、91—93条。

◎ **法律责任或后果**

(1) 由安全生产监督管理行政部门责令用人单位及其主要负责人限期改正。逾期不改正或者发生安全生产事故的,可处以较大金额罚款,或者停产停业。构成犯罪的,依法追究刑事责任。

(2) 用人单位主要负责人受刑事处罚或者撤职处分的,自刑罚执行完毕或者受处分之日起,五年内不得担任任何生产经营单位的主要负责人;对重大、特别重大生产安全事故负有责任的,终身不得担任本行业生产经营单位的主要负责人。

◎ **法律建议**

用人单位应依法建立健全安全生产责任制度,安全生产规章制度、操作规程、教育制度和培训计划,安全生产检查制度,生产安全事故应急救援预案制度,保障安全生产和劳动者生命财产安全。

二、用人单位未严格执行国家和各地方政府规定的劳动安全卫生规程和标准

◎ **法律法规**

《劳动法》(2009年修正)第52、92条。

◎ **法律责任或后果**

由劳动行政部门或者有关部门责令改正,可以处以罚款;情节严重的,责

令停产整顿。对事故隐患不采取措施,致使发生重大事故,造成劳动者生命安全和财产损失的,对责任人员依照刑法有关规定追究刑事责任。

◎ **法律建议**

用人单位必须依法建立、健全劳动安全卫生制度,严格执行国家和各级地方政府规定的劳动安全卫生规程和标准,对劳动者进行劳动安全卫生教育,防止劳动过程中的事故,减少职业危害。

三、用人单位未对包括劳务派遣人员、实习人员在内的新老员工进行劳动安全卫生、安全生产教育和培训并予以记录

◎ **法律法规**

《安全生产法》(2014年修正)第22、55、94条。

◎ **法律责任或后果**

由安全生产监督管理行政部门责令用人单位限期改正并罚款。逾期不改正的,可处以较大金额罚款,或者停产停业。构成犯罪的,依法追究刑事责任。

◎ **法律建议**

用人单位应当保证包括劳务派遣人员、实习人员在内的所有从业人员具备必要的安全生产知识,熟悉有关的安全生产规章制度和安全操作规程,掌握本岗位的安全操作技能,了解事故应急处理措施,知悉自身在安全生产方面的权利和义务。未经安全生产教育和培训合格的从业人员,不得上岗作业。

四、未向劳动者发放相应的劳动防护用品

◎ **法律法规**

《安全生产法》(2014年修正)第42、96条。

◎ **法律责任或后果**

由安全生产监督管理行政部门责令用人单位限期改正并罚款。逾期不改正或情节严重的,可处以较大金额罚款,或者停产停业。构成犯罪的,依法追究刑事责任。

◎ **法律建议**

用人单位必须为从业人员提供符合国家标准、行业标准的劳动防护用品,并监督、教育从业人员按照使用规则佩戴、使用。

五、用人单位未根据规定设置专职或兼职的安全生产管理人员及其责任范围、考核标准

◎ **法律法规**

《安全生产法》(2014年修正)第19、21、22、94条。

◎ **法律责任或后果**

由安全生产监督管理行政部门责令用人单位限期改正并罚款。逾期不改正的,可处以较大金额罚款,或者停产停业。

◎ **法律建议**

(1) 矿山、金属冶炼、建筑施工、道路运输用人单位和危险物品的生产、经营、储存用人单位,应当设置安全生产管理机构或者配备专职安全生产管理人员。其他用人单位如从业人员超过100人的,应当设置安全生产管理机构或者配备专职安全员;100人以下的,应当配备专职或者兼职的安全员。

(2) 用人单位的安全生产责任制应当明确各岗位的责任人员、责任范围和考核标准等内容。用人单位的安全生产管理机构以及安全生产管理人员应当组织制定各项安全生产规章制度、组织参与安全生产教育和培训、督促落实安全管理措施;组织参与应急救援演练;检查安全生产状况,排查事故隐患;制止和纠正违章指挥、强令冒险作业、违反操作规程的行为;督促落实整改措施等。

六、用人单位未根据规定建立应急救援组织或者指定兼职的应急救援人员,或未配备相应的应急救援器材

◎ **法律法规**

《安全生产法》(2014年修正)第79、94条。

◎ **法律责任或后果**

由安全生产监督管理行政部门责令用人单位限期改正并罚款。逾期不

改正的,可处以较大金额罚款,或者停产停业。

◎ **法律建议**

危险物品的生产、经营、储存用人单位以及矿山、金属冶炼、城市轨道交通运营、建筑施工用人单位应当建立应急救援组织；生产经营规模较小的用人单位应当指定兼职的应急救援人员。同时应当配备必要的应急救援器材、设备和物资,并进行经常性维护、保养,保证正常运转。

七、特种作业人员未按规定持证上岗

◎ **法律法规**

《安全生产法》(2014年修正)第27、94条。

◎ **法律责任或后果**

由安全生产监督管理行政部门责令用人单位限期改正并罚款。逾期不改正的,可处以较大金额罚款,或者停产停业。

◎ **法律建议**

特种作业,是指容易发生事故,对操作者本人、他人的安全健康及设备、设施的安全可能造成重大危害的作业。生产经营单位的特种作业人员必须按照国家有关规定经专门的安全作业培训,取得相应资格和证书后,方可上岗作业。

八、用人单位新建、改建、扩建工程项目的安全设施,未按规定与主体工程同时设计、同时施工、同时投入生产和使用

◎ **法律法规**

《劳动法》(2009年修正)第53条。

《安全生产法》(2014年修正)第28条。

国家安全生产监督管理总局《建设项目安全设施"三同时"监督管理暂行办法》(2015年修订)第30—37条。

◎ **法律责任或后果**

由安全生产监督管理行政部门依法对用人单位处以限期改正、警告、罚款、停止建设、停产停业等行政处罚。构成犯罪的,依法追究刑事责任。

◎ **法律建议**

用人单位新建、改建、扩建工程的劳动安全卫生设施必须与主体工程同时设计、同时施工、同时投入生产和使用。安全设施投资应当纳入建设项目概算。

九、用人单位管理人员违章指挥、强令劳动者冒险作业

◎ **法律法规**

《劳动合同法》(2012年修正)第32、38、46、88条。

《安全生产法》(2014年修正)第51条。

◎ **法律责任或后果**

(1) 劳动者拒绝用人单位管理人员违章指挥、强令冒险作业的,不视为违反劳动合同。用人单位违章指挥、强令冒险作业危及劳动者人身安全的,劳动者可以立即解除劳动合同,不需事先告知用人单位,用人单位需要支付经济补偿金。

(2) 由劳动行政部门和安全生产监管管理行政部门依法给予行政处罚;构成犯罪的,依法追究刑事责任;给劳动者造成损害的,应当承担赔偿责任。

◎ **法律建议**

用人单位应严格杜绝管理人员违章指挥、强令冒险作业的情况,防止发生重大安全责任事故。劳动者有权对本单位安全生产工作中存在的问题提出批评、检举、控告;有权拒绝违章指挥和强令冒险作业。用人单位不得因从业人员对本单位安全生产工作提出批评、检举、控告或者拒绝违章指挥、强令冒险作业而降低其工资、福利等待遇或者解除与其订立的劳动合同。

十、劳动者发现直接危及其人身安全的紧急情况时,停止作业或者在采取可能的应急措施后撤离作业场所

◎ **法律法规**

《劳动合同法》(2012年修正)第32、48、87条。

《安全生产法》(2014年修正)第52条。

◎ **法律责任或后果**

用人单位因劳动者在紧急情况下停止作业或者采取紧急撤离措施而降

低其工资、福利等待遇或者解除与其订立的劳动合同的,劳动者可以要求补发,恢复劳动关系,继续履行劳动合同。不要求继续履行劳动合同或者劳动合同已经不能继续履行的,可以要求用人单位依照规定支付双倍赔偿金。

◎ **法律建议**

用人单位应依法严格执行安全生产制度,杜绝事故隐患。用人单位不得因劳动者在紧急情况下停止作业或者采取紧急撤离措施而降低其工资、福利等待遇或者解除与其订立的劳动合同。

十一、劳动安全设备设施不齐全、不能正常运转

◎ **法律法规**

《劳动法》(2009年修正)第53、92条。

《安全生产法》(2014年修正)第33、96条。

◎ **法律责任或后果**

由安全生产监督管理行政部门责令用人单位限期改正并罚款。逾期不改正或情节严重的,可处以较大金额罚款,或者停产停业。构成犯罪的,依法追究刑事责任。

◎ **法律建议**

安全设备的设计、制造、安装、使用、检测、维修、改造和报废,应当符合国家标准、行业标准。用人单位必须对安全设备进行经常性维护、保养,并定期检测,保证正常运转。维护、保养、检测应当作好记录,并由有关人员签字。

十二、用人单位未向劳动者如实告知作业场所和工作岗位存在的危险因素、防范措施以及事故应急措施

◎ **法律法规**

《劳动合同法》(2012年修正)第8、26、38、86条。

《安全生产法》(2014年修正)第41、94条。

《违反〈劳动法〉有关劳动合同规定的赔偿办法》第2、3条。

◎ **法律责任或后果**

(1) 因用人单位涉嫌欺诈行为,可能造成劳动合同无效、解除。

(2) 由安全生产监督管理行政部门责令用人单位限期改正并罚款。逾期不改正的,可处以较大金额罚款,或者停产停业。

(3) 对劳动者造成的损失应予以赔偿,并承担 25% 赔偿金。

◎ **法律建议**

用人单位应当教育和督促劳动者严格执行本单位的安全生产规章制度和安全操作规程;并在签订劳动合同之前即应向劳动者如实告知作业场所和工作岗位存在的危险因素、防范措施以及事故应急措施。

十三、劳动者未严格遵守安全规章制度、未服从管理、未正确使用劳防用品

◎ **法律法规**

《劳动合同法》(2012 年修正)第 4 条。

《安全生产法》(2014 年修正)第 42、54 条。

◎ **法律责任或后果**

可能导致人身伤害事故和赔偿责任。

◎ **法律建议**

(1) 用人单位必须为劳动者提供符合国家标准、行业标准的劳动防护用品,并监督、教育其按照使用规则佩戴、使用。劳动者在作业过程中,应当严格遵守本单位的安全生产规章制度和操作规程,服从管理,正确佩戴和使用劳动防护用品。

(2) 如有违反的,可由用人单位根据规章制度对其进行教育,视情罚款。出现人身伤害事故的,按照工伤的法律规定处理。

十四、用人单位使用暴力、威胁、限制人身自由、侮辱、体罚、殴打、非法搜查和非法拘禁等手段强迫劳动者劳动

◎ **法律法规**

《劳动合同法》(2012 年修正)第 38、46、88 条。

◎ **法律责任或后果**

（1）劳动者可以随时通知用人单位解除劳动合同，并要求支付经济补偿金。

（2）由劳动行政部门依法给予行政处罚。给劳动者造成损害的，应当承担赔偿责任。构成犯罪的，依法追究刑事责任。

◎ **法律建议**

用人单位应当制定规章制度，杜绝使用暴力、威胁、限制人身自由、侮辱、体罚、殴打、非法搜查和非法拘禁等手段强迫劳动者劳动。

十五、建设项目的职业病防护设施未按照规定与主体工程同时设计、同时施工、同时投入生产和使用及验收合格，或其设计不符合国家职业卫生标准和卫生要求

◎ **法律法规**

《职业病防治法》（2017年修正）第18、69条。

◎ **法律责任或后果**

由安全生产监督管理行政部门和卫生行政部门给予警告，责令限期改正；逾期不改正的，处数额较大罚款；情节严重的，责令停止作业，或者提请有关部门责令停建、关闭。

◎ **法律建议**

建设项目的职业病防护设施应当与主体工程同时设计、同时施工、同时投入生产和使用；竣工后应经用人单位、卫生行政部门验收合格。建设项目的职业病防护设施设计应当符合国家职业卫生标准和卫生要求。

十六、未采取规定的职业病防治管理措施，未建立和公布职业病防护规章制度、操作规程、职业病危害事故应急救援措施，或未按照规定组织劳动者进行职业卫生培训

◎ **法律法规**

《职业病防治法》（2017年修正）第20、24、34、70条。

◎ **法律责任或后果**

由安全生产监督管理行政部门和卫生行政部门给予警告，责令限期改正；逾期不改正的，可处以罚款。

◎ **法律建议**

用人单位应当采取法律规定的职业病防治管理措施，建立职业病防护规章制度和防护体系，并应当对劳动者进行上岗前的职业卫生培训和在岗期间的定期职业卫生培训。

十七、未提供职业病防护设施和职业病防护用品，或提供的设施和防护用品不符合标准、无法正常运行和使用

◎ **法律法规**

《职业病防治法》(2017年修正)第22、72条。

◎ **法律责任或后果**

由安全生产监督管理行政部门和卫生行政部门给予警告，责令限期改正；逾期不改正的，可处以罚款；情节严重的，责令停止作业，或者提请有关部门责令停建、关闭。

◎ **法律建议**

用人单位必须采用有效的职业病防护设施，并为劳动者提供个人使用的职业病防护用品。用人单位为劳动者个人提供的职业病防护用品必须符合防治职业病的要求；不符合要求的，不得使用。

十八、未依法设置职业病警示标牌和说明

◎ **法律法规**

《职业病防治法》(2017年修正)第24、72条。

◎ **法律责任或后果**

由安全生产监督管理行政部门给予警告，责令限期改正；逾期不改正的，可处以罚款；情节严重的，责令停止作业，或者提请有关部门责令关闭。

◎ **法律建议**

产生职业病危害的用人单位，应当在醒目位置设置公告栏，公布有关职

业病防治的规章制度、操作规程、职业病危害事故应急救援措施和工作场所职业病危害因素检测结果。对产生严重职业病危害的作业岗位,应当在其醒目位置,设置警示标识和中文警示说明。警示说明应当载明产生职业病危害的种类、后果、预防以及应急救治措施等内容。

十九、擅自安排未成年工以及孕期、哺乳期的女职工从事对本人和胎儿、婴儿有接触职业病危害的作业

◎ **法律法规**

《职业病防治法》(2017年修正)第38、75条。

《违反〈劳动法〉有关劳动合同规定的赔偿办法》第2、3条。

◎ **法律责任或后果**

(1) 由安全生产监督管理行政部门责令限期整治,并处高额罚款;情节严重的,责令停止作业,或者提请有关部门责令关闭。

(2) 对女职工、未成年工造成损害的,应当承担赔偿责任,并加付相当于医疗费用25%的赔偿费用。

◎ **法律建议**

用人单位不得安排未成年工从事接触职业病危害的作业;不得安排孕期、哺乳期的女职工从事对本人和胎儿、婴儿有接触职业病危害的作业。

二十、发生职业病危害事故时未及时救援和报告,未安排职业病人进行诊治,未按规定承担职业病人诊治、生活费用

◎ **法律法规**

《职业病防治法》(2017年修正)第37、55、56、57、72条。

◎ **法律责任或后果**

由安全生产监督管理行政部门给予警告,责令限期改正;逾期不改正的,可处以罚款;情节严重的,责令停止作业,或者提请有关部门责令关闭。

◎ **法律建议**

发生或者可能发生急性职业病危害事故时,用人单位应当立即采取应急

救援和控制措施,并及时报告所在地安全生产监督管理行政部门和卫生行政部门。用人单位应当及时安排对疑似职业病病人进行诊治,并按规定承担病人诊治、生活费用。

二十一、未让职业病人依法享受国家关于职业病的相关待遇,或未将其调岗或妥善安置

◎ **法律法规**

《职业病防治法》(2017年修正)第56、72条。

◎ **法律责任或后果**

由安全生产监督管理行政部门给予警告,责令限期改正;逾期不改正的,可处以罚款;情节严重的,责令停止作业,或者提请有关部门责令关闭。

◎ **法律建议**

用人单位应当保障职业病病人依法享受国家规定的职业病待遇,安排职业病病人进行治疗、康复和定期检查;对不适宜继续从事原工作的职业病病人,应当调离原岗位,并妥善安置。

二十二、不如实提供职业病诊断、鉴定所需的劳动者职业史和职业病危害接触史、工作场所职业病危害因素检测结果等资料

◎ **法律法规**

《职业病防治法》(2017年修正)第47、72条。

◎ **法律责任或后果**

由安全生产监督管理行政部门给予警告,责令限期改正;逾期不改正的,可处以罚款;情节严重的,责令停止作业,或者提请有关部门责令关闭。

◎ **法律建议**

用人单位应当如实提供职业病诊断、鉴定所需的劳动者职业史和职业病危害接触史、工作场所职业病危害因素检测结果等资料。

二十三、未为劳动者建立职业健康监护档案

◎ **法律法规**

《职业病防治法》(2017 年修正)第 36 条、71 条。

◎ **法律责任或后果**

由安全生产监督管理行政部门责令限期改正,给予警告,可以并处罚款。

◎ **法律建议**

用人单位应当为劳动者建立职业健康监护档案,并按照规定的期限妥善保存。职业健康监护档案应当包括劳动者的职业史、职业病危害接触史、职业健康检查结果和职业病诊疗等有关个人健康资料。

二十四、拒绝为离职劳动者提供职业健康监护档案复印件

◎ **法律法规**

《职业病防治法》(2017 年修正)第 36、71 条。

◎ **法律责任或后果**

由安全生产监督管理行政部门责令限期改正,给予警告,可以并处罚款。

◎ **法律建议**

劳动者与用人单位解除或终止劳动合同、离开用人单位时,有权索取本人职业健康监护档案复印件,用人单位应当如实、无偿提供,并在所提供的复印件上签章。

二十五、未对接触职业病危害岗位的劳动者上岗前、在岗期间、离岗时定期进行职业病定期健康检查并承担费用,或未将检查结果书面告知劳动者

◎ **法律法规**

《职业病防治法》(2017 年修正)第 35、71、75 条。

◎ **法律责任或后果**

(1) 安排上岗前未经职业健康检查的劳动者从事接触职业病危害的作业或者禁忌作业的,由安全生产监督管理行政部门责令限期整治,并处高额

罚款；情节严重的，责令停止作业，或者提请有关部门责令关闭。

（2）未按照规定组织职业健康检查或者未将检查结果书面告知劳动者的，由安全生产监督管理行政部门责令限期改正，给予警告，可以并处罚款。

◎ **法律建议**

对从事接触职业病危害的作业的劳动者，用人单位应当按照规定组织上岗前、在岗期间和离岗时的职业健康检查，并将检查结果书面告知劳动者；检查费用由用人单位承担。用人单位不得安排未经上岗前职业健康检查的劳动者、有职业禁忌的劳动者从事其所禁忌的作业、从事接触职业病危害的作业。

二十六、擅自拆除、停用职业病防护和救援设施，强令劳动者进行无职业病防护作业

◎ **法律法规**

《职业病防治法》(2017年修正)第25、75条。

◎ **法律责任或后果**

由安全生产监督管理行政部门责令限期整治，并处高额罚款；情节严重的，责令停止作业，或者提请有关部门责令关闭。

◎ **法律建议**

对职业病防护设备、应急救援设施，用人单位应当进行经常性的维护、检修，定期检测其性能和效果，确保其处于正常状态，不得擅自拆除或者停止使用。

二十七、以患职业病劳动者已享受工伤保险待遇为由拒绝承担赔偿义务

◎ **法律法规**

《职业病防治法》(2017年修正)第58条。

◎ **法律责任或后果**

患职业病劳动者可以申请劳动仲裁，要求用人单位在工伤保险待遇之外

继续承担职业病人身损害赔偿义务。

◎ **法律建议**

职业病病人除依法享有工伤保险外,依照有关民事法律,尚有获得赔偿的权利的,有权向用人单位提出赔偿要求。

第十二章　劳动保护

一、用人单位未依法建立、健全防暑降温工作制度
◎ **法律法规**

《防暑降温措施管理办法》第 5—8、21 条。

◎ **法律责任或后果**

用人单位违反职业病防治与安全生产法律、行政法规,危害劳动者身体健康的,由相关政府部门依据各自职责责令用人单位整改或者停止作业;情节严重的,按照国家有关法律法规追究用人单位及其负责人的相应责任;构成犯罪的,依法追究刑事责任。用人单位违反国家劳动保障法律、行政法规有关工作时间、工资津贴规定,侵害劳动者劳动保障权益的,由劳动行政部门依法责令改正。

◎ **法律建议**

用人单位应当建立、健全防暑降温工作制度,采取有效措施,加强高温作业、高温天气作业劳动保护工作,适当增加高温工作环境下劳动者的休息时间和减轻劳动强度、减少高温时段室外作业,确保劳动者身体健康和生命安全。

二、未根据规定在 6—9 月期间工作场所不低于 33 度的情况下发放高温津贴
◎ **法律法规**

《防暑降温措施管理办法》第 17、21 条。

上海市人力资源和社会保障局《关于做好本市夏季高温津贴发放工作的通知》第 1 条。

◎ **法律责任或后果**

由劳动行政部门依法责令改正。

◎ **法律建议**

(1) 每年6—9月安排劳动者露天工作以及不能采取有效措施将工作场所温度降低到33℃以下的(不含33℃)，应当向劳动者支付夏季高温津贴，标准为每月200元。

(2) 高温津贴不应计入最低工资，也不能以现场发放冷饮、凉茶、降温防暑用品等方式替代。

三、未规定在特殊条件下从事劳动或有特殊情况的劳动者应适当缩短工作时间

◎ **法律法规**

《劳动法》(2009年修正)第90、95条。

《关于职工工作时间的规定》(1995年修订)第4条。

《女职工劳动保护特别规定》第15条。

《违反〈劳动法〉有关劳动合同规定的赔偿办法》第2、3条。

◎ **法律责任或后果**

由劳动行政部门给予警告、责令改正、处以罚款；对女职工、未成年工造成损害的，应当承担赔偿责任，并加付相当于医疗费用25%的赔偿费用。

◎ **法律建议**

在特殊条件下从事劳动或有特殊情况的劳动者指：从事矿山井下、高山，有毒、有害，特别繁重和过度紧张的体力劳动职工，以及纺织、化工、建筑冶炼、地质勘探、森林采伐、装卸搬运等行业或岗位的职工；夜班职工(夜班工作时间一般指当晚10时至次日晨6时)；孕期、产期、哺乳期女职工；16—18岁的未成年职工。用人单位应当对上述劳动者适当缩短工作时间。

四、安排女职工从事国家规定禁止女职工从事，或者在经期、怀孕期、哺乳期禁止从事的工作岗位

◎ **法律法规**

《女职工劳动保护特别规定》第 4、13、15 条，附录第 1—4 条。

《违反〈劳动法〉有关劳动合同规定的赔偿办法》第 2、3 条。

◎ **法律责任或后果**

责令限期改正、罚款，或者限期治理、停止有关作业、责令关闭。对女职工造成损害的，应当承担赔偿责任，并加付相当于医疗费用 25％ 的赔偿金。

◎ **法律建议**

用人单位应当遵守女职工禁忌从事的劳动范围的规定，并应当将本单位属于女职工禁忌，或者在经期、怀孕期、哺乳期禁忌从事的劳动范围的岗位书面告知女职工。

五、未对怀孕女职工减轻工作量或者安排其他能够适应的劳动岗位

◎ **法律法规**

《女职工劳动保护特别规定》第 5、6、15 条。

《违反〈劳动法〉有关劳动合同规定的赔偿办法》第 2、3 条。

◎ **法律责任或后果**

用人单位违反本规定，侵害女职工合法权益，对女职工造成损害的，应当承担赔偿责任，并加付相当于医疗费用 25％ 的赔偿金。

◎ **法律建议**

女职工在孕期不能适应原劳动的，用人单位应当根据医疗机构的证明，予以减轻工作量或者安排其他能够适应的劳动岗位。

六、对怀孕七个月以上女职工安排加班加点和夜班

◎ **法律法规**

《女职工劳动保护特别规定》第 6、13、15 条。

《违反〈劳动法〉有关劳动合同规定的赔偿办法》第 2、3 条。

◎ **法律责任或后果**

由劳动行政部门责令限期改正、罚款。对女职工造成损害的,应当承担赔偿责任,并加付相当于医疗费用 25% 的赔偿费用。

◎ **法律建议**

对怀孕七个月以上的女职工,用人单位不得延长劳动时间或者安排夜班劳动,并应当在劳动时间内安排一定的休息时间。

七、对怀孕女职工做产检时间加以限制或按病假、事假、旷工处理,少发或不发相应工资

◎ **法律法规**

《女职工劳动保护特别规定》第 6、13、15 条。

《违反〈劳动法〉有关劳动合同规定的赔偿办法》第 2、3 条。

◎ **法律责任或后果**

由劳动行政部门责令限期改正、罚款。对女职工造成损害的,应当承担赔偿责任,并加付相当于医疗费用 25% 的赔偿费用。

◎ **法律建议**

怀孕女职工在劳动时间内进行产前检查,所需时间计入劳动时间。故用人单位应严格执行有关规定,怀孕女职工在劳动时间内进行产前检查的时间应按正常出勤对待,不得按病假、事假、旷工处理并克扣其工资。

八、未按规定同意合法生育的女职工在国家规定的 98 天产假之外享受 30 天生育假、配偶享受 10 天陪产假

◎ **法律法规**

《女职工劳动保护特别规定》第 7、13 条。

《上海市人口与计划生育条例》(2016 年修正)第 31 条。

《违反〈劳动法〉有关劳动合同规定的赔偿办法》第 2、3 条。

◎ **法律责任或后果**

由劳动行政部门责令限期改正、罚款。对女职工造成损害的,应当承担

赔偿责任,并加付相当于医疗费用25%的赔偿费用。

◎ **法律建议**

用人单位应当根据规定准予休假。

九、对未婚先孕(育)、违法生育的女职工取消产假待遇,认定期间为旷工

◎ **法律法规**

《女职工劳动保护特别规定》第7、13条。

《上海市人口与计划生育条例》(2016年修正)第31条。

《违反〈劳动法〉有关劳动合同规定的赔偿办法》第2、3条。

◎ **法律责任或后果**

由劳动行政部门责令限期改正、罚款。对女职工造成损害的,应当承担赔偿责任,并加付相当于医疗费用25%的赔偿费用。

◎ **法律建议**

未婚先育、违法生育的女职工依然有权享受98天产假待遇,其中产前可以休假15天。未婚先孕未满4个月流产的,仍享受15天产假;满4个月流产的,仍享受42天产假。不得因其未婚先孕(育)、违法生育取消其法定产假待遇而擅自认定其旷工。但生育假、陪产假均不得享受;产前假、哺乳假等如单位不予批准且无特殊情况的,也不得享受。

十、对符合怀孕七个月后请产前假两个半月、产假结束后请哺乳假六个月法定条件的女职工,以用人单位情况不允许为由不予批准

◎ **法律法规**

《女职工劳动保护特别规定》第15条。

《上海市实施〈妇女权益保障法〉办法》(2007年修正)第23条。

上海市人民政府《上海市女职工劳动保护办法》(2010年修正)第12、16条。

上海市卫生局《关于本市医疗机构依法开具产前假和哺乳假有关疾病证明的通知》(2010.12.22)第2、3条。

《违反〈劳动法〉有关劳动合同规定的赔偿办法》第 2、3 条。

◎ **法律责任或后果**

对女职工造成损害的,应当承担赔偿责任,并加付相当于医疗费用 25% 的赔偿费用。

◎ **法律建议**

一般情况下如怀孕七个月后请产前假两个半月、产假结束后请哺乳假六个月,如用人单位不予批准的,不得请假。但如经二级以上医疗保健机构证明有习惯性流产史、严重的妊娠综合征、妊娠合并症、妊娠期高血压疾病等可能影响正常生育的,应当批准请产前假;经二级及以上医疗保健机构证明患有产后抑郁症等严重影响母婴身体健康疾病的,应当批准请哺乳假。

十一、对怀孕七个月后不请产前假的女职工未安排每天工间一小时休息,或安排夜班劳动

◎ **法律法规**

《女职工劳动保护特别规定》第 6、13 条。

上海市人民政府《上海市女职工劳动保护办法》(2010 年修正)第 12 条。

《违反〈劳动法〉有关劳动合同规定的赔偿办法》第 2、3 条。

◎ **法律责任或后果**

由劳动行政部门责令限期改正、罚款。对女职工造成损害的,应当承担赔偿责任,并加付相当于医疗费用 25% 的赔偿费用。

◎ **法律建议**

女职工怀孕七个月以上(按 28 周计算),应给予每天工间休息一小时,不得安排夜班劳动。

十二、对哺乳期内未请哺乳假照常上班的女职工安排其延长劳动时间、夜班,或者未安排每天至少一小时哺乳时间

◎ **法律法规**

《女职工劳动保护特别规定》第 9、13 条。

上海市人民政府《上海市女职工劳动保护办法》(2010年修正)第15条。

《违反〈劳动法〉有关劳动合同规定的赔偿办法》第2、3条。

◎ 法律责任或后果

由劳动行政部门责令限期改正、罚款。对女职工造成损害的,应当承担赔偿责任,并加付相当于医疗费用25%的赔偿费用。

◎ 法律建议

女职工生育后,在哺乳期内用人单位不得延长劳动时间或者安排夜班劳动。在其婴儿一周岁内应照顾其在每班劳动时间内授乳两次(包括人工喂养)。每次单胎纯授乳时间为30分钟,亦可将两次授乳时间合并使用。多胞胎生育者,每多生一胎,每次哺乳时间增加30分钟。婴儿满一周岁后,经区、县级以上医疗保健机构确诊为体弱儿的,可适当延长女职工授乳时期,但最多不超过6个月。

十三、用人单位未根据规定定期足额缴纳生育保险

◎ 法律法规

《社会保险法》第4、53、86条。

《女职工劳动保护特别规定》第8条。

《违反〈劳动法〉有关劳动合同规定的赔偿办法》第2、3条。

《最高人民法院关于审理劳动争议案件适用法律若干问题的解释(三)》第1条。

◎ 法律责任或后果

(1) 由社会保险费征收机构、有关行政部门责令限期缴纳或者补足,并可处滞纳金、罚款等行政处罚。对女职工造成损害的,应当承担赔偿责任,并加付相当于医疗费用25%的赔偿费用。

(2) 用人单位未及时足额缴纳生育保险的,女职工产假期间的生育津贴,按照女职工产假前工资的标准由用人单位支付;生育或流产的医疗费用,由用人单位承担。

(3) 用人单位未及时足额缴纳生育保险,且不能补办导致劳动者无法享受生育保险待遇的,劳动者可以要求用人单位赔偿损失。

◎ **法律建议**

生育女职工的生育津贴,对已经依法参加生育保险的,按照用人单位上年度职工月平均工资的标准由生育保险基金支付。与生育相关的医疗费用,由生育保险基金支付。

十四、未明确规定未婚先孕(育)、违法生育的女职工是否享受检查费、手术费、住院费等生育费用

◎ **法律法规**

原劳动部工资局《复女职工非婚生育时是否享受劳保待遇问题》(1965.9.10)。

《上海市人口与计划生育条例》(2016年修正)第41条。

◎ **法律责任或后果**

造成用人单位经济损失。

◎ **法律建议**

(1)女职工未婚先育、违法生育的,其分娩的住院费和医药费自理,不享受生育保险待遇,生育保险基金不予承担上述费用。女职工未婚先孕流产而产生的上述费用,生育保险基金实践中一般也不予承担。

(2)用人单位可以在规章制度中自行规定,未婚先孕(育)、违法生育的女职工的生育费用自理,用人单位不予承担。

十五、女职工生育、流产时用人单位上年度职工月均工资高于上年度上海市职工月均工资300%以上的,用人单位拒绝补偿高出部分

◎ **法律法规**

《劳动合同法》(2012年修正)第85条。

上海市人民政府《关于贯彻实施〈社会保险法〉调整本市现行有关生育保险政策的通知》(2011.7.1)第2-2条。

◎ **法律责任或后果**

由劳动行政部门责令限期支付差额部分。逾期不支付的,责令用人单位加付50%以上、100%以下赔偿金。

◎ **法律建议**

从业女职工的月生育津贴标准,为本人生产或者流产当月所在用人单位上年度职工月平均工资。从业妇女生产或者流产时所在用人单位的上年度职工月平均工资高于上海市上年度全市职工月平均工资 300% 的,按 300% 计发;低于上海市上年度全市职工月平均工资 60% 的,按 60% 计发;但低于生育津贴最低标准的,按最低标准计发。生产或者流产时所在用人单位的上年度职工月平均工资高于上海市上年度全市职工月平均工资 300% 以上的,高出部分由用人单位补差。

十六、女职工生育、流产当月用人单位为其累计缴纳生育保险费不满 12 个月且连续缴纳不满 9 个月的,用人单位拒绝先行支付按比例应当承担的生育津贴

◎ **法律法规**

上海市人力资源和社会保障局《关于申领本市生育保险待遇有关问题的通知》(2016.4.29)第 3 条。

《违反〈劳动法〉有关劳动合同规定的赔偿办法》第 2、3 条。

◎ **法律责任或后果**

由劳动行政部门责令限期支付差额部分。逾期不支付的,责令用人单位加付 50% 以上、100% 以下赔偿金。对女职工造成损害的,应当承担赔偿责任,并加付相当于医疗费用 25% 的赔偿费用。

◎ **法律建议**

女职工生育、流产当月,用人单位为其累计缴纳生育保险费不满 12 个月且连续缴纳生育保险费不满 9 个月的,其生育津贴由生育保险基金按比例支付,剩余部分由用人单位先行支付。累计缴费满 12 个月或者连续缴费满 9 个月后,用人单位可向社会保险经办机构[①]申请拨付已先行支付的费用。

---

① 社会保险经办机构是国家或社会对社会保险实行行政性、事业性管理的职能机构。社会保险经办机构在中央一级为人力资源和社会保障部下设的社会保险事业管理中心。在地方一级,由各省、自治区、直辖市以及地市、区县三级地方政府分别设立。在上海市,为上海市社会保险事业基金结算管理中心及其设在各区的分中心。

十七、对 16—18 周岁的未成年劳动者安排从事国家规定禁止的工作岗位

◎ **法律法规**

《劳动法》(2009 年修正)第 64、95 条。

《未成年工特殊保护规定》第 3、4、5 条。

《劳动保障监察条例》第 23 条。

《违反〈劳动法〉有关劳动合同规定的赔偿办法》第 2、3 条。

◎ **法律责任或后果**

由劳动行政部门责令限期改正、罚款。对未成年职工造成损害的,应当承担赔偿责任,并加付相当于医疗费用 25% 的赔偿费用。

◎ **法律建议**

用人单位不得安排未成年工从事矿山井下、有毒有害、国家规定的第四级体力劳动强度的劳动和其他禁忌从事的劳动。

十八、未根据规定对未成年工定期进行健康检查

◎ **法律法规**

《劳动法》(2009 年修正)第 65、95 条。

《未成年工特殊保护规定》第 6、7、8 条。

《劳动保障监察条例》第 23 条。

《违反〈劳动法〉有关劳动合同规定的赔偿办法》第 2、3 条。

◎ **法律责任或后果**

由劳动行政部门责令限期改正、罚款。对未成年职工造成损害的,应当承担赔偿责任,并加付相当于医疗费用 25% 的赔偿费用。

◎ **法律建议**

在对未成年工安排工作岗位之前、工作满一年或年满 18 周岁且距前一次的体检时间已超过半年时,用人单位均应当对未成年工进行体检。用人单位应根据未成年工的健康检查结果安排其从事适合的劳动,对不能胜任原劳动岗位的,应根据医务部门的证明,予以减轻劳动量或安排其他劳动。

十九、招收未成年工未向劳动行政部门办理登记，未获取未成年工登记证即上岗

◎ **法律法规**

《劳动法》(2009年修正)第65、95条。

《未成年工特殊保护规定》第9条。

《违反〈劳动法〉有关劳动合同规定的赔偿办法》第2、3条。

◎ **法律责任或后果**

由劳动行政部门责令改正，处以罚款。对未成年职工造成损害的，应当承担赔偿责任，并加付相当于医疗费用25％的赔偿费用。

◎ **法律建议**

用人单位招收使用未成年工，除符合一般用工要求外，还须向所在地的区、县级以上劳动行政部门办理登记，领取未成年工登记证后方可上岗。

第十三章 劳动合同变更

一、订立劳动合同时依据的法律法规发生变化导致原有合同内容不符合新规定

◎ **法律法规**

《劳动法》(2009年修正)第17条。

《劳动合同法》(2012年修正)第35、40条。

◎ **法律责任或后果**

原劳动合同内容与变化后的法律法规内容冲突而难以继续履行。

◎ **法律建议**

变更劳动合同,应当遵循平等自愿、协商一致的原则,不得违反法律、行政法规的规定。新的劳动合同内容应根据变化后的法律法规内容确定。用人单位与劳动者应协商变更原合同中与新规定相冲突的内容。无法协商变更的,用人单位应以劳动合同订立时所依据的客观情况发生重大变化,致使劳动合同无法履行,经用人单位与劳动者协商,未能就变更劳动合同内容达成协议为由,解除劳动合同,并支付经济补偿金、代通知金。

二、用人单位的经营方向因市场变化或者资产重组等客观原因发生重大变化导致原有劳动合同内容不符合实际情况

◎ **法律法规**

《劳动法》(2009年修正)第17条。

《劳动合同法》(2012年修正)第3、35、40条。

◎ **法律责任或后果**

原劳动合同内容与变化后的用人单位经营管理环境冲突而难以继续履行。

◎ **法律建议**

变更劳动合同,应当遵循平等自愿、协商一致的原则,不得违反法律、行政法规的规定。新的劳动合同内容应根据发生重大变化后的用人单位经营管理环境确定。用人单位与劳动者应协商变更原合同中与新的经营管理环境相冲突的内容。无法协商变更的,用人单位应以劳动合同订立时所依据的客观情况发生重大变化,致使劳动合同无法履行,经用人单位与劳动者协商,未能就变更劳动合同内容达成协议为由,解除劳动合同,并支付经济补偿金、代通知金。

三、用人单位发生更名、合并、分立等法定变更情形

◎ **法律法规**

《劳动合同法》(2012年修正)第33、34条。

《最高人民法院关于审理劳动争议案件适用法律若干问题的解释(一)》(2008年修订)第10条。

◎ **法律责任或后果**

原劳动合同继续有效,由更名后的用人单位继续履行,或者由承继原用人单位权利和义务的新用人单位继续履行。

◎ **法律建议**

(1) 用人单位与其他单位合并的,合并前发生的劳动争议由合并后的用人单位为当事人。如分立的,由分立后的实际用人单位为当事人;对承受劳动权利义务的用人单位不明确的,分立后的用人单位均为当事人。仅变更名称、法定代表人、主要负责人或者投资人等事项的,劳动合同应当继续履行。

(2) 用人单位不得以原合同已变更为由拒绝履行。如有需要,应同时办理变更合同主体的手续或重新签订合同。

四、在用人单位工会主席、副主席任期未满时随意调动其工作；或因工作需要调动时，未征得用人单位工会委员会和上一级工会的同意

◎ **法律法规**

《工会法》(2009年修订)第17、51条。

《企业工会主席合法权益保护暂行办法》第4条。

◎ **法律责任或后果**

（1）由劳动行政部门责令改正、恢复原工作；造成损失的，给予赔偿。

（2）上级工会要督促用人单位撤销处理决定，恢复该工会主席原岗位工作，并补足其所受经济损失。

◎ **法律建议**

工会主席、副主席任期未满时，不得随意调动其工作。因工作需要调动时，应当征得本级工会委员会和上一级工会的同意。不得因本用人单位工会主席、副主席依法履行职责而随意调动工作岗位、打击报复直至解除劳动合同。

五、在劳动者依法参与集体合同协商过程中无正当理由调整其工作岗位

◎ **法律法规**

《集体合同规定》第28条。

《上海市集体合同条例》(2015年修正)第10条。

◎ **法律责任或后果**

该职工一方协商代表可向用人单位提出，或者提出劳动仲裁，要求恢复原岗位。

◎ **法律建议**

职工一方协商代表履行协商代表职责期间，用人单位无正当理由不得调整其工作岗位。

六、口头变更劳动合同后劳动者实际履行不足一个月后反悔

◎ **法律法规**

《劳动合同法》(2012年修正)第35条。

《最高人民法院关于审理劳动争议案件适用法律若干问题的解释(四)》第11条。

◎ **法律责任或后果**

劳动者要求按照变更前的劳动合同继续履行。

◎ **法律建议**

变更劳动合同,应当采用书面形式。变更劳动合同未采用书面形式,但已经实际履行了口头变更的劳动合同超过一个月的,视为双方已经合意变更劳动合同,可不再采用书面形式。

七、书面变更劳动合同后未将变更后的文本交付劳动者

◎ **法律法规**

《劳动合同法》(2012年修正)第35条。

《最高人民法院关于审理劳动争议案件适用法律若干问题的解释(四)》第11条。

◎ **法律责任或后果**

劳动者拒绝履行变更后的劳动合同,或者实际履行不足一个月后反悔。

◎ **法律建议**

变更后的劳动合同文本由用人单位和劳动者各执一份。虽然在特定情况下,变更劳动合同可以不使用书面形式,但如变更后的劳动合同内容比较复杂,从坚持收集证据、书面留痕的原则看,仍应采用书面形式变更劳动合同,并应将变更后的文本交付劳动者。

八、变更劳动合同时只有人事签字,未加盖用人单位公章

◎ **法律法规**

《合同法》第32、48、49条。

◎ **法律责任或后果**

如人事未获得明确授权，因其并非用人单位法定代表人，故其签字无权代表用人单位，对劳动合同变更的效力有影响。

◎ **法律建议**

（1）应加盖用人单位公章变更劳动合同，同时可以加署法定代表人或者人事的姓名。

（2）有些用人单位刻有合同专用章或者劳动人事专用章，也可以用来变更劳动合同，但因印章种类过多保管不便，故仍然建议使用公章变更劳动合同。

九、用人单位未与劳动者当面签字变更劳动合同，且存在委托他人转交劳动者签字变更、交劳动者自行签字变更、随意找人代签、劳动者漏签等情形

◎ **法律法规**

《合同法》第32、48条。

◎ **法律责任或后果**

劳动者提出未变更过书面劳动合同，或以劳动合同上变更签字非本人签署为由否认变更过劳动合同。

◎ **法律建议**

（1）尽量由用人单位人事与劳动者当面签订变更劳动合同，一般情况下不得由劳动者委托他人代为签订变更劳动合同。

（2）如系找人代签的，应当要求本人及时予以书面追认，或者在变更后三十日内及时重签变更后的劳动合同。

（3）如有可能的，建议在签字的同时由劳动者加盖手印确认。

十、变更劳动合同未采用书面形式，双方对变更后的合同内容有异议或者变更后双方未按变更内容履行

◎ **法律法规**

《劳动合同法》（2012年修正）第35条。

《合同法》第 78 条。

◎ **法律责任或后果**

视为变更意思不明确,按原有合同内容履行。

◎ **法律建议**

变更劳动合同,应当采取书面形式。因当事人对合同变更的内容约定不明确的,推定为未变更。

十一、变更后的劳动合同内容违反法律法规强制性规定、国家政策以及公序良俗

◎ **法律法规**

《劳动法》(2009 年修正)第 17、97 条。

《劳动合同法》(2012 年修正)第 26、38、46、86 条。

《最高人民法院关于审理劳动争议案件适用法律若干问题的解释(四)》第 11 条。

◎ **法律责任或后果**

由于用人单位的原因订立的无效合同,对劳动者造成损害的,应当承担赔偿责任。劳动者可以提出解除劳动合同,并支付经济补偿金。

◎ **法律建议**

变更后的劳动合同内容违反法律、行政法规、国家政策以及公序良俗的,该合同无效。

十二、在劳动合同或者规章制度中规定劳动者应当无条件服从用人单位调整岗位、工作时间、工作地点等内容

◎ **法律法规**

《劳动合同法》(2012 年修正)第 35 条。

上海市高级人民法院民一庭《关于审理劳动争议案件若干问题的解答》(2002.2.6)第 15 条。

上海市高级人民法院《关于审理劳动争议案件若干问题的解答》(2006.

1.1)第 6 条。

◎ **法律责任或后果**

劳动者要求按照调整前的劳动合同继续履行。

◎ **法律建议**

(1) 劳动合同具有法律效力,劳动者和用人单位应当全面、依约履行,未经协商一致,不得擅自变更双方约定的劳动者岗位。但用人单位在一定程度上也具有自主管理权、用人权,在一定程度上享有单方变更劳动者工作岗位的权利。

(2) 用人单位有权单方变更工作岗位的情形主要有:《劳动合同法》第 40 条第 1、2 项规定的因病和非因工负伤后调岗、因不胜任工作调岗的情形;劳动者发生工伤、职业病、女职工孕期产期哺乳期等特殊情况,用人单位根据实际情况调岗的情形;其他用人单位能够举证证实调岗合理性的情形。

(3) 应当由用人单位举证证实是否具有合理性的因素主要有:是否确因单位生产经营需要而增减岗位;劳动者职级、工资有否降低;劳动条件有否发生不利变化;是否考虑了劳动者的年龄、专业技能和其他情况;单位是否承担了调整岗位后的额外负担;是否违反法律法规、规章制度和劳动合同其他规定等。如果调岗是为了更好地完成用人单位的工作任务,且并没有对劳动者造成难以克服的重大不利影响的,可以认为调岗具有合理性。否则,该调整行为无效,双方仍应按原有合同规定内容履行。

十三、无脱密方面要求便擅自变更劳动者工作岗位

◎ **法律法规**

《企业内部控制基本规范》第 16 条。

上海市高级人民法院《关于审理劳动争议案件若干问题的解答》(2006.1.1)第 6 条。

◎ **法律责任或后果**

劳动者要求按照调整前的劳动合同继续履行。

◎ **法律建议**

(1)《企业内部控制基本规范》第 16 条规定,企业对掌握重要商业秘密

的员工离岗,可以采取限制性措施。《上海市劳动合同条例》(2002年5月生效)第15条曾规定,对负有保守用人单位商业秘密义务的劳动者,劳动合同当事人可以就劳动者要求解除劳动合同的提前通知期在劳动合同或者保密协议中作出约定,但提前通知期不得超过六个月;在此期间,用人单位可以采取相应的脱密措施。由于该规定与此后的《劳动合同法》第37条规定的劳动者要求解约的提前通知期只能为一个月的规定相冲突,故该规定不再适用。

（2）但如用人单位能够证明其对负有保守商业秘密的劳动者采取脱密措施,具有单方调岗的合理性的,可以依照法规规定、合同约定,变更劳动者的工作岗位。

十四、未签专项培训协议便擅自变更劳动者工作岗位

◎ **法律法规**

《劳动合同法》(2012年修正)第22、35条。

◎ **法律责任或后果**

劳动者要求按照调整前的劳动合同继续履行。

◎ **法律建议**

用人单位为培养专业技术人才或者管理人才,可以为劳动者提供专项培训费用,对其进行专业技术培训。专业技术培训可能与劳动者目前的岗位有关,也有可能无关。如果无关的话,既然是用人单位提供培训费用,则用人单位必然有让劳动者转岗、熟悉多方面业务、为将来提拔任用作准备等考虑在内。劳动者如果愿意参加无关培训,显然也已经作好了转岗的业务准备。因此,签订与劳动者目前从事岗位无关的专项培训协议,就是双方协商一致愿意调整工作岗位意志的体现,培训完成后用人单位有权直接变更劳动者工作岗位。当然,更稳妥的办法是在专业技术培训协议中与劳动者明确约定,培训完成后劳动者愿意接受工作岗位的调整。

十五、片面理解"调岗"仅仅是换岗

◎ **法律法规**

《劳动合同法》(2012年修正)第35、40条。

◎ **法律责任或后果**

因用人单位经营规模限制、岗位种类、劳动者自身经历和能力等原因,难以调整劳动者到适当的岗位。

◎ **法律建议**

(1)《劳动合同法》第 40 条第 2 项规定了用人单位有权对不胜任工作的劳动者调整工作岗位,但并没有明确调整工作岗位的定义。其实,"调岗"并不仅仅局限于将岗位变更为不同部门、不同工种的工作岗位,在同一部门、同一工种内部调整职务和职级也可以认为是调岗。职务是根据拥有管理权限大小而划分的内部等级,例如同一部门内的管理人员就可以划分为总监、部门经理、主管等不同职务。职级则是同一岗位人员根据业绩或能力而划分的管理等级,例如销售人员就可以区分为销售经理、销售顾问、销售助理等不同职级。

(2)用人单位如果规模较小,往往在原工作岗位之外并没有更适合劳动者的其他岗位,这时在同一部门、同一工种内调整劳动者的职务、职级,降低对其管理能力或绩效、考评的要求,有利于劳动者更顺利地完成工作任务,避免再次被认定为不胜任后解除劳动合同。当然,如果是跨部门调岗的,则应当考虑合理性和劳动者能否适应该岗位工作的问题,不应当不顾劳动者的实际情况,随意、恶意调整岗位。

十六、依法调动劳动者工作岗位时,对劳动者的工资调整幅度过大

◎ **法律法规**

《劳动合同法》(2012 年修正)第 3、38、40、46 条。

上海市高级人民法院《关于审理劳动争议案件若干问题的解答》(2006.1.1)第 6-3 条。

◎ **法律责任或后果**

劳动者主张按照原有劳动合同工资标准支付工资,或者以克扣劳动报酬为由要求解除劳动合同、支付经济补偿金。

◎ **法律建议**

(1)从诚实信用原则和实践情况看,调岗一般都意味着调薪,否则很难

达到惩戒劳动者的管理目的。

（2）根据上海口径，劳动合同中如明确约定调整工资报酬的有关条件的，当事人可按约定履行。劳动合同中虽有工资报酬调整的约定，但调整的条件和指向不明确的，用人单位应当提供充分证据证明调整的合理性；用人单位可以证明调整合理性的，则调整工资报酬的决定有效。但工资调整的幅度不宜太大，与调整岗位的合理性综合考虑后确定为宜。

十七、依法调整劳动者工作岗位时，未根据原岗位与新岗位之间的联系，也未了解劳动者个人情况或者征求本人意愿后合理调整，而是随意、恶意调整其岗位

◎ **法律法规**

《劳动合同法》(2012年修正)第3、40条。

上海市高级人民法院《关于审理劳动争议案件若干问题的解答》(2006.1.1)第6-3条。

◎ **法律责任或后果**

劳动者要求按照调整前的劳动合同继续履行。

◎ **法律建议**

（1）根据上海口径，劳动合同中明确约定调整工作内容的有关条件，当事人可按约定履行。劳动合同中虽有工作内容调整的约定，但调整的条件和指向不明确的，用人单位应当提供充分证据证明调整的合理性，用人单位可以证明调整合理性的，则调整工作内容的决定有效。

（2）调岗前用人单位应当根据原岗位与新岗位之间的联系，了解劳动者个人情况或者征求本人意愿后，依法、合理调整其岗位。

十八、随意滥用撤销岗位、调整岗位的经营权力，或者编造转产、经营亏损等信息，随意要求劳动者从事其他岗位或作其他合同变更

◎ **法律法规**

《劳动合同法》(2012年修正)第3、26、38、46、86条。

◎ **法律责任或后果**

劳动者可以要求宣告此次调岗存在欺诈行为而无效,并要求解除劳动合同、支付经济补偿金。给劳动者造成损害的,应当承担赔偿责任。

◎ **法律建议**

变更劳动合同必须秉承诚实信用原则,不得滥用行政管理权力撤销或调整岗位,或者随意编造有关信息,侵害劳动者的合法权益。

十九、用人单位未与其富余人员、放长假人员、长期被外单位借用的人员、带薪上学人员以及其他非在岗但仍保持劳动关系的职工协商一致后,就不在岗期间有关劳动合同事项进行变更

◎ **法律法规**

《关于贯彻执行〈劳动法〉若干问题的意见》第6、7条。

◎ **法律责任或后果**

原合同内容因劳动者的实际情况发生变化而难以继续履行。

◎ **法律建议**

用人单位应与其富余人员、放长假的职工、长期被外单位借用的人员、带薪上学人员,以及其他非在岗但仍保持劳动关系的人员,经协商一致就已经签订的劳动合同的某些相关条款协商后进行变更。

二十、在劳动合同中约定劳动者或者用人单位的合同权利义务可以转让给第三人

◎ **法律法规**

《劳动合同法》(2012年修正)第3、29条。

◎ **法律责任或后果**

该约定无效,劳动合同在用人单位与转让权利义务的劳动者之间继续履行。

◎ **法律建议**

(1) 因劳动合同系与当事人身份关系密切相关的合同,故不适用《合同

法》第 88 条关于合同权利、义务转让的规定。用人单位与劳动者应当按照劳动合同的约定，全面履行各自的义务。

（2）可以采用解除原劳动合同、与新的劳动者或者用人单位签订新的劳动合同的办法来解决实际需求。

二十一、未为其聘用的外国人、中国台港澳地区人士变更、延期就业许可证件、工作签证、居留证件

◎ **法律法规**

《外国人在中国就业管理规定》（2017 年修订）第 18、19、28 条。

《台湾香港澳门居民在内地就业管理规定》第 14、16 条。

◎ **法律责任或后果**

（1）由劳动行政部门收回该外国人的就业证，并提请公安机关取消其居留资格。对需遣送出境的，遣送费用由用人单位或该外国人承担。

（2）用人单位聘雇或者接受被派遣中国台港澳地区人员，未为其办理就业证变更、备案手续的，由劳动行政部门责令其限期改正，并可以处罚款。

◎ **法律建议**

（1）外国人劳动合同到期前达成续期、在发证机关规定的区域内变更用人单位但仍从事原职业的，应当办理变更手续。

（2）外国人离开发证机关规定的区域就业或在原规定的区域内变更用人单位且从事不同职业，以及中国台港澳地区人士变更用人单位的，须重新办理就业许可手续。

第十四章　劳动合同解除与终止

一、用人单位仅引用《公司法》的规定解除"董监高"职务并解除其劳动合同，未审核是否符合《劳动合同法》的规定

◎ **法律法规**

《公司法》(2013年修正)第37、49、99、108条。

《劳动合同法》(2012年修正)第38、39、40、43条。

《最高人民法院关于审理劳动争议案件适用法律若干问题的解释（一）》(2008年修订)第13条。

《最高人民法院关于民事诉讼证据的若干规定》(2008年修订)第6条。

◎ **法律责任或后果**

与用人单位存在劳动关系的"董监高"被解除职务后，提出公司仅依据《公司法》解除其职务和劳动合同违反《劳动合同法》，属于违法解除，要求恢复劳动关系，继续履行劳动合同。不要求继续履行劳动合同或者劳动合同已经不能继续履行的，要求用人单位依照规定支付双倍赔偿金。

◎ **法律建议**

（1）根据《公司法》，公司董事、监事由股东会、股东大会选举、更换；公司（总）经理等高级管理人员由公司董事会、执行董事聘任、解聘。故其免职应适用《公司法》，不适用劳动法律。但《劳动合同法》并未规定"董监高"与公司之间的劳动关系不适用该法，故公司依照《公司法》免除上述签有劳动合同的人员职务后欲解除其劳动合同的，应当注意审核是否符合《劳动合同法》。

（2）如公司在解除其职务的相关决议中已列明理由并已收集相关证据的，可以根据《劳动合同法》的对应规定与其解除劳动合同。如为无理由解除或不具有相关证据的，建议在相关决议中不写明理由，并根据《劳动合同法》

第 40 条第 3 项之规定,以其职务被公司依照《公司法》解除后,劳动合同所依据的客观情况已发生重大变化,经协商未能达成变更合同一致意见为由,解除其劳动合同,并支付经济补偿金、代通知金。

二、规章制度未明确劳动者试用期内被证实"不符合录用条件"的具体情形

◎ **法律法规**

《劳动合同法》(2012 年修正)第 4、39 条。

◎ **法律责任或后果**

因未明确何为"不符合录用条件",导致无法解除试用期内的劳动合同,或者导致违法解除。

◎ **法律建议**

因《劳动合同法》并未明确"不符合录用条件"具体含义,故用人单位应当根据法律法规规定和本单位的具体情况,在规章制度中加以详细列明。其中,应当列入的很重要的一条是如劳动者在试用期内无法完成用人单位交给的工作任务、指标,或者用人单位对劳动者的考核结果为不合格的,可以认为是"不符合录用条件"。

三、规章制度明确劳动者在试用期内因病、非因工负伤、孕产期等原因而请假的限制期限过短,超过该期限即作为不符合录用条件而随意解除劳动合同

◎ **法律法规**

《劳动合同法》(2012 年修正)第 48、80、87 条。

◎ **法律责任或后果**

(1) 规章制度违法,可由劳动行政部门责令改正,给予警告;给劳动者造成损害的,应当承担赔偿责任。

(2) 劳动者可以要求恢复劳动关系,继续履行劳动合同。不要求继续履行劳动合同或者劳动合同已经不能继续履行的,用人单位应当依照规定支付双倍赔偿金。

◎ **法律建议**

对劳动者在试用期内因病、非因工负伤、孕产期等原因而请假的情况，用人单位可以在规章制度中明确，劳动者只能享有一定期间的合理假期，请事假、年假等特殊假期也可以适当限制。但这种限制应当合理，而不应当不恰当地剥夺劳动者的请假权利，妨害其身体健康和休息权。诸如规章制度中规定劳动者在六个月的试用期内只能请假三天，这种期限就明显超出了合理的范围，属于违法的规章制度。依照这种违法的规章制度解除劳动合同的，属于违法解除，劳动者有权要求恢复劳动关系或者支付双倍赔偿金。

四、用人单位单方解除劳动合同存在重大瑕疵，未考虑协商一致解除劳动合同

◎ **法律法规**

《劳动合同法》(2012年修正)第36、46条。

◎ **法律责任或后果**

可能引起用人单位管理层和劳动者的内部矛盾，影响生产经营活动。

◎ **法律建议**

单方解除劳动合同，因涉及劳动者和用人单位的双重利益，如果处理不当的话，可能引起用人单位内部矛盾，甚至引发劳资双方集体性事件和冲突。故建议经管理层、人事、律师多方论证、确定最佳方案后实施。如用人单位在事实、证据、适用法律等方面存在重大瑕疵，或者希望快速解聘劳动者的，建议通过协商一致方式解除劳动合同。

五、协商一致解除劳动合同时未明确是用人单位提出还是劳动者提出

◎ **法律法规**

《劳动合同法》(2012年修正)第36、46条。

◎ **法律责任或后果**

用人单位提出协商一致解除劳动合同的，应当按不低于法定标准支付经济补偿金。

◎ **法律建议**

《劳动合同法》仅规定,用人单位提出协商一致解除劳动合同的,应当支付经济补偿金。对于劳动者提出协商一致解除合同的,未规定需要支付经济补偿金。实践中因劳动者有法定的辞职权,故很少有劳动者向用人单位提出协商一致解除劳动合同的情形,故如双方协商一致解除劳动合同的,用人单位基本上都要支付经济补偿金。如果的确是劳动者提出,经双方协商一致解除劳动合同、不支付经济补偿金的,应当及时制作和保留证据,如谈话笔录、协商一致解除劳动合同协议书等。

六、在协商时未体现自愿、平等、合法的原则,导致协议违反法律法规的强制性规定或损害一方的合法权益

◎ **法律法规**

《最高人民法院关于审理劳动争议案件适用法律若干问题的解释(三)》第10条。

◎ **法律责任或后果**

劳动者以协商一致达成的解除劳动合同协议,或者就终止劳动合同的后续事宜协商达成的协议违反法律、行政法规的强制性规定,或存在欺诈、胁迫或者乘人之危情形,应属无效为由,要求用人单位根据法律规定或者劳动合同约定承担办理相关手续、支付工资报酬、加班费、经济补偿或者赔偿金等法定义务。

◎ **法律建议**

用人单位在与劳动者协商一致解除劳动合同,或者终止劳动合同后就后续事宜达成补偿、赔偿协议的,用人单位应当依据劳动法律规定对其内容进行审核,确认不违反法律法规规定的,方可签订。如存在违法事项,劳动者可以主张签订的解除、终止协议的全部或部分内容无效,要求用人单位履行法定义务。

七、协商一致解除劳动合同或者终止劳动合同后就后续事宜未签订书面协议

◎ **法律法规**

《劳动合同法》(2012年修正)第50条。

◎ **法律责任或后果**

无证据或无充分证据证实双方曾经签订过解除、终止劳动合同的协议。

◎ **法律建议**

（1）根据法律规定，劳动合同解除、终止后，双方均应根据诚实信用原则履行后合同义务。用人单位应当为劳动者出具解除或者终止劳动合同的证明，并在15日内为劳动者办理档案和社会保险关系转移手续。劳动者应当按照双方约定，办理工作交接。用人单位依照规定或约定应当向劳动者支付经济补偿金、赔偿金、拖欠工资等款项的，应当按照规定或约定支付。

（2）虽然没有法律法规规定，解除、终止劳动合同的协议应当使用书面形式，但因解除、终止后处理后续事宜的内容往往比较复杂，从坚持收集证据、书面留痕的原则看，仍应采用书面形式签订。解除或终止劳动合同协议的文本应由用人单位和劳动者各执一份。

八、劳动者提前30日提出辞职申请或在试用期内提前3日提出辞职申请，过期后用人单位以辞职理由不成立、未办理完审批手续等为由拒不办理离职手续

◎ **法律法规**

《劳动合同法》（2012年修正）第37条。

《关于贯彻执行〈劳动法〉若干问题的意见》第32条。

◎ **法律责任或后果**

劳动者可以提出劳动仲裁要求用人单位办理解除劳动合同手续，也可以直接离开用人单位。

◎ **法律建议**

劳动者提前30日以书面形式通知用人单位，可以解除劳动合同。劳动者在试用期内提前3日以书面形式通知用人单位，可以解除劳动合同。劳动者提前辞职属于法定事项，不需要说明具体理由，也不需要证明其辞职具有合理性。超过法定期限未办理完毕的，劳动者可以向用人单位提出办理解除劳动合同手续，用人单位应予以办理。劳动者直接离开用人单位的，用人单位不得要求劳动者承担损害赔偿责任。

九、劳动者提出辞职，用人单位以已为劳动者办理户口、暂住证，为劳动者提供住房、专车等特殊待遇为借口拒不办理离职手续

◎ **法律法规**

《劳动合同法》(2012年修正)第37条。

上海市高级人民法院《关于适用〈劳动合同法〉若干问题的意见》(2009.3.3)第7条。

◎ **法律责任或后果**

劳动者可以提出劳动仲裁要求用人单位办理解除劳动合同手续。

◎ **法律建议**

《上海市劳动合同条例》第14条曾规定此种情况可约定服务期，但《劳动合同法》生效后被废止。用人单位向劳动者支付报酬，劳动者付出相应的劳动，是劳动合同双方当事人的基本合同义务。用人单位给予劳动者价值较高的财物，如汽车、房屋或住房补贴等特殊待遇的，属于预付性质。劳动者未按照约定期限付出劳动的，属于不完全履行合同。根据合同履行的对等原则，对劳动者未履行的部分，用人单位可以拒绝给付；已经给付的，也可以要求相应返还。故用人单位不得无故拒绝办理离职手续，但可以与劳动者在劳动合同中约定劳动者辞职时，由劳动者按照约定数额补偿或者分期将特殊待遇偿还用人单位。

十、未明确劳动者提出辞职后，劳动合同解除的正式日期和标志

◎ **法律法规**

《劳动合同法》(2012年修正)第37、50条。

《关于贯彻执行〈劳动法〉若干问题的意见》第32条。

◎ **法律责任或后果**

劳动者可以主张劳动合同解除前的工资收入，并于提出辞职30日后要求用人单位办理离职手续、出具解除劳动合同证明。

◎ **法律建议**

劳动合同解除的正式日期和标志即是用人单位同意辞职申请之日或者劳动者提交辞职申请30日后。用人单位应当在同意解除劳动合同时出具解

除劳动合同的证明。用人单位不得以劳动者未办理完毕交接手续而拒绝出具解除劳动合同证明；拒绝出具的，不影响劳动合同在规定的时间解除。

十一、用人单位未在规章制度中明确如何认定劳动者未按法律规定的程序擅自离职或在试用期内擅自离职

◎ **法律法规**

《人才市场管理规定》(2015年修订)第29条。

《最高人民法院关于进一步推进案件繁简分流优化司法资源配置的若干意见》(2016.9.12)第3条。

◎ **法律责任或后果**

劳动者可要求确认用人单位以其擅自离职、旷工故解除劳动合同的决定违法，要求恢复劳动关系，或者支付双倍赔偿金。

◎ **法律建议**

(1) 劳动者离开原单位，应当按照国家的有关政策规定，遵守与原单位签定的合同或协议，不得擅自离职。通过辞职或调动方式离开原单位的，应当按照有关辞职、调动的规定办理手续。但并无法律法规明确规定，何为劳动者擅自离职。

(2) 用人单位应在规章制度中明确规定认定劳动者擅自离职的程序。用人单位应通知劳动者在规定时间内回用人单位申辩为何不来上班的理由，并将通知书以书面形式直接送达本人。直接送达有困难的，可以根据双方在劳动合同中约定的接受送达的地址，邮寄送达；无法收到的，根据劳动合同约定由受送达人自行承担相应后果。逾期不归的，以旷工、严重违反用人单位规章制度为由，再次通知其解除劳动合同或邮寄解除劳动合同通知书。

十二、未明确劳动者未按照法律规定的程序在合同期、试用期内辞职，或者擅自离职后，劳动者应如何向用人单位承担赔偿责任

◎ **法律法规**

《劳动合同法》(2012年修正)第25、90条。

《合同法》第 114 条。

《人才市场管理规定》(2015 年修订)第 29 条。

《违反〈劳动法〉有关劳动合同规定的赔偿办法》第 4 条。

◎ **法律责任或后果**

因法律规定的原则性、取证的困难导致最终无法获得全额赔偿、损失难以全部弥补。

◎ **法律建议**

劳动者违反法律规定解除劳动合同,给用人单位造成损失的,应当承担赔偿责任。赔偿范围为:①用人单位招录其所支付的费用;②用人单位为其支付的培训费用,双方另有约定的按约定办理;③对生产、经营和工作造成的直接经济损失;④劳动合同约定的其他赔偿费用。双方也可以在劳动合同中约定其他赔偿损失的计算方法,但不得约定由劳动者承担违约金。

十三、劳动者在入职后未满 30 日、尚未来得及签订劳动合同即未按法律规定的程序擅自离职

◎ **法律法规**

《劳动合同法》(2012 年修正)第 90 条。

◎ **法律责任或后果**

劳动者事后又向用人单位主张劳动关系尚未解除、未签书面合同双倍工资、经济补偿金、赔偿金。

◎ **法律建议**

因劳动者入职时间短,故用人单位可以不予承认存在劳动关系,仅认可存在劳务关系、支付相应劳务报酬。

十四、未明确劳动者提出辞职申请后用人单位的审批程序

◎ **法律法规**

《劳动合同法》(2012 年修正)第 37 条。

《违反〈劳动法〉有关劳动合同规定的赔偿办法》第 4 条。

◎ **法律责任或后果**

易导致劳动者在未获得批准、未办理移交等手续的情况下擅自离职造成损害。

◎ **法律建议**

通常应在规章制度中规定离职审批程序。提出辞职应当由劳动者提交书面辞职申请。经离职谈话后确认无法挽留的，报管理部门签字同意，由劳动者与用人单位办理交接手续，用人单位开具解除合同证明。所有审批手续应在劳动者提出辞职后 30 日内办理完毕。口头辞职，或者在未获得批准、未办理移交手续等情况下擅自离职的，应当承担损害赔偿责任。

十五、用人单位以所谓"买断工龄"的方法提前解除劳动合同并终止劳动者的社会保险关系

◎ **法律法规**

原劳动和社会保障部《关于贯彻两个条例，扩大社会保险覆盖范围，加强基金征缴工作的通知》(1999.3.20)第 2 条。

◎ **法律责任或后果**

劳动者可以要求恢复劳动关系，继续履行劳动合同。不要求继续履行劳动合同或者劳动合同已经不能继续履行的，用人单位应当依照规定支付双倍赔偿金。

◎ **法律建议**

国有企业下岗职工进入再就业服务中心期间，由再就业服务中心按规定负责缴纳原来应由企业和个人负担的社会保险费。下岗职工不论以何种形式实现再就业，都要按规定继续参加社会保险，原来的缴费年限和视同缴费年限连续计算。任何单位都不能以"买断工龄"等形式终止下岗职工的社会保险关系。

十六、用人单位实施"末位淘汰""竞争上岗"，以严重违反规章制度或者不胜任工作为由与劳动者解除合同

◎ **法律法规**

《劳动合同法》(2012 年修正)第 48、87 条。

《最高人民法院第八次全国法院民事商事审判工作会议（民事部分）纪要》(2016.11.30)第29条。

◎ **法律责任或后果**

劳动者可以要求恢复劳动关系，继续履行劳动合同。不要求继续履行劳动合同或者劳动合同已经不能继续履行的，用人单位应当依照规定支付双倍赔偿金。

◎ **法律建议**

"末位淘汰""竞争上岗"并不代表被"淘汰"的员工严重违反规章制度或者不胜任工作，必须有其他证据证实，否则解除劳动合同无法律依据。故用人单位在劳动合同期限内通过"末位淘汰"或"竞争上岗"等形式单方解除劳动合同的，属于违法解除。

十七、用人单位未及时足额支付劳动报酬，存在解约赔偿风险

◎ **法律法规**

《劳动合同法》(2012年修正)第3、38、46条。

上海市高级人民法院《关于适用〈劳动合同法〉若干问题的意见》(2009.3.3)第9条。

◎ **法律责任或后果**

劳动者可以通知用人单位解除劳动合同，并要求支付经济补偿金。

◎ **法律建议**

由于《劳动合同法》第38条并没有对"未及时足额支付劳动报酬"作出金额、时间上的任何限制，理论上讲，拖欠一元钱、一天时间，劳动者都可以解除劳动合同。这显然违背了诚实信用原则，不当增加了用人单位的经营风险和成本。上海口径认为，应当对此种情况劳动者有权解除合同、主张经济补偿金的权利加以适当限制。用人单位应依法向劳动者支付劳动报酬，这是用人单位的基本义务。但是，劳动报酬的计算标准，在实际操作中往往比较复杂。如果用人单位存在有悖合法、合理、公平、诚信的情况，从而拖延支付或拒绝支付劳动报酬的，才属于《劳动合同法》第38条所要规制、惩戒的对象。因此，用人单位因主观恶意而未及时、足额支付劳动报酬的，可以作

为劳动者解除合同的理由。但对确因客观原因导致计算标准不清楚、有争议,使得用人单位未能及时、足额支付劳动报酬的,不能作为劳动者解除合同的依据。

十八、用人单位未按照法定或者约定向劳动者提供劳动保护或者劳动条件,存在解约赔偿风险

◎ **法律法规**

《劳动合同法》(2012年修正)第3、38、46条。

上海市高级人民法院《关于适用〈劳动合同法〉若干问题的意见》(2009.3.3)第9条。

◎ **法律责任或后果**

劳动者可以通知用人单位解除劳动合同,并要求支付经济补偿金。

◎ **法律建议**

上海口径认为,此种情况劳动者是否有权解除劳动合同,同样应当遵循合法、合理、公平、诚信的原则。如用人单位违背上述原则,对不按照劳动合同约定提供劳动保护或者劳动条件存有主观恶意的,方可以作为劳动者解除合同的理由。而对由于客观原因导致劳动保护设施损坏、劳动条件缺失,尚未提供或修复的,则不能作为劳动者解除合同的依据。

十九、用人单位未依法为劳动者缴纳社会保险,存在解约赔偿风险

◎ **法律法规**

《劳动合同法》(2012年修正)第3、38、46条。

上海市高级人民法院《关于适用〈劳动合同法〉若干问题的意见》(2009.3.3)第9条。

◎ **法律责任或后果**

劳动者可以通知用人单位解除劳动合同,并要求支付经济补偿金。

◎ **法律建议**

上海口径认为,此种情况劳动者是否有权解除劳动合同,同样应当遵循合法、合理、公平、诚信的原则。用人单位应按时缴纳社会保险金。但劳动者

可以解除劳动合同的情形，仅限于用人单位因主观恶意、有悖诚信而未及时缴纳时方才适用，对于客观情况造成、计算方式有争议等情况，不在其中。

二十、用人单位规章制度违反法律法规导致损害劳动者权益，存在解约赔偿风险

◎ **法律法规**

《劳动合同法》(2012年修正)第3、38、46条。

上海市高级人民法院《关于适用〈劳动合同法〉若干问题的意见》(2009.3.3)第9条。

◎ **法律责任或后果**

劳动者可以通知用人单位解除劳动合同，并要求支付经济补偿金。

◎ **法律建议**

上海口径认为，此种情况劳动者是否有权解除劳动合同，同样应当遵循合法、合理、公平、诚信的原则。劳动者可以解除劳动合同的情形，仅限于用人单位因主观恶意、有悖诚信而导致制定的规章制度明显违反法律、法规规定，损害劳动者权益的情形方才适用，对于客观情况造成，是否违法、是否造成损害有争议等情况，不在其中。

二十一、用人单位依据其规章制度对有恋爱、婚姻关系的劳动者强迫或变相强迫解除一方或双方的劳动合同

◎ **法律法规**

《劳动合同法》(2012年修正)第35、36、48、87条。

◎ **法律责任或后果**

劳动者可以要求恢复劳动关系，继续履行劳动合同。不要求继续履行劳动合同或者劳动合同已经不能继续履行的，用人单位应当依照规定支付双倍赔偿金。

◎ **法律建议**

为保护劳动者的人身和婚姻自由，不可直接在规章制度中强迫或者变相

强迫存在恋爱、婚姻关系的劳动者解除一方或双方的劳动合同。但为协调避免发生利益冲突、道德风险,可考虑与劳动者协商一致后调整岗位或解除劳动合同。

二十二、用人单位有欺诈、胁迫、排除劳动者权利、违反强制性规定的行为导致劳动合同无效,存在解约赔偿风险

◎ **法律法规**

《劳动合同法》(2012年修正)第3、26、38、46条。

上海市高级人民法院《关于适用〈劳动合同法〉若干问题的意见》(2009.3.3)第9条。

◎ **法律责任或后果**

劳动者可以通知用人单位解除劳动合同,并要求支付经济补偿金。

◎ **法律建议**

(1)上海口径认为,此种情况劳动者是否有权解除劳动合同,同样应当遵循合法、合理、公平、诚信的原则。劳动者可以解除劳动合同的情形,仅限于用人单位因主观恶意、有悖诚信的十分明显的欺诈、胁迫、排除劳动者权利、违反强制性规定的行为导致劳动合同无效的情形方才适用,对于主观恶意、有悖诚信并不明显,不确定是否导致劳动合同无效的情况,不在其中。

(2)《违反〈劳动法〉有关劳动合同规定的赔偿办法》第2条第2项关于因用人单位的原因订立无效劳动合同应承担25%赔偿金的规定,因与《劳动合同法》相冲突,不再执行。

二十三、未明确"严重违反用人单位规章制度"的内容

◎ **法律法规**

《劳动合同法》(2012年修正)第4、39条。

◎ **法律责任或后果**

因未明确何为"严重违反用人单位规章制度",导致无法解除劳动合同,或者违法解除。

◎ **法律建议**

劳动者严重违反用人单位的规章制度，是用人单位单方面解除劳动合同的最主要形式。但是，考虑到用人单位规模、行业以及具体经营情况的千差万别，《劳动合同法》没有对何为"严重违反用人单位的规章制度"进行明确规定，而是将此权力交给用人单位，由其自行制定规章制度予以明确。用人单位没有对此进行明确的，则无法直接适用该条规定解除劳动合同。

二十四、用人单位在存在违法降低工资、违法变更工作岗位或工作地点、规章制度违法等在先过错的情况下，以劳动者拒绝工作调动、严重违纪等理由单方解除其劳动合同

◎ **法律法规**

《劳动合同法》(2012年修正)第48、87条。

◎ **法律责任或后果**

劳动者可以要求恢复劳动关系，继续履行劳动合同。不要求继续履行劳动合同或者劳动合同已经不能继续履行的，用人单位应当依照规定支付双倍赔偿金。

◎ **法律建议**

用人单位对劳动者享有行政管理权和用人权，有权利对劳动者进行管理，也有权利制定规章制度并要求劳动者遵守。但用人单位在享有上述权利的同时，应当承担依法管理的义务，努力提高本单位管理水平，做到行政管理行为依法作出、规章制度合法有效。如果用人单位的管理行为违法，存在违法降低工资、违法变更工作岗位或工作地点、规章制度违法等在先过错的情况下，依然坚持要求劳动者服从、接受其错误、违法的管理行为，显然不符合权利义务对等的原则。即使劳动者此后也有过错的，用人单位仍应承担恢复劳动关系、工作岗位、工资水平，或者承担双倍赔偿金等法律责任。

二十五、将劳动者偶然的轻微违纪违规、通过批评教育可以改正的行为列入"严重违反用人单位规章制度"而解除劳动合同

◎ **法律法规**

《劳动合同法》(2012年修正)第4、48、80、87条。

◎ **法律责任或后果**

(1) 由劳动行政部门责令改正,给予警告;给劳动者造成损害的,应当承担赔偿责任。

(2) 劳动者可以要求恢复劳动关系,继续履行劳动合同。不要求继续履行劳动合同或者劳动合同已经不能继续履行的,用人单位应当依照规定支付双倍赔偿金。

◎ **法律建议**

"严重违反用人单位规章制度"的内容虽然没有明确的法律规定,由用人单位自行制定、明确,但就其内容而言,应当对用人单位的行政管理秩序、经济效益或者其他方面有严重的负面影响和损害。一般可以包含以下情况:劳动者多次迟到、早退、旷工,消极怠工,玩忽职守,影响用人单位声誉,打架斗殴,多次违纪,屡教不改,故意违纪,造成较大经济损失,其他严重错误等。偶然的轻微违纪违规、通过批评教育可以改正的行为,虽然用人单位可以认为这些行为也可能对本单位造成严重的负面影响和损害,但应当说明这种规定的合理性。不能合理说明的,则从通常角度看,这些规章制度违反了法律、法规的规定,应当予以修改。

二十六、未明确"严重失职""营私舞弊""对用人单位利益造成重大损害"的内容

◎ **法律法规**

《劳动合同法》(2012年修正)第4、39、48、87条。

◎ **法律责任或后果**

因规章制度未明确何为"严重失职""营私舞弊""对用人单位利益造成重大损害",导致无法解除劳动合同,或者违法解除。

◎ **法律建议**

严重失职、营私舞弊、给用人单位造成重大损害,也是用人单位单方解除劳动合同的主要原因。同样,《劳动合同法》也没有对何为"严重失职""营私舞弊""给用人单位造成重大损害"进行明确规定,由用人单位自行制定规章制度予以明确。用人单位没有对此进行明确的,则无法直接适用该条规定解除劳动合同。

二十七、用人单位单方解除劳动合同,未合法收集相应证据

◎ **法律法规**

《劳动合同法》(2012年修正)第39、40、41、48、87条。

《最高人民法院关于民事诉讼证据的若干规定》(2008年修订)第6条。

《最高人民法院关于审理劳动争议案件适用法律若干问题的解释(一)》(2008年修订)第13条。

◎ **法律责任或后果**

劳动者可以要求恢复劳动关系,继续履行劳动合同。不要求继续履行劳动合同或者劳动合同已经不能继续履行的,用人单位应当依照规定支付双倍赔偿金。

◎ **法律建议**

(1) 根据规定,因用人单位作出开除、除名、辞退、解除劳动合同、减少劳动报酬、计算劳动者工作年限等决定而发生劳动争议的,由用人单位负举证责任。

(2) 因用人单位单方解除劳动合同将对劳动者的切身利益造成重要影响,处理不当也可能对用人单位的生产经营秩序造成冲击、带来较大经济损失,故用人单位在拟单方解除劳动合同之前,应先行与劳动者谈话,收集必要的、完整的证据,查清相关事实,并协同律师共同商议解除劳动合同的合法性问题和处理方案。

(3) 收集证据要注意取证手段合法,如谈话笔录应当由劳动者本人阅看并签字,向其他劳动者、客户等知情人了解情况时应当全面、客观、公正,收集物证和书证时应当收集原件,不能采取欺骗、胁迫甚至暴力、拘禁等非法手段获取证据等。也要注意取证程序合法,如谈话、调查应当有两名工作人员同

时在场,应当及时听取劳动者本人的辩解并给予其向本单位内上一级管理部门申诉、要求复查的权利,以及及时作出处理结论、不得拖延等。

二十八、在未通知、未联系劳动者谈话、给予申辩权利、查清事实的情况下,擅自认定劳动者因严重违反用人单位规章制度、严重失职、营私舞弊、给用人单位造成重大损害等情况而解除劳动合同

◎ **法律法规**

《劳动合同法》(2012年修正)第4、39、48、87条。

◎ **法律责任或后果**

导致违法解除劳动合同。劳动者可以要求恢复劳动关系,继续履行劳动合同。不要求继续履行劳动合同或者劳动合同已经不能继续履行的,用人单位应当依照规定支付双倍赔偿金。

◎ **法律建议**

用人单位应在拟单方解除劳动合同之前,及时通知劳动者前来谈话,确认事实、了解原因、听取劳动者的申辩理由,同时结合向其他劳动者、客户等知情人全面了解事实情况,收集相关物证和书证,确保处罚程序公正公平,不损害劳动者合法劳动权益前提下,方可进行解约。切忌先入为主、偏听偏信,造成认定违纪违法事实与真实情况有很大出入,对劳动者错误处罚、错误解约。

二十九、未在一个工资支付周期内认定劳动者因迟到、早退、旷工、严重违反用人单位规章制度等情况而执行书面警告、通报批评、解除劳动合同等劳动纪律

◎ **法律法规**

《劳动合同法》(2012年修正)第4、39、48、87条。

◎ **法律责任或后果**

导致违法处罚、违法解除劳动合同。劳动者可以要求解除违法处罚,恢复劳动关系,继续履行劳动合同。不要求继续履行劳动合同或者劳动合同已

经不能继续履行的,用人单位应当依照规定支付双倍赔偿金。

◎ **法律建议**

用人单位作为用工管理方,理应及时对劳动者违反其规章制度、法律法规的行为作出处理。用人单位行政管理、执行劳动纪律的措施具有很强的针对性,因而能迅速纠正违纪违法行为,降低该行为的危害性。如果用人单位长期放任违纪违法行为存在而不采取行政管理措施、执行劳动纪律,只能是认为用人单位放弃了其对行政管理的权力和规章制度执行有效性的要求。因此,如果不及时对劳动者的违纪违法行为作出认定、执行劳动纪律,将对用人单位行政管理权力的有效性、规章制度的合法性造成严重损害。从时间上讲,处理时间限定在一个工资支付周期内应当是比较合理的,但并不排除重大、疑难情况可以适当延期处理等例外情况。

三十、无充分证据证实劳动者与其他用人单位建立劳动关系,严重影响本职工作而擅自解除劳动合同

◎ **法律法规**

《劳动合同法》(2012年修正)第39、48、87条。

原劳动和社会保障部《关于确立劳动关系有关事项的通知》(2005.5.25)第1、2、3条。

◎ **法律责任或后果**

劳动者可以要求恢复劳动关系,继续履行劳动合同。不要求继续履行劳动合同或者劳动合同已经不能继续履行的,用人单位应当依照规定支付双倍赔偿金。

◎ **法律建议**

劳动者与其他单位建立劳动关系,主要可以通过收集其劳动合同,工资支付凭证或记录(职工工资发放花名册)、缴纳各项社会保险费的记录,其他劳动者的证言等证据证实。"严重影响本职工作"也是一个模糊概念,如规章制度中没有明确的,主要可以通过劳动者工作表现的证据来证实,诸如迟到、早退、无故旷工、上班长时间接打与本单位无关的业务电话、绩效考核成绩大幅下滑、泄露商业秘密、造成用人单位经济损失等。

三十一、无充分证据证实在劳动者病休期间擅自从事第二职业获取收入而擅自解除劳动合同

◎ **法律法规**

《劳动合同法》(2012年修正)第48、87条。

原劳动部《关于加强企业伤病长休职工管理工作的通知》第4条。

◎ **法律责任或后果**

劳动者可以要求恢复劳动关系,继续履行劳动合同。不要求继续履行劳动合同或者劳动合同已经不能继续履行的,用人单位应当依照规定支付双倍赔偿金。

◎ **法律建议**

(1) 伤病休假职工不得从事有收入的活动。机关、事业单位、社会团体和企业不得聘用伤病休假职工。对利用伤病假从事有收入活动的职工,要停止其伤病保险待遇,不予报销医疗费,并限期返回单位复工。经批评教育不改的,可按相关规章制度规定解除其劳动合同。

(2) 用人单位应当在规章制度中规定此种情形用人单位有权利解除劳动合同,并收集相关证据证实,诸如银行转账记录、现金签收单、劳务确认书、劳动者自身言论或者朋友圈、微博等网络信息等。

三十二、劳动者采用欺诈、胁迫、乘人之危等手段订立或者变更劳动合同

◎ **法律法规**

《劳动合同法》(2012年修正)第26、39、86条。

◎ **法律责任或后果**

劳动合同因劳动者的上述行为被确认无效,用人单位可以通知其解除。给用人单位造成损害的,劳动者应当承担赔偿责任。

◎ **法律建议**

(1) 用人单位在与劳动者签订、变更劳动合同时,应要求劳动者如实陈述情况、提供个人资料,作适当调查,对其与劳动合同直接相关的基本情况进

行调查核实。无法查实的,要求其出具能够证实其基本情况的承诺书,以免被欺诈。

(2) 用人单位应加强行政管理措施,完善各项规章制度,加强对劳动者的思想政治教育,提高管理人员修养和业务水平,提升企业文化,和谐劳动关系,防止劳动者采用欺诈、胁迫、乘人之危等不法手段签订、变更劳动合同,获取不正当利益。

三十三、未明确劳动者在合同期内被依法处以行政拘留、被采取刑事强制措施导致长期无法联系、无法履行劳动合同时,能否解除劳动合同

◎ **法律法规**

《关于贯彻执行〈劳动法〉若干问题的意见》第 28 条。

上海市人力资源和社会保障局《上海市企业工资支付办法》(2016 年修订)第 18 条。

《上海市劳动合同条例》第 26 条。

《劳动合同法》(2012 年修正)第 4、39 条。

◎ **法律责任或后果**

劳动者因被限制人身自由,长期无法履行劳动合同,劳动合同权利义务处于不确定状态。

◎ **法律建议**

(1) 因无法与劳动者联系了解情况并听取申辩,且被行政拘留、采取刑事强制措施不代表会被判处刑罚,故难以认定为"严重违反用人单位规章制度",不宜在规章制度中规定此情况可解除劳动合同,但可以规定可先行中止履行劳动合同,期间用人单位可不承担劳动合同规定的相应义务、支付工资和社保。如在试用期内的,可援引规章制度中试用期内缺勤达到一定时间即可作为"不符合录用条件"的规定,解除其劳动合同。

(2) 应当首先查明劳动者是否被拘留、羁押;如可以认定是旷工、违法离职的,则可以解除劳动合同。

三十四、劳动者因被判处刑罚导致被用人单位解除劳动合同,后被改判无罪并要求恢复劳动关系、补发期间工资

◎ **法律法规**

《劳动合同法》(2012年修正)第39条。

《国家赔偿法》(2012年修正)第3条。

《关于〈劳动法〉若干条文的说明》第25条。

原劳动部办公厅《关于企业职工被错判宣告无罪释放后,是否应恢复与企业的劳动关系等有关问题的复函》(1997.4.29)。

◎ **法律责任或后果**

劳动者要求恢复劳动关系、补发合同解除期间工资。

◎ **法律建议**

(1) 劳动者被依法追究刑事责任的,用人单位可以解除劳动合同。追究刑事责任包含劳动者被单处或者并处:管制、拘役、有期徒刑、无期徒刑、死刑;罚金、剥夺政治权利、没收财产;缓刑;免予刑事处分等刑罚措施。

(2) 劳动者于《国家赔偿法》1995年1月1日生效之前被判有罪,用人单位解除其劳动合同,后被改判无罪的,用人单位应恢复其劳动关系,恢复其原工资待遇,并补发在押期间的工资。《国家赔偿法》生效之后发生上述情况的,用人单位只应恢复其劳动关系和工资待遇;在押期间工资补发问题,由劳动者根据《国家赔偿法》规定通过国家赔偿程序解决。

三十五、未明确劳动者因卖淫、嫖娼等违法活动被收容教育的能否解除劳动合同

◎ **法律法规**

原劳动部办公厅《对关于职工被公安机关"收容教育"企业能否与之解除劳动合同的请示的复函》(1996.9.27)。

《关于贯彻执行〈劳动法〉若干问题的意见》第28条。

上海市人力资源和社会保障局《上海市企业工资支付办法》(2016年修订)第18条。

《上海市劳动合同条例》第26条。

◎ **法律责任或后果**

劳动者因被限制人身自由,长期无法履行劳动合同,劳动合同权利义务处于不确定状态。

◎ **法律建议**

(1) 收容教育,是指对卖淫、嫖娼人员集中进行法律教育和道德教育、组织参加生产劳动以及进行性病检查、治疗的行政强制教育措施,期限为6个月至2年。收容教育为限制人身自由的强制措施,与劳动教养类似。由于劳动教养制度已经于2013年被正式废止,因此收容教育制度的合法性、存废也引起了争议。但该制度目前并未被正式废止。

(2) 用人单位可以根据《劳动法》第25条第2款、《劳动合同法》第39条第2项的规定,以劳动者严重违反用人单位规章制度为由与其解除劳动合同。故如适用该条解除劳动合同的,在规章制度中应当有明确的规定;如果没有明确规定的,也可以考虑对劳动合同中止履行。

三十六、未明确女职工因未婚先育、违法生育属于"严重违反规章制度"而可以解除劳动合同的情形

◎ **法律法规**

《劳动合同法》(2012年修正)第4、39、42条。

《上海市人口与计划生育条例》(2016年修正)第41条。

◎ **法律责任或后果**

女职工因休产假而长期无法履行劳动合同。

◎ **法律建议**

(1) 根据上海规定,对违反规定生育子女的女职工,所在单位可以给予纪律处分。如女职工在孕期、产期、哺乳期严重违反用人单位规章制度的,用人单位依然可以解除劳动合同。因此,用人单位可以在规章制度中规定,女职工未婚先育、违法生育的,属于严重违反用人单位规章制度的情形,可以解除劳动合同。

(2) 对于未婚先孕可否在规章制度中规定为严重违纪的问题,考虑到未

婚先孕存在通过补办结婚登记手续而转变为合法生育的可能性，也存在因流产而最终未生育子女的可能性，故不宜规定可直接认定为严重违纪。建议其休产假期间，先按事假或者病假处理。如此后未补办结婚登记，仍然发生未婚生育子女情形的，再认定为严重违纪而解除其劳动合同。

三十七、劳动者在劳动合同期内（包括在试用期内）患病或非因工负伤，尚处于法定医疗期的，用人单位单方解除劳动合同

◎ **法律法规**

《劳动合同法》（2012年修正）第40、48、87条。

《企业职工患病或非因工负伤医疗期规定》第2、3、4条。

《上海市劳动合同条例》第44条。

◎ **法律责任或后果**

劳动者可以要求恢复劳动关系，继续履行劳动合同。不要求继续履行劳动合同或者劳动合同已经不能继续履行的，用人单位应当依照规定支付双倍赔偿金、医疗补助费。

◎ **法律建议**

（1）劳动者患病或非因工负伤，在法定的医疗期内，用人单位应当允许职工请病假，不得解除劳动合同。

（2）用人单位应及时要求劳动者履行请假手续，提供相应证明。

（3）因医疗期内劳动者可能存在一段时间之内多段不同病休时间，故用人单位应当对所有病假劳动者的医疗期进行集中统一管理，做好病假手续审核和考勤工作，及时确认医疗期内劳动者病假缺勤的情况。

三十八、用人单位在劳动者非因工致残或经医疗机构认定患有难以治疗的疾病，医疗期内医疗终结，不能从事原工作时，未经调岗或者未经劳动能力鉴定委员会鉴定，便擅自解除劳动合同

◎ **法律法规**

《劳动合同法》（2012年修正）第40、48、87条。

《企业职工患病或非因工负伤医疗期规定》第 3、4、6 条。

《上海市劳动合同条例》第 44 条。

◎ **法律责任或后果**

劳动者可以要求恢复劳动关系，继续履行劳动合同。不要求继续履行劳动合同或者劳动合同已经不能继续履行的，用人单位应当依照规定支付双倍赔偿金、医疗补助费。

◎ **法律建议**

用人单位应当首先为劳动者安排调岗。调岗后劳动者仍然不能从事新的岗位工作，应当报劳动能力鉴定委员会参照工伤与职业病致残程度鉴定标准进行劳动能力的鉴定。被鉴定为一至四级的，应当退出劳动岗位，终止劳动关系，办理退休、退职①手续，享受相应待遇。被鉴定为五至十级的，医疗期内不得解除劳动合同。

三十九、用人单位在劳动者患病或非因工负伤，医疗期满后，未经调岗便解除劳动合同

◎ **法律法规**

《劳动合同法》（2012 年修正）第 40、48、87 条。

《企业职工患病或非因工负伤医疗期规定》第 3、4 条。

《上海市劳动合同条例》第 44 条。

◎ **法律责任或后果**

劳动者可以要求恢复劳动关系，继续履行劳动合同。不要求继续履行劳动合同或者劳动合同已经不能继续履行的，用人单位应当依照规定支付双倍赔偿金、医疗补助费。

◎ **法律建议**

劳动者患病或者非因工负伤，在规定的医疗期满后不能从事原工作的，

---

① 根据原上海市社会保障局《关于审核上海市企业职工办理退休退职手续若干问题的规定》（1996 年颁布）：因病或非因工致残，经区、县劳动能力鉴定委员会确认为完全丧失劳动能力的职工，连续病假一年以上，男年满 50 周岁，女年满 45 周岁，工作年限符合规定条件的，经市社会保险管理局批准后，可提前办理退休手续，未满上述年龄的可办理退职手续。

应当由用人单位安排调岗。调岗后依然不能正常工作的,用人单位才可以解除劳动合同。

四十、用人单位在劳动者非因工致残或经医疗机构认定患有难以治疗的疾病,医疗期满,不能从事原工作时,未经调岗或者未经劳动能力鉴定委员会鉴定,便擅自解除劳动合同

◎ 法律法规

《劳动合同法》(2012年修正)第40、48、87条。

《关于贯彻执行〈劳动法〉若干问题的意见》第35条。

《企业职工患病或非因工负伤医疗期规定》第3、4、7条。

《上海市劳动合同条例》第44条。

◎ 法律责任或后果

劳动者可以要求恢复劳动关系,继续履行劳动合同。不要求继续履行劳动合同或者劳动合同已经不能继续履行的,用人单位应当依照规定支付双倍赔偿金、医疗补助费。

◎ 法律建议

用人单位应当首先为劳动者安排调岗。调岗后劳动者仍然不能从事新的岗位工作,应当报劳动能力鉴定委员会参照工伤与职业病致残程度鉴定标准进行劳动能力的鉴定。被鉴定为伤残一至四级的,应当退出劳动岗位,解除劳动关系,办理因病或非因工负伤退休退职手续,享受相应的退休退职待遇。被鉴定为伤残五至十级的,用人单位可以解除劳动合同,并按规定支付经济补偿金、代通知金和医疗补助费。

四十一、由于因病或非因工负伤、不胜任工作、客观原因不能履行合同等原因解约,用人单位未按规定提前30日通知解除劳动合同

◎ 法律法规

《劳动合同法》(2012年修正)第40、48、87条。

上海市高级人民法院《关于适用〈劳动合同法〉若干问题的意见》(2009. 3.3)第8条。

◎ **法律责任或后果**

劳动者可以要求恢复劳动关系,继续履行劳动合同。不要求继续履行劳动合同或者劳动合同已经不能继续履行的,要求用人单位依照规定支付双倍赔偿金。

◎ **法律建议**

根据上海口径,如果劳动合同依法已经具备解除或终止的条件,只是用人单位在办理解除或终止的程序上存在瑕疵的,不属于《劳动合同法》第48条规定的用人单位需要承担双倍赔偿金的情形。用人单位在已经具备解除条件的情况下,只是存在未提前30天通知劳动者等程序瑕疵的,用人单位应当通过支付相应的"代通金"等方式加以补正,无需支付双倍赔偿金。

四十二、用人单位因劳动者因病或非因工负伤而依法解除劳动合同时,除经济补偿金和代通金之外,未按规定支付或足额支付医疗补助费

◎ **法律法规**

《劳动合同法》(2012年修正)第40、85条。

《关于贯彻执行〈劳动法〉若干问题的意见》第35条。

《上海市劳动合同条例》第44条。

◎ **法律责任或后果**

劳动者可以要求补发医疗补助费。逾期不支付的,按应付金额50%—100%的标准向劳动者加付赔偿金。

◎ **法律建议**

用人单位在解除劳动合同、支付经济补偿金和代通金的同时,应发给不低于劳动者6个月工资的医疗补助费。

四十三、未明确"不能胜任工作"的内容

◎ **法律法规**

《劳动合同法》(2012年修正)第4、40、48、87条。

《关于〈劳动法〉若干条文的说明》第26条。

◎ **法律责任或后果**

导致难以认定不胜任工作行为和单方通知解除劳动合同;或者导致违法解除劳动合同。

◎ **法律建议**

"不能胜任工作"是指不能按要求完成劳动合同中约定的任务或者同工种、同岗位人员的工作量。具体指标和标准,可在用人单位依法制定的目标管理考核等规章制度中规定。具体指标和标准,应当具有客观性,且在正常工作时间内、付出合理劳动的情况下大多数劳动者均能够按时完成。

四十四、仅以劳动者懈怠、工作态度不积极甚至"对领导态度差"等主观因素为由便擅自以"不胜任工作"为由解除劳动合同

◎ **法律法规**

《劳动合同法》(2012年修正)第40、48、87条。

◎ **法律责任或后果**

劳动者可以要求恢复劳动关系,继续履行劳动合同。不要求继续履行劳动合同或者劳动合同已经不能继续履行的,要求用人单位依照规定支付双倍赔偿金。

◎ **法律建议**

劳动者主观上的态度、认识、觉悟的问题,可以通过思想政治工作和批评教育来改善,并不构成"不胜任工作"。故在劳动者完成了工作任务和指标、无其他违纪的情况下,不能因其态度、认识、觉悟等主观因素而认定其"不胜任工作"。

四十五、用人单位擅自提高劳动定额标准后认定劳动者"不能胜任工作"并解除劳动合同

◎ **法律法规**

《劳动合同法》(2012年修正)第31、40、48、80、87条。

《关于〈劳动法〉若干条文的说明》第26条。

◎ **法律责任或后果**

(1) 用人单位直接涉及劳动者切身利益的规章制度违反法律、法规规定的,由劳动行政部门责令改正,给予警告;给劳动者造成损害的,应当承担赔偿责任。

(2) 劳动者可以要求恢复劳动关系,继续履行劳动合同。不要求继续履行劳动合同或者劳动合同已经不能继续履行的,要求用人单位依照规定支付双倍赔偿金。

◎ **法律建议**

用人单位应当严格执行劳动定额标准,不得故意提高,不得强迫或者变相强迫劳动者加班。故劳动定额的制定、变更应以大多数劳动者在正常工作时间内能够完成的数量或质量情况,通过依法行使民主程序并予以合理确定后,在劳动合同、岗位职责说明书、规章制度中加以明确。

四十六、缺乏依法制定的具体的劳动定额、考核指标,仅凭领导打分、同事之间相互打分便确认劳动者"不胜任工作"

◎ **法律法规**

《劳动合同法》(2012年修正)第4、40、48、87条。

◎ **法律责任或后果**

劳动者可以要求恢复劳动关系,继续履行劳动合同。不要求继续履行劳动合同或者劳动合同已经不能继续履行的,要求用人单位依照规定支付双倍赔偿金。

◎ **法律建议**

认定"不胜任工作"的劳动定额、考核指标的具体内容应当具备明确、量

化、可操作的适用条件和结果。领导对劳动者打分、同事之间相互打分的方法,可以作为认定"不胜任工作"的参考依据,但不能取代劳动定额、考核指标的量化指标和条件。

四十七、未经过"考核-培训或调岗-考核"程序便擅自以"不胜任工作"为由解除劳动合同

◎ **法律法规**

《劳动合同法》(2012年修正)第40、48、87条。

◎ **法律责任或后果**

劳动者可以要求恢复劳动关系,继续履行劳动合同。不要求继续履行劳动合同或者劳动合同已经不能继续履行的,要求用人单位依照规定支付双倍赔偿金。

◎ **法律建议**

以劳动者不胜任工作为由解除劳动合同原则上必须以目标管理考核的结果为依据,并严格履行"考核-培训或调岗-考核"的程序。从实际操作便利考虑,培训或者调岗二者择一即可;因进行培训显然要比调岗方便得多,因此是推荐使用的方法。培训时,应当做好培训记录,并由劳动者签字确认。

四十八、未明确"劳动合同订立时所依据的客观情况发生重大变化"的内容

◎ **法律法规**

《劳动合同法》(2012年修正)第40、48、87条。

◎ **法律责任或后果**

导致难以认定劳动合同订立时所依据的客观情况发生重大变化和单方通知解除劳动合同;或者导致违法解除劳动合同。

◎ **法律建议**

"劳动合同订立时所依据的客观情况发生重大变化"一般指用人单位遭遇不可抗力、企业迁移、被兼并、资产被转移、国家法律政策重大变化、岗位或

部门撤销、业务量锐减、经营方向调整、国内国际经济形势重大变化、财务危机、人力资源富余、经营期限到期、营业执照被吊销、歇业、注销等对其经营管理造成重大影响,无法根据劳动合同约定内容继续履行的客观情形。

四十九、以解除劳动合同时上一个月劳动者的工资标准支付代通知金

◎ **法律法规**

《劳动合同法》(2012年修正)第40条。

《劳动合同法实施条例》第20条。

上海市高级人民法院《关于适用〈劳动合同法〉若干问题的意见》(2009.3.3)第5条。

◎ **法律责任或后果**

劳动者要求支付其与解除劳动合同之前12个月的平均工资标准的差额。

◎ **法律建议**

一般情况下应按解除劳动合同之时,劳动者上个月的工资标准确定。根据上海口径,如其上月工资不能反映正常工资水平的,也可按解除劳动合同之前劳动者12个月的平均工资确定。

五十、不符合法律规定的"破产重整""生产经营发生严重困难""转产与技术革新""其他"条件,进行经济性裁员

◎ **法律法规**

《劳动合同法》(2012年修正)第41、48、87条。

◎ **法律责任或后果**

劳动者可以要求恢复劳动关系,继续履行劳动合同。不要求继续履行劳动合同或者劳动合同已经不能继续履行的,要求用人单位依照规定支付双倍赔偿金。

◎ **法律建议**

《劳动合同法》第41条规定的"经济性裁员"与第40条第3项规定的"因劳动合同订立时所依据的客观情况发生重大变化,无法协商一致变更而解除

劳动合同"的情形有类似之处，只是由于其影响劳动者的人数更多、范围更广，故法律规定的程序也更加严格、复杂。用人单位必须提供其符合"破产重整""生产经营发生严重困难""转产与技术革新""其他"等经济性裁员规定条件的证据，并履行相关程序。否则，即属于违法解除。

五十一、未提前30日向工会或者全体职工说明经济性裁员的具体情况、提供相关生产经营资料，并提出裁员方案

◎ **法律法规**

《劳动合同法》(2012年修正)第41、48、87条。

《企业经济性裁减人员规定》第4条。

◎ **法律责任或后果**

劳动者可以要求恢复劳动关系，继续履行劳动合同。不要求继续履行劳动合同或者劳动合同已经不能继续履行的，要求用人单位依照规定支付双倍赔偿金。

◎ **法律建议**

用人单位需要裁减人员20人以上或者裁减不足20人但占企业职工总数10%以上的，其应当提前30日向工会或者全体职工提出明确具体的裁员方案。其内容应包括(但不限于)：用人单位经营状况、生产经营资料，经济性裁员的理由，被裁减人员名单，裁减时间及实施步骤，符合法律、法规规定和集体合同约定的被裁减人员经济补偿办法等。

五十二、在向工会或者全体劳动者说明经济性裁员具体情况后，未按规定听取工会或劳动者意见，并对方案进行修改和完善

◎ **法律法规**

《劳动合同法》(2012年修正)第41、48、87条。

《企业经济性裁减人员规定》第4条。

◎ **法律责任或后果**

劳动者可以要求恢复劳动关系，继续履行劳动合同。不要求继续履行劳

动合同或者劳动合同已经不能继续履行的,要求用人单位依照规定支付双倍赔偿金。

◎ **法律建议**

用人单位在向工会或者全体劳动者提出明确具体的裁员方案后,应就该方案征求工会或者全体劳动者的意见,并对方案进行修改和完善。

五十三、自用人单位向工会或全体劳动者说明情况至向劳动行政部门递送材料的期间未满 30 日

◎ **法律法规**

《劳动合同法》(2012 年修正)第 41、48、87 条。

《企业经济性裁减人员规定》第 4 条。

上海市人力资源和社会保障局《关于用人单位依法实施裁减人员报告的通知》(2009.1.8)第 3 条。

◎ **法律责任或后果**

劳动行政部门不予接受用人单位递送的经济性裁员报告材料。裁员方案与法律法规抵触的,限期纠正。

◎ **法律建议**

用人单位向工会或全体劳动者说明情况至报告送达劳动行政部门的期间,应不少于 30 日。

五十四、未听取、实施劳动行政部门对经济性裁员提出的整改意见即实施经济性裁员

◎ **法律法规**

《劳动合同法》(2012 年修正)第 41、48、87 条。

《企业经济性裁减人员规定》第 4 条。

◎ **法律责任或后果**

劳动者可以要求恢复劳动关系,继续履行劳动合同。不要求继续履行劳动合同或者劳动合同已经不能继续履行的,要求用人单位依照规定支付双倍

赔偿金。

◎ **法律建议**

对于劳动行政部门对经济性裁员方案提出的整改意见,用人单位应当及时听取、实施。

五十五、经济性裁员时未留用《劳动合同法》规定应优先留用的劳动者

◎ **法律法规**

《劳动合同法》(2012年修正)第41、48、87条。

◎ **法律责任或后果**

劳动者可以要求恢复劳动关系,继续履行劳动合同。不要求继续履行劳动合同或者劳动合同已经不能继续履行的,要求用人单位依照规定支付双倍赔偿金。

◎ **法律建议**

裁减人员时,应当优先留用下列人员:与本单位订立较长期限的固定期限劳动合同的人员;与本单位订立无固定期限劳动合同的人员;家庭无其他就业人员,有需要扶养的老人或者未成年人的人员。

五十六、经济性裁员后6个月内重新招用人员时未在同等条件下优先录用此前裁减人员

◎ **法律法规**

《劳动合同法》(2012年修正)第41条。

《企业经济性裁减人员规定》第7、8条。

◎ **法律责任或后果**

此前被裁减人员有权向用人单位主张被优先招录,或者向劳动保障行政部门投诉、提出劳动仲裁。对用人单位违反法律、法规和有关规定拒绝优先录用此前裁减人员的,劳动行政部门可依法制止和纠正。

◎ **法律建议**

用人单位经济性裁员,在6个月内重新招用人员的,应当通知被裁减的人员,在同等条件下优先招用被裁减的人员,并向当地劳动行政部门报告。

所谓"在同等条件下优先招用",指的是在需要招用的劳动者的年龄、学历、工资收入要求、劳动保护条件、工作经验等各方面条件基本相当的情况下,应优先录用此前被裁减人员。

五十七、用人单位对具有法定情形的劳动者,不按法律规定擅自解除其劳动合同

◎ **法律法规**

《劳动合同法》(2012年修正)第42、48、87条。

《职业病防治法》(2017年修正)第35、39、55条。

《安全生产法》(2014年修正)第23、51、52条。

《妇女权益保障法》(2005年修正)第27条。

《女职工劳动保护特别规定》第5条。

《集体合同规定》第28条。

《工资集体协商试行办法》第14条。

◎ **法律责任或后果**

劳动者可以要求恢复劳动关系,继续履行劳动合同。不要求继续履行劳动合同或者劳动合同已经不能继续履行的,要求用人单位依照规定支付双倍赔偿金。

◎ **法律建议**

(1)劳动者具有下列规定情形的,用人单位不得依照《劳动合同法》第40、41条情形的规定解除其劳动合同:①从事接触职业病危害作业的劳动者未进行离岗前职业健康检查,或者疑似职业病病人在诊断或者医学观察期间的;②在本单位患职业病或者因工负伤并被确认丧失或者部分丧失劳动能力的;③患病或者非因工负伤,在规定的医疗期内的;④女职工在孕期、产期、哺乳期的;⑤在本单位连续工作满15年,且距法定退休年龄不足5年的;⑥法律、行政法规规定的其他情形。

(2)根据其他法律法规,劳动者具有下列情形的,用人单位同样不得解除其劳动合同:①劳动者根据《职业病防治法》第39条依法要求行使职业卫生保护权利的;②安全生产管理人员依法履行其职责的;③劳动者对本单位

安全生产工作提出批评、检举、控告或者拒绝违章指挥、强令冒险作业的；④劳动者在发现直接危及人身安全的紧急情况下停止作业或者采取紧急撤离措施的；⑤劳动者作为职工一方协商代表，在其履行协商代表职责期间的（劳动者严重过错情况除外）；等等。

（3）用人单位根据《劳动合同法》第 36、39 条解除具有法定情形劳动者劳动合同的，不受影响。

五十八、依据《劳动合同法》第 40、41 条解除女职工劳动合同后，该女职工发现其已经怀孕

◎ **法律法规**

《劳动合同法》(2012 年修正)第 42、48、87 条。

上海市高级人民法院《民一庭调研与参考》〔2014〕15 号(2013.4.27)第 4-3 条。

◎ **法律责任或后果**

劳动者可以要求恢复劳动关系，继续履行劳动合同。不要求继续履行劳动合同或者劳动合同已经不能继续履行的，要求用人单位依照规定支付双倍赔偿金。

◎ **法律建议**

因是否怀孕属于劳动者个人隐私，且孕早期外人不易察觉，故如果劳动者不主动告知已怀孕的话，用人单位很难发现。鉴于用人单位根据《劳动合同法》第 40、41 条通知劳动者解除劳动关系之时，劳动者确实属于怀孕状态，故用人单位仍然应当承担违法解除劳动合同的后果。即使当时女职工向用人单位故意隐瞒了其怀孕状态，存在过错，但这也不足以达到免除用人单位承担违法解除劳动合同的法律后果的程度。

五十九、用人单位单方解除劳动合同，未事先通知工会并征求意见，或者在起诉后才向工会补办征求意见

◎ **法律法规**

《劳动合同法》(2012 年修正)第 43、48、87 条。

《最高人民法院关于审理劳动争议案件适用法律若干问题的解释(四)》第 12 条。

◎ 法律责任或后果

劳动者可以要求恢复劳动关系,继续履行劳动合同。不要求继续履行劳动合同或者劳动合同已经不能继续履行的,要求用人单位依照规定支付双倍赔偿金。工会有权要求用人单位纠正。

◎ 法律建议

(1) 用人单位依照《劳动合同法》第 39、40、41 条的规定,通知劳动者单方解除劳动合同的,应当事先将理由通知工会。用人单位违反法律、行政法规规定或者劳动合同约定的,工会有权要求用人单位纠正。用人单位应当研究工会的意见,并将处理结果书面通知工会。

(2) 用人单位单方解除劳动合同时符合法律规定的其他条件,但未办理上述征询意见手续的,在劳动争议案件向法院起诉前补办完成的,可不视为违法解除合同。

(3) 如用人单位并未设立工会应如何执行该规定,法律法规未明确规定。最高人民法院民一庭认为:"《劳动合同法》的立法意旨是避免用人单位随意解除劳动合同。即使单位尚未建立基层工会,也应当通过告知并听取职工代表意见的方式或者向当地总工会征求意见的变通方式来履行告知义务这一法定程序[①]。"该观点与《劳动法》第 30 条、《劳动合同法》第 43 条、《工会法》第 21 条的有关规定是一脉相承的,可予借鉴。

六十、用人单位决定解除劳动合同,但未根据规定以书面方式通知、送达劳动者

◎ 法律法规

《劳动合同法》(2012 年修正)第 44、50、89 条。

[①] 最高人民法院民事审判第一庭:《最高人民法院劳动争议司法解释(四)理解与适用》,人民法院出版社 2013 年 3 月版,第 235 页。

◎ **法律责任或后果**

由劳动行政部门责令改正,及时出具书面通知。给劳动者造成损害的,应当承担赔偿责任。

◎ **法律建议**

(1)《劳动合同法》第 44 条明确,除法律、行政法规明确规定外,劳动合同不能不通过书面形式而在事实上终止(解除是终止的一种形式)。如果用人单位决定解除的,则应履行一定的解约手续,劳动关系并不能因为一方不履行而自然解除、终止。《上海市劳动合同条例》第 37 条曾规定"劳动合同当事人实际已不履行劳动合同满三个月的,劳动合同可以终止",但因该条例不属于法律和行政法规,故该规定已经失效。

(2)用人单位应当在解除或者终止劳动合同时出具解除或者终止劳动合同的通知书和证明。

六十一、用人单位在劳动者未按法律规定的程序擅自离职的情况下,未及时出具书面通知书通知其解除劳动合同

◎ **法律法规**

《劳动合同法》(2012 年修正)第 44、50、89 条。

《上海市劳动合同条例》第 26 条。

上海市高级人民法院民一庭《关于审理劳动争议案件若干问题的解答》(2002.2.6)第 12 条。

◎ **法律责任或后果**

由劳动行政部门责令改正,及时出具书面通知。给劳动者造成损害的,应当承担赔偿责任。

◎ **法律责任**

(1)劳动合同的解除必须采用书面形式,不能在事实上解除、终止。

(2)用人单位应当及时认定其旷工、书面通知其解除劳动合同。

(3)如未能送达解除通知、双方"长期两不找"的,劳动合同不解除,而视为中止履行,用人单位可以拒绝承担期间的工资和社保。

六十二、因地址迁移或不准确、劳动者拒签退回等原因,用人单位无法按照劳动者户籍地或其提供的地址邮寄送达书面解除通知

◎ **法律法规**

《劳动合同法》(2012年修正)第50、89条。

《最高人民法院关于进一步推进案件繁简分流优化司法资源配置的若干意见》(2016.9.12)第3条。

◎ **法律责任或后果**

由劳动行政部门责令改正,及时送达书面通知。给劳动者造成损害的,应当承担赔偿责任。

◎ **法律建议**

(1)可以根据双方在劳动合同中约定的接受送达的地址,邮寄送达;无法收到、实际未收到的,根据劳动合同约定由受送达人自行承担相应后果。

(2)无上述约定的,直接向其户籍所在地邮寄送达。

(3)仍然无法送达的,可以考虑采取公告形式送达。

六十三、用人单位通过委托送达和留置送达方式送达书面解除通知

◎ **法律法规**

《劳动合同法》(2012年修正)第50、89条。

◎ **法律责任或后果**

由劳动行政部门责令改正,及时送达书面通知。给劳动者造成损害的,应当承担赔偿责任。

◎ **法律建议**

委托送达和留置送达除国家行政机关和司法机关外,一般民事主体均无资格采用,且不利于保护劳动者的合法权益,故用人单位不得采用。

六十四、用人单位直接通过新闻媒体公告方式送达书面解除通知

◎ **法律法规**

《劳动合同法》(2012年修正)第50条。

◎ **法律责任或后果**

由劳动行政部门责令改正,及时送达书面通知。给劳动者造成损害的,应当承担赔偿责任。

◎ **法律建议**

原劳动部办公厅曾在 1995 年 7 月 31 日颁布的《关于通过新闻媒介通知职工回单位并对逾期不归者按自动离职或旷工处理问题的复函》中规定,在无法直接送达和邮寄送达的情况下,用人单位可以采用新闻媒介公告方式向劳动者送达有关通知的措施。但该规定已经于 2017 年 11 月 30 日正式废止。目前在无新法规定的情况下,可参考该做法,即由用人单位在规章制度中规定,在无法直接送达和邮寄送达书面通知、双方又未约定接受送达地址的情况下,方可通过新闻媒体公告送达解除通知;公告后经过 30 日可视为送达。无规章制度规定的,不予承认公告送达方式。

六十五、用人单位在通知解除劳动合同之时未明确具体的解除理由

◎ **法律法规**

《劳动合同法》(2012 年修正)第 48、50、87 条。

◎ **法律责任或后果**

劳动者可以要求恢复劳动关系,继续履行劳动合同。不要求继续履行劳动合同或者劳动合同已经不能继续履行的,要求用人单位依照规定支付双倍赔偿金。

◎ **法律建议**

《劳动合同法》规定了用人单位和劳动者解除劳动合同的多种情形,诸如协商一致解除、劳动者提前 30 日通知解除、劳动者因用人单位过错单方通知解除、用人单位因劳动者过错单方通知解除、用人单位在劳动者无过错情况下单方通知解除、经济性裁员等。而劳动合同的解除,必须采取书面通知形式;违反法律规定解除劳动合同的,应当承担恢复劳动关系或者支付双倍赔偿金的法律责任。因此,为了保护劳动者的合法权益,同时使得用人单位单方解除劳动合同的行为经得起法律检验,用人单位应当在解除劳动合同的书面通知中明确告知其单方解除劳动合同的理由和适用的法条,不应当为了达到降低风险的目的而不写理由,或者对解除理由含糊表述。

六十六、用人单位在仲裁、诉讼时提出的解除劳动合同的理由与通知解除之时引用的理由不一致

◎ **法律法规**

《劳动合同法》(2012年修正)第48、87条。

◎ **法律责任或后果**

劳动者可以要求恢复劳动关系,继续履行劳动合同。不要求继续履行劳动合同或者劳动合同已经不能继续履行的,要求用人单位依照规定支付双倍赔偿金。

◎ **法律建议**

用人单位单方通知劳动者解除劳动合同,是用人单位行政管理权和用人权的具体体现。无论是合法解除,还是违法解除,劳动合同解除通知书自送达劳动者之时即发生法律效力,劳动合同已宣告解除。在此之前,对解除劳动合同所做的一切工作,诸如调查收集证据、进行谈话、管理部门讨论作出解约的决定、领导审批同意解除的决定,应该都已经宣告完成;而不应该是在解除劳动合同之后方才开始开展上述工作,或者重新进行上述工作,重新收集证据、认定事实并作出理由完全不一样的处理决定。因此,如果用人单位在仲裁、诉讼时引用的解除劳动合同的理由与通知解除之时引用的理由不一致,其实已经可以视作用人单位自认此前解除劳动合同的理由违法。

六十七、用人单位在劳动合同解除、终止后,未依法向劳动者出具解除劳动关系的证明

◎ **法律法规**

《劳动合同法》(2012年修正)第50、89条。

《实施〈社会保险法〉若干规定》第19条。

原上海市劳动和社会保障局《关于实施〈上海市劳动合同条例〉若干问题的通知(二)》第5条。

◎ **法律责任或后果**

(1) 由劳动行政部门责令改正。

（2）影响劳动者办理失业登记手续造成损失的，用人单位应当按照失业保险金有关规定予以赔偿；给劳动者造成其他实际损失的，用人单位应当按照劳动者的请求，赔偿其他实际损失，但不再承担法定失业保险金的赔偿责任。

◎ **法律责任**

此证明与解除劳动合同通知书不同，系办理移交手续后用人单位依法出具，劳动者可以凭此办理失业登记手续；重新就业时应向新用人单位提交以证实其已经解除劳动关系。上海地区为一式三联《上海市用人单位退工证明》格式证明。

六十八、用人单位在解除、终止劳动合同的证明上记载关于劳动者职业能力、品行的有关负面情况

◎ **法律法规**

《侵权责任法》第 2、15 条。

《劳动合同法实施条例》第 24 条。

◎ **法律责任或后果**

给劳动者造成经济损失或者名誉损害的，应当承担停止侵权、消除影响、赔礼道歉、赔偿损失等法律责任。

◎ **法律建议**

根据规定，用人单位出具的解除、终止劳动合同的证明，只能写明劳动合同期限、解除或者终止劳动合同的日期、工作岗位、在本单位的工作年限，不得对劳动者记载相关负面评价。但并不影响用人单位在解除劳动合同通知书中载明解除劳动合同的原因。

六十九、解除、终止劳动合同后用人单位未按规定和约定及时办理工作交接、办理档案和社会保险关系转移手续、办理解约登记等退工手续

◎ **法律法规**

《劳动合同法》(2012 年修正)第 50、89 条。

《就业服务与就业管理规定》(2015年修订)第62、75条。

原上海市劳动和社会保障局《关于实施〈上海市劳动合同条例〉若干问题的通知(二)》第5条。

◎ **法律责任或后果**

(1) 影响劳动者办理失业登记手续造成损失的,用人单位应当按照失业保险金有关规定予以赔偿;给劳动者造成其他实际损失的,用人单位应当按照劳动者的请求,赔偿其他实际损失,但不再承担法定失业保险金的赔偿责任。

(2) 未及时办理解除、终止劳动合同登记的,由劳动行政部门责令改正,并可处以罚款。

◎ **法律建议**

(1) 用人单位和劳动者之间未结劳动报酬、经济补偿金和赔偿金,以及因工作原因发生的备用金、借款、报销等未结费用,应当在办理交接时一并结清。

(2) 用人单位应当在解除或者终止劳动合同时出具解除或者终止劳动合同的证明,并在15日内为劳动者办理档案和社会保险关系转移手续。

(3) 用人单位应在解除或者终止劳动关系后15日内到当地公共就业服务机构备案,为劳动者办理解除劳动关系登记手续。目前一般都可以通过网络办理登记手续。

七十、解除、终止劳动关系后劳动者未按规定和约定及时办理工作交接手续,用人单位采取暂扣未付工资、不予出具退工证明、不予办理档案和社保转移手续等制约措施

◎ **法律法规**

《劳动合同法》(2012年修正)第50、90条。

人力资源和社会保障部《关于加强和改进人力资源社会保障领域公共服务的意见》(2016.5.6)三-5条。

原上海市劳动和社会保障局《关于实施〈上海市劳动合同条例〉若干问题的通知(二)》第5条。

◎ **法律责任或后果**

影响劳动者办理失业登记手续造成损失的,用人单位应当按照失业保险金有关规定予以赔偿;给劳动者造成其他实际损失的,用人单位应当按照劳动者的请求,赔偿其他实际损失,但不再承担法定失业保险金的赔偿责任。

◎ **法律建议**

(1)工作交接是劳动关系解除、终止后一项法定的后合同义务,在劳动关系解除、终止后应当及时办理。而不应该属于劳动合同本身的义务,在工作交接完成之后劳动关系再解除。

(2)用人单位应当在解除或者终止劳动合同时出具解除或者终止劳动合同的证明,并在 15 日内为劳动者办理档案和社会保险关系转移手续。《失业保险金申领发放办法》第 5 条曾规定用人单位应将失业人员名单、解除或终止劳动合同证明、参加失业保险及缴费情况证明在解除或终止后 7 日内报送社会保险经办机构,该规定目前已经失效。

(3)用人单位不得暂扣工资、不予出具退工证明、不予办理档案和社保转移手续。但有权不予支付经济补偿金,待办理交接手续时再行支付。

(4)用人单位能证明劳动者拒不交接的行为给其造成损失的,有权要求赔偿。因劳动者原因造成用人单位未能及时办理退工手续的,其损失由劳动者承担。

七十一、未明确劳动合同解除、终止后劳动者办理工作交接手续的程序、交接内容

◎ **法律法规**

《劳动合同法》(2012 年修正)第 50、90 条。

◎ **法律责任或后果**

劳动者未办理交接而擅自带走原用人单位的未结款项、商业秘密等资产,造成损害。

◎ **法律建议**

(1)《劳动合同法》第 50 条规定的解除、终止劳动合同的程序是:解除、终止劳动关系→出具解除、终止劳动合同证明→及时(可在规章制度中规定

为1周内)办理工作交接和工资结清→解除、终止劳动合同后15日内办理档案和社保移转手续。如有必要的,用人单位可以在规章制度中制定更为详细的交接程序,并准备相应的文件模板。

(2)劳动者应当按照双方约定,办理工作交接。未按约定办理交接手续,给用人单位造成损失的,应当承担赔偿责任。

七十二、办理工作物品交接时,未办理签收手续

◎ **法律法规**

《劳动合同法》(2012年修正)第50、90条。

《合同法》第32条。

◎ **法律责任或后果**

劳动者未办理交接而擅自带走原用人单位的未结款项、商业秘密等资产,造成损害。

◎ **法律建议**

工作交接应当依法办理,并留下劳动者移交、用人单位签收的凭据,以备查考。

七十三、劳动者在离开原用人单位后,未经许可擅自带走原用人单位的技术资料和设备器材

◎ **法律法规**

《劳动合同法》(2012年修正)第23、90条。

《人才市场管理规定》(2015年修订)第31条。

◎ **法律责任或后果**

劳动者违反劳动合同中约定的保密义务,给用人单位造成损失。

◎ **法律建议**

(1)劳动者离开原单位后,不得带走原单位的技术资料和设备器材等,不得侵犯原单位的知识产权、商业秘密及其他合法权益。

(2)用人单位应对劳动者离职前掌握的技术资料、设备器材等资料要求其交接完毕,签署交接文件、保密协议或者竞业限制协议。

七十四、解除、终止劳动合同后,未将《就业失业登记证》(或《劳动手册》)、农村富余劳动力求职登记卡退还劳动者

◎ **法律法规**

原上海市劳动和社会保障局《关于改进本市单位办理招退工登记备案手续的意见》(2003.7.1)第3条。

◎ **法律责任或后果**

劳动者可以要求返还。造成损害的,应当承担赔偿责任。

◎ **法律建议**

用人单位使用持有《就业失业登记证》(或《劳动手册》)或《农村富余劳动力求职登记卡》的劳动者,应在其持有的《就业失业登记证》(或《劳动手册》)或《农村富余劳动力求职登记卡》内做好相应的招工或退工日期记载用工情况、盖章后,退还给劳动者,不得扣押。

七十五、用人单位调集、保管劳动者档案,在解除、终止劳动合同后未在15日内将其档案转交其新用人单位或其户口所在地街道,或者擅自扣留档案

◎ **法律法规**

《劳动合同法》(2012年修正)第50、84条。

《企业职工档案管理工作规定》第18条。

◎ **法律责任或后果**

(1) 劳动者依法解除或者终止劳动合同,用人单位扣押劳动者档案或者其他物品的,由劳动行政部门责令限期退还劳动者本人,并处以罚款。给劳动者造成损害的,应当承担赔偿责任。

(2) 劳动者可以提出劳动仲裁要求用人单位办理档案转移手续。

◎ **法律建议**

根据《劳动合同法》第50条的规定,用人单位应当在解除或者终止劳动合同后15日内为劳动者办理档案和社会保险关系转移手续;不得以劳动者未按规定和约定及时办理工作交接手续等为由,拒绝办理。

七十六、用人单位遗失劳动者档案、拒绝重建劳动者档案

◎ **法律法规**

原上海市劳动和社会保障局《关于用人单位遗失或拒退人事档案(含劳动手册)劳动者退工登记备案手续处理意见的通知》(2001.7.26)第1条。

◎ **法律责任或后果**

由用人单位负责为劳动者补建人事档案。用人单位拒绝重建的,劳动者可以提出劳动仲裁。

◎ **法律建议**

用人单位遗失劳动者档案的,应当依法补建,不得推诿。

七十七、因劳动者参与工会活动或工会工作人员履行相应职责而被解除劳动合同

◎ **法律法规**

《工会法》(2009年修订)第52条。

◎ **法律责任或后果**

劳动者可以要求恢复其工作,补发违法解除期间的劳动报酬;或者支付年收入双倍的赔偿金。

◎ **法律建议**

用人单位不得因劳动者参与工会活动或工会工作人员履行相应职责而解除其劳动合同。

七十八、未经规定的集体协商程序擅自变更或者解除集体合同

◎ **法律法规**

《集体合同规定》第36、37、39、40、41条。

《合同法》第52、54条。

◎ **法律责任或后果**

签订的变更或解除原集体合同的协议无效或者可以撤销。

◎ **法律建议**

（1）经用人单位和职工双方协商代表协商一致，可以变更或解除集体合同或专项集体合同。

（2）有下列情形之一的，可以变更或解除集体合同或专项集体合同：①用人单位因被兼并、解散、破产等原因，致使集体合同或专项集体合同无法履行的；②因不可抗力等原因致使集体合同或专项集体合同无法履行或部分无法履行的；③集体合同或专项集体合同约定的变更或解除条件出现的；④法律、法规、规章规定的其他情形。

（3）变更或解除集体合同或专项集体合同的，应当适用法律法规规定的集体协商程序。

七十九、违法解除劳动合同，劳动者要求恢复劳动关系获得仲裁、法院支持后，要求赔偿违法解除期间的工资

◎ **法律法规**

上海市人力资源和社会保障局《上海市企业工资支付办法》（2016年修订）第23条。

◎ **法律责任或后果**

裁决或者判决用人单位补发调解、仲裁、诉讼期间的工资。

◎ **法律建议**

用人单位应当根据解除劳动合同前12个月劳动者本人的月平均工资乘以停发月数的标准，补发调解、仲裁、诉讼期间的工资。均有过错的，视情形分担。对于违法解除劳动合同之后，调解、仲裁、诉讼期间之外的期间工资，则不予补发。

八十、聘用的外国人因违反中国法律被中国公安机关取消居留资格

◎ **法律法规**

《外国人在中国就业管理规定》（2017年修订）第24条。

◎ **法律责任或后果**

因该外国人欠缺有效居留证件，无法继续居留，劳动部门也将吊销其就

业证,故无法继续履行与该外国人签订的劳动合同。

◎ **法律建议**

因违反中国法律被中国公安机关取消居留资格的外国人,用人单位应解除其劳动合同。

八十一、用人单位聘用外国人就业每满一年的,在期满前 30 日内未及时办理就业证年检手续

◎ **法律法规**

《外国人在中国就业管理规定》(2017 年修订)第 26 条。

◎ **法律责任或后果**

逾期未办的,就业证自行失效。

◎ **法律建议**

用人单位聘用外国人就业每满一年,应在期满前 30 日内到劳动行政部门发证机关为被聘用的外国人办理就业证年检手续。

八十二、聘用的外国人或中国台港澳地区人士劳动合同解除或终止后未按规定交还或注销许可证件

◎ **法律法规**

《外国人在中国就业管理规定》(2017 年修订)第 20 条。

《台湾香港澳门居民在内地就业管理规定》第 12、17 条。

◎ **法律责任或后果**

(1) 擅自延长就业期限的外国人,由劳动行政部门收回其就业证,并提请公安机关取消其居留资格。对需遣送出境的,遣送费用由聘用单位或该外国人承担。

(2) 用人单位与聘雇中国台港澳地区人员终止、解除劳动合同或者中国台港澳地区人员任职期满,用人单位未办理就业证注销手续的,由劳动保障行政部门责令改正,并可处以罚款。

◎ **法律建议**

（1）被聘用的外国人与用人单位的劳动合同解除或终止、任期届满后，该用人单位应及时报告劳动、公安部门，交还该外国人的就业证和居留证件，并到公安机关办理出境手续。

（2）中国台港澳地区人员与用人单位的劳动合同解除或终止后、任期届满后 10 个工作日内，该用人单位应及时到原发证机关办理就业证注销手续。

八十三、与已达到退休年龄、符合领取养老金条件，但尚未办理退休手续、尚未开始领取养老金的劳动者宣布终止劳动合同

◎ **法律法规**

《劳动合同法》（2012 年修正）第 44 条。

《劳动合同法实施条例》第 21 条。

◎ **法律责任或后果**

劳动者要求办理退休手续、基本养老保险待遇落实后方终止劳动合同。

◎ **法律建议**

劳动者达到法定退休年龄的，劳动合同应当终止。但如擅自终止劳动合同的，劳动者将因尚未办理退休手续而无法领取养老保险待遇。故应在其办理退休手续之后，方可终止劳动合同。

八十四、擅自与已达退休年龄但因缴费未满 15 年、无法享受社会保险待遇的劳动者宣布终止劳动合同

◎ **法律法规**

《劳动合同法》（2012 年修正）第 44 条。

《劳动合同法实施条例》第 21 条。

《社会保险法》第 16 条。

《实施〈社会保险法〉若干规定》第 2、3 条。

◎ **法律责任或后果**

劳动合同应当终止。但劳动者因缴费未满 15 年而无法立即享受基本养

老保险待遇。

◎ **法律建议**

（1）可以不立即终止劳动合同,待缴费满 15 年后终止劳动合同,并享受基本养老保险待遇。

（2）2011 年 7 月 1 日前参保、延长缴费 5 年后仍不足 15 年的,可以一次性缴费至满 15 年。

（3）如用人单位决定立即终止劳动合同的,应视情形转入新型农村社会养老或者城镇居民社会养老保险,享受相应待遇。

（4）如本人申请养老保险关系终止的,可一次性领取账户余额。

八十五、擅自与跨省流动就业、达到法定退休年龄的劳动者宣布终止劳动合同

◎ **法律法规**

《实施〈社会保险法〉若干规定》第 5 条。

◎ **法律责任或后果**

劳动合同应当终止。但劳动者因未确定待遇领取地而无法享受基本养老保险待遇。

◎ **法律建议**

应按照人力资源和社会保障部《城镇企业职工基本养老保险关系转移接续暂行办法》(2009.12.28)中有关社保转移接续、待遇领取地的规定,办理退休手续,享受养老保险待遇。

八十六、在劳动合同中约定《劳动合同法》第 44 条规定的终止条件之外的其他解除、终止劳动合同的条件

◎ **法律法规**

《劳动合同法》(2012 年修正)第 44 条。

《劳动合同法实施条例》第 13 条。

◎ **法律责任或后果**

该约定无效,劳动合同只能以法律规定的条件作为解除、终止的条件。

◎ **法律建议**

(1)《劳动法》第23条的规定不再有效,目前只能根据《劳动合同法》第44条规定的六类条件方可作为劳动合同终止的条件:①劳动合同期满的;②劳动者开始依法享受基本养老保险待遇的;③劳动者死亡,或者被人民法院宣告死亡或者宣告失踪的;④用人单位被依法宣告破产的;⑤用人单位被吊销营业执照、责令关闭、撤销或者用人单位决定提前解散的;⑥法律、行政法规规定的其他情形。

(2) 用人单位与劳动者不得在《劳动合同法》第44条规定的劳动合同终止情形之外,约定其他的劳动合同终止条件。因解除是终止的形式之一,因此同样不得在法定的解除条件之外,在劳动合同中约定其他解除条件。

八十七、未在外国人在沪就业时在劳动合同中约定解除、终止劳动合同的条件

◎ **法律法规**

《外国人在中国就业管理规定》(2017年修订)第21、22条。

原上海市劳动局《关于贯彻〈外国人在中国就业管理规定〉的若干意见》(1998.4.14)第16条。

上海市高级人民法院《关于审理劳动争议案件若干问题的解答》(2006.1.1)第2条。

◎ **法律责任或后果**

用人单位无法根据合同约定内容解除、终止与外国人签订的劳动合同。

◎ **法律建议**

(1) 用人单位与获准聘雇的外国人之间有关聘雇期限、岗位、报酬、工作时间、解除聘雇关系条件、违约责任等双方的权利义务,通过劳动合同约定。故在外国人在沪就业的劳动合同中,可以约定解除、终止合同的条件。

(2) 在中国就业的外国人,仅在最低工资、工作时间、休息休假、劳动安全卫生以及社会保险方面需按我国有关规定执行。其他劳动权利义务按约

定履行。如无约定,当事人要求适用劳动标准和劳动待遇要求的,不予支持。

八十八、对有法定情形的劳动者,在相应情形消失前劳动合同到期的,用人单位即宣布终止劳动合同

◎ **法律法规**

《劳动合同法》(2012年修正)第42、45、48、87条。

《上海市劳动合同条例》第39条。

◎ **法律责任或后果**

劳动者可以要求恢复劳动关系,继续履行劳动合同。不要求继续履行劳动合同或者劳动合同已经不能继续履行的,要求用人单位依照规定支付双倍赔偿金。

◎ **法律建议**

(1) 劳动合同期满,有法定情形之一的,劳动合同应当续延至相应的情形消失时终止。法定情形主要是指《劳动合同法》第42条规定的劳动者具有的几种情形:①从事接触职业病危害作业的劳动者未进行离岗前职业健康检查,或者疑似职业病病人在诊断或者医学观察期间的;②在本单位患职业病,或者因工负伤并被确认丧失或者部分丧失劳动能力的;③患病或者非因工负伤,在规定的医疗期内的;④女职工在孕期、产期、哺乳期的;⑤法律、行政法规规定的其他情形。

(2) 应将劳动合同延续至相应情形消失后再终止。但是患职业病或因工负伤并被确认丧失或者部分丧失劳动能力劳动者的劳动合同的终止,按照国家有关工伤保险的规定执行;职业病不能治愈的,不得终止劳动合同,国家另有规定的除外;在本单位连续工作满15年,且距法定退休年龄不足5年的,也不得终止劳动合同[①]。

(3) 劳动合同效力延续期间,用人单位同样不得对具有法定情形的劳动者根据《劳动合同法》第40、41条解除劳动合同,但如依据第36、39条解除具

---

① 全国人民代表大会常务委员会法制工作委员会编:《中华人民共和国劳动合同法释义》,法律出版社2007年7月版,第171页。

有法定情形劳动者的劳动合同的,不受影响。

八十九、劳动者患病或者非因工负伤,医疗期满、合同期满终止劳动合同的,用人单位未支付不低于 6 个月工资的医疗补助费

◎ **法律法规**

《劳动合同法》(2012 年修订)第 85 条。

《关于实行劳动合同制度若干问题的通知》第 22 条。

◎ **法律责任或后果**

劳动者可以要求补发医疗补助费。逾期不支付的,按应付金额 50%—100%的标准向劳动者加付赔偿金。

◎ **法律建议**

劳动者患病或者非因工负伤,合同期满终止劳动合同的,用人单位应当支付不低于 6 个月工资的医疗补助费。对患重病或绝症的,还应适当增加医疗补助费。

九十、基层工会主席、副主席、委员劳动合同到期,用人单位未查清其任职期限即终止其劳动合同

◎ **法律法规**

《劳动合同法》(2012 年修正)第 48、87 条。

《工会法》(2009 年修订)第 18 条。

《最高人民法院关于在民事审判工作中适用〈工会法〉若干问题的解释》第 2 条。

◎ **法律责任或后果**

属于违法终止劳动合同。劳动者可以要求恢复劳动关系,继续履行劳动合同。不要求继续履行劳动合同或者劳动合同已经不能继续履行的,要求用人单位依照规定支付双倍赔偿金。

◎ **法律建议**

(1) 基层工会专职主席、副主席或者委员自任职之日起,其劳动合同期

限自动延长,延长期限相当于其任职期间(相当于任职期间中止原合同;任期结束后,继续履行原劳动合同剩余期限)。非专职主席、副主席、委员自任职之日起,其尚未履行的劳动合同期限短于任期的,劳动合同期限自动延长至任职期满。

(2) 任职期间因该劳动者严重过失或者达到法定退休年龄的,可以解除或终止其劳动合同。严重过失的情形指:①严重违反劳动纪律或者用人单位规章制度的;②严重失职,营私舞弊,对用人单位利益造成重大损害的;③被依法追究刑事责任的。

第十五章　经济补偿金

一、用人单位向劳动者提出协商一致解除劳动合同后，未支付经济补偿金

◎ **法律法规**

《劳动合同法》(2012年修正)第36、46、85条。

◎ **法律责任或后果**

由劳动行政部门责令限期支付。逾期不支付的，责令用人单位加付经济补偿金数额50%—100%的赔偿金。

◎ **法律建议**

(1) 实践中用人单位向劳动者提出协商一致解除劳动合同的，多数为用人单位在劳动行政管理方面存在一定瑕疵，诸如规章制度不健全、调查收集证据不方便，或者用人单位为求尽量快速、方便地解除劳动合同的效果而采用。劳动者向用人单位提出协商一致解除劳动合同的情形较少。

(2) 双方应签署协商一致解除劳动合同的书面协议，对解除后续交接事项、支付经济补偿金的金额等内容进行明确约定。如确实为劳动者提出协商一致解除、用人单位不支付经济补偿金的，应当在协议中写明。

(3)《违反和解除劳动合同的经济补偿办法》第10条曾规定，用人单位解除劳动合同后，未按规定给予劳动者经济补偿的，除全额发给经济补偿金外，还须按该经济补偿金数额的50%支付额外经济补偿金，但该规定目前已经废止。

二、因用人单位过错导致劳动者解除劳动合同后，用人单位未支付经济补偿金

◎ **法律法规**

《劳动合同法》(2012年修正)第38、46、85条。

◎ **法律责任或后果**

由劳动行政部门责令限期支付。逾期不支付的，责令用人单位加付经济补偿金数额50%—100%的赔偿金。

◎ **法律建议**

根据规定，因用人单位存在下列情形，劳动者通知用人单位解除劳动合同的，应由用人单位支付经济补偿金：①未按照劳动合同约定提供劳动保护或者劳动条件的；②未及时足额支付劳动报酬的；③未依法为劳动者缴纳社会保险费的；④用人单位的规章制度违反法律、法规的规定，损害劳动者权益的；⑤因用人单位存在以欺诈、胁迫的手段或者乘人之危手段订立或者变更劳动合同，免除自己的法定责任、排除劳动者权利，违反法律、行政法规强制性规定等情形，致使劳动合同无效的；⑥用人单位以暴力、威胁或者非法限制人身自由的手段强迫劳动者劳动的，或者用人单位违章指挥、强令冒险作业危及劳动者人身安全的；⑦法律、行政法规规定劳动者可以解除劳动合同的其他情形。

三、用人单位在劳动者因病、非因工负伤，不胜任工作，客观原因情况下解除劳动合同的，未支付经济补偿金

◎ **法律法规**

《劳动合同法》（2012年修正）第40、46、85条。

◎ **法律责任或后果**

由劳动行政部门责令限期支付。逾期不支付的，责令用人单位加付经济补偿金数额50%—100%的赔偿金。

◎ **法律建议**

（1）根据规定，因劳动者存在下列情形之一，用人单位提前30日以书面形式通知劳动者或者额外支付劳动者一个月工资后解除劳动合同的，应由用人单位支付经济补偿金：①劳动者患病或者非因工负伤，在规定的医疗期满后不能从事原工作，也不能从事由用人单位另行安排的工作的；②劳动者不能胜任工作，经过培训或者调整工作岗位，仍不能胜任工作的；③劳动合同订立时所依据的客观情况发生重大变化，致使劳动合同无法履行，经用人单位

与劳动者协商,未能就变更劳动合同内容达成协议的。

（2）劳动者存在法定上述法定情形的,用人单位可以选择通知劳动者并额外支付一个月工资(代通知金)后立即解除合同,也可以选择提前30日通知,并在劳动者继续工作30日、支付其应得的一个月工资后,解除劳动合同。

四、用人单位以经济性裁员为由解除劳动合同后,未支付经济补偿金

◎ **法律法规**

《劳动合同法》(2012年修正)第41、46、85条。

◎ **法律责任或后果**

由劳动行政部门责令限期支付。逾期不支付的,责令用人单位加付经济补偿金数额50%—100%的赔偿金。

◎ **法律建议**

根据规定,因用人单位存在下列情形之一,并根据法律规定的经济性裁员的程序,通知劳动者解除劳动合同的,应当支付经济补偿金：①依照企业破产法规定进行重整的;②生产经营发生严重困难的;③企业转产、重大技术革新或者经营方式调整,经变更劳动合同后,仍需裁减人员的;④其他因劳动合同订立时所依据的客观经济情况发生重大变化,致使劳动合同无法履行的。

五、除用人单位维持或者提高约定条件续订而劳动者不同意续订的情形外,用人单位在合同到期后不愿意续签而终止固定期限劳动合同后,未支付经济补偿金

◎ **法律法规**

《劳动合同法》(2012年修正)第44、46、85条。

◎ **法律责任或后果**

由劳动行政部门责令限期支付;逾期不支付的,责令用工单位加付经济补偿金数额50%—100%的赔偿金。

◎ **法律建议**

（1）用人单位应当在劳动合同期满前,对是否续签合同作出相应的评

估；如愿意续签合同的，应在劳动合同到期前至少30日征询劳动者是否愿意续签劳动合同的意愿，并告知用人单位确定的续签合同的条件。

（2）用人单位也可在规章制度中规定，劳动者如愿意续签合同的，应在合同到期前至少45日以书面方式通知用人单位。逾期未通知的，视为劳动者不愿意续签合同，用人单位有权到期终止合同；但双方均表示愿意续签的除外。

六、用人单位被依法宣告破产，被吊销营业执照、责令关闭、撤销，决定提前解散，以及经营期限届满不再继续经营的，未支付经济补偿金

◎ **法律法规**

《劳动合同法》（2012年修正）第44、46、85条。

《最高人民法院关于审理劳动争议案件适用法律若干问题的解释（四）》第13条。

◎ **法律责任或后果**

由劳动行政部门责令限期支付。逾期不支付的，责令用工单位加付经济补偿金数额50%—100%的赔偿金。

◎ **法律建议**

根据规定，用人单位存在下列情形之一，终止劳动合同的，应该向劳动者支付经济补偿金：①用人单位被依法宣告破产的；②用人单位被吊销营业执照、责令关闭、撤销或者用人单位决定提前解散的；③用人单位经营期限届满不再继续经营的。

七、经济补偿金的标准计算错误

◎ **法律法规**

《劳动合同法》（2012年修正）第47、85条。

◎ **法律责任或后果**

由劳动行政部门责令限期支付未付的部分。逾期不支付的，责令用人单位加付未付部分50%—100%的赔偿金。

◎ **法律建议**

（1）根据《劳动合同法》的规定，经济补偿金按劳动者在本单位工作的年

限,每满一年支付一个月工资的标准向劳动者支付。六个月以上不满一年的,按一年计算;不满六个月的,向劳动者支付半个月工资的经济补偿。劳动者月工资高于用人单位所在直辖市、设区的市级人民政府公布的本地区上年度职工月平均工资三倍的,向其支付经济补偿的标准按职工月平均工资三倍的数额支付,向其支付经济补偿的年限最高不超过12年。经济补偿金的计算标准应根据解除或终止前12个月劳动者应得平均工资计算,包括奖金、津贴和补贴等收入在内。但对《劳动合同法》施行前劳动者履行劳动合同期间,用人单位应当向劳动者支付经济补偿的,主要按照当时有效的《违反和解除劳动合同的经济补偿办法》规定的"根据劳动者在本单位工作年限,每满一年发给相当于一个月工资的经济补偿金"的标准计算。

(2) 经协商解除劳动合同、支付经济补偿金的,其补偿金额可以高于、等于法定标准,但不得低于法定标准,否则无效。

(3) 用人单位成立之前劳动者即开始为其工作的时间,不应当计入工作年限。

八、计算经济补偿金时错误计入个人应缴纳的各类税费,以及股票、期权、红利等与投资相关并不列入工资总额的收益

◎ **法律法规**

《劳动合同法》(2012年修正)第47、85条。

原上海市劳动和社会保障局《关于实施〈上海市劳动合同条例〉若干问题的通知(一)》第22条。

◎ **法律责任或后果**

导致经济补偿金的计算结果错误。

◎ **法律建议**

用作计算经济补偿金的工资收入是指按法律法规规定列入工资总额统计的工资、奖金、津贴、补贴,不包括按国家和上海市规定个人应缴纳的各类税费。股票、期权、红利等与投资相关并不列入工资总额的收益,也不计入解除或者终止劳动合同的经济补偿金的计算基数。

九、计算经济补偿金时未将劳动者本人每月缴纳的社保和公积金部分收入计入应得工资

◎ **法律法规**

《劳动合同法》(2012年修正)第47、85条。

《劳动合同法实施条例》第27条。

◎ **法律责任或后果**

由劳动行政部门责令限期支付未付的部分。逾期不支付的,责令用人单位加付未付部分50%—100%的赔偿金。

◎ **法律建议**

经济补偿金的月工资按照劳动者应得工资计算,故应包括劳动者自行缴纳的社保和公积金部分,但不包括用人单位为劳动者缴纳的社保和公积金部分。

十、劳动者非因本人原因更换用人单位,原用人单位未支付经济补偿,后在离职计算支付经济补偿或赔偿金的工作年限时,未合并此前工作年限

◎ **法律法规**

《劳动合同法》(2012年修正)第46、85条。

《最高人民法院关于审理劳动争议案件适用法律若干问题的解释(四)》第5条。

《劳动合同法实施细则》第10条。

◎ **法律责任或后果**

由劳动行政部门责令限期支付未付的部分。逾期不支付的,责令用人单位加付未付部分50%—100%的赔偿金。

◎ **法律建议**

(1)劳动者非因本人原因从原用人单位被安排到新用人单位工作,原用人单位未支付经济补偿,在劳动者与新用人单位的劳动合同解除、终止后需要支付经济补偿金或赔偿金的,在计算工作年限时,应当将劳动者在原用人单

位的工作年限合并计算为新用人单位工作年限,连续计算。原用人单位已经向劳动者支付经济补偿的,新用人单位在依法解除、终止劳动合同计算支付经济补偿金、赔偿金的工作年限时,不再计算劳动者在原用人单位的工作年限。

（2）用人单位符合下列情形之一的,应当认定属于"劳动者非因本人原因从原用人单位被安排到新用人单位工作"：①劳动者仍在原工作场所、工作岗位工作,劳动合同主体由原用人单位变更为新用人单位；②用人单位以组织委派或任命形式对劳动者进行工作调动；③因用人单位合并、分立等原因导致劳动者工作调动；④用人单位及其关联企业与劳动者轮流订立劳动合同；⑤其他合理情形。

（3）用人单位应根据劳动者职工名册、台账记录,统筹记录劳动者在多个单位工作的基本情况。非因劳动者原因更换用人单位的,此前工作年限应合并计算。

十一、与劳动者约定由用人单位向劳动者承担违约金、法律规定之外其他具有违约金性质的经济补偿金

◎ **法律法规**

《劳动合同法》(2012年修正)第3、25条。

◎ **法律责任或后果**

劳动者要求用人单位按照约定承担相应的违约金、其他类型的经济补偿金。

◎ **法律建议**

法律法规未禁止用人单位向劳动者承担违约责任,故此类约定有效。但如约定的具有违约金性质的经济补偿金的金额低于法定标准的,应按法定标准执行。

十二、劳动者达到法定退休年龄后劳动合同终止的,向用人单位主张经济补偿金

◎ **法律法规**

《劳动合同法》(2012年修正)第46条。

《劳动合同法实施条例》第 21 条。

◎ **法律责任或后果**

劳动者以未能享受养老保险待遇为由,向用人单位主张经济补偿金。

◎ **法律建议**

劳动者达到法定退休年龄的,劳动合同终止,对此《劳动合同法》和其他法律法规没有规定此情形用人单位需要向劳动者支付经济补偿金。值得注意的是,劳动者以此理由主张经济补偿金的,一般都存在因其缴纳社会保险未满 15 年、社保待遇跨省异地转接不畅等原因,导致其无法立即享受养老保险待遇所致。对此应加以注意,终止合同之前应当为劳动者办妥相关手续,防止引发矛盾冲突和劳动争议。

十三、对于为退伍、复员、转业军人的劳动者,支付经济补偿金时未依法将其军龄计入经济补偿年限

◎ **法律法规**

《劳动合同法》(2012 年修正)第 46、85 条。

原劳动和社会保障部《关于复转军人军龄及有关人员工龄是否作为计算职工经济补偿金年限的答复意见》(2002.1.28)第 1 条。

◎ **法律责任或后果**

由劳动行政部门责令限期支付未付的部分。逾期不支付的,责令用人单位加付经济补偿金数额 50%—100% 的赔偿金。

◎ **法律建议**

作为军队退伍、复员、转业军人的劳动者的军龄,计算为接收安置单位的连续工龄。因此用人单位与劳动者解除劳动关系计发法定的经济补偿金时,退伍、转业军人的军龄应当计算为"本单位工作年限"。

十四、从事政府为安置就业困难人员提供的给予岗位补贴和社会保险补贴的公益性岗位,到期终止后劳动者要求支付经济补偿金

◎ **法律法规**

《劳动合同法实施条例》第 12 条。

◎ **法律责任或后果**

劳动者提出劳动仲裁要求主张经济补偿金。

◎ **法律建议**

该岗位不适用《劳动合同法》第46、47条关于支付经济补偿金的规定,不需要到期后支付经济补偿金。

十五、用人单位在给劳动者发放高于上年度全市职工平均工资3倍的一次性经济补偿收入后,未予代扣代缴其个人所得税

◎ **法律法规**

国家税务总局《关于个人与用人单位解除劳动关系取得的一次性补偿收入征免个人所得税问题的通知》(2001.10.1)第1条。

国家税务总局《关于个人因解除劳动合同取得经济补偿金征收个人所得税问题的通知》(1999.10.1)第2条。

《税收征收管理法》(2015年修正)第62条。

◎ **法律责任或后果**

由税务机关责令限期改正,可以处以罚款;情节严重的,可以处以较大金额罚款。

◎ **法律建议**

(1) 个人因与用人单位解除劳动关系而取得的一次性补偿收入(包括用人单位发放的经济补偿金、生活补助费和其他补助费用),其收入在当地上年职工平均工资3倍数额以内的部分,免征个人所得税;超过的部分按照有关规定,计算征收个人所得税。个人领取一次性补偿收入时按照国家和地方政府规定的比例实际缴纳的住房公积金、医疗保险费、基本养老保险费、失业保险费,可以在计征其一次性补偿收入的个人所得税时予以扣除。

(2) 对于个人取得的一次性经济补偿收入,可视为一次取得数月的工资、薪金收入,允许在一定期限内进行平均。具体平均办法为:以个人取得的一次性经济补偿收入,除以个人在本企业的工作年限数,以其商数作为个人的月工资、薪金收入,按照税法规定计算缴纳个人所得税。个人在本企业的工作年限数按实际工作年限数计算,超过12年的按12年计算。

十六、未对工作时间跨越 2008 年 1 月 1 日前后的劳动者解除或者终止劳动合同后支付的经济补偿金做分段计算

◎ **法律法规**

《劳动合同法》(2012 年修正)第 97 条。

《劳动合同法实施条例》第 25 条。

上海市高级人民法院《关于适用〈劳动合同法〉若干问题的意见》(2009.3.3)第 21 条。

《违反和解除劳动合同的经济补偿办法》第 5、6、7、8、9、11 条。

《上海市劳动合同条例》第 31、42 条。

◎ **法律责任或后果**

由劳动行政部门责令限期支付未付的部分。逾期不支付的,责令用人单位加付未付部分 50%—100%的赔偿金。

◎ **法律建议**

(1)《劳动合同法》施行之日(2008.1.1)存续的劳动合同在施行后解除或者终止,依照该法规定应当支付经济补偿金的,经济补偿年限自该法施行之日起计算;施行前按照当时有关规定,用人单位应当向劳动者支付经济补偿的,按照当时有关规定执行,分段计算。

(2)根据 1995 年 1 月 1 日生效的《违反和解除劳动合同的经济补偿办法》,2008 年 1 月 1 日之前经济补偿金支付的种类存在两种 12 个月封顶情形(协商一致解除、劳动者不胜任工作用人单位通知解除)。此外,2002 年 5 月 1 日生效的《上海市劳动合同条例》也增加了两种 12 个月封顶情形(用人单位以暴力、威胁或者非法限制人身自由的手段强迫劳动,用人单位未按照劳动合同约定支付劳动报酬或者提供劳动条件,劳动者书面通知解除;但当事人约定不封顶的,从其约定)。

(3)《劳动合同法》与上述规定相比,新增了不少种类的经济补偿金,又增加了经济补偿金 3 倍封顶的情况下最多 12 个月封顶的情形。

(4)如《劳动合同法》规定应当支付经济补偿金,且不属于以前规定中 12 个月封顶情形的,经济补偿年限自用工之日起计算。属于以前规定中 12 个月封顶情形的,劳动者在《劳动合同法》施行前的经济补偿年限按照以前规

定,计算至 12 个月封顶;施行后的工作年限在计算经济补偿年限时,按现有规定分段计算。《违反和解除劳动合同的经济补偿办法》目前虽然已经废止,但在计算《劳动合同法》施行之前年限的经济补偿金时,仍然作为当时有效的法规处理。

(5) 符合《劳动合同法》规定 3 倍封顶的情形,实施封顶计算经济补偿年限自《劳动合同法》施行之日起计算(最多 12 个月封顶),施行之前的工作年限仍按以前规定的标准(不封顶)计算经济补偿金。

(6) 因违法解除、终止劳动合同支付的双倍赔偿金的计算年限,一律自用工之日起计算。解除或终止前 12 个月内劳动者月平均工资属于 3 倍封顶情形的,无论合同履行期是否跨越《劳动合同法》实施之日,一律按 3 倍封顶的规定计算。赔偿金支付后,不再支付经济补偿金。

十七、用人单位违法解除或者终止劳动合同

◎ **法律法规**

《劳动合同法》(2012 年修正)第 48、87 条。

◎ **法律责任或后果**

劳动者可以要求恢复劳动关系,继续履行劳动合同。不要求继续履行劳动合同或者劳动合同已经不能继续履行的,要求用人单位依照规定支付双倍赔偿金。

◎ **法律建议**

《违反〈劳动法〉有关劳动合同规定的赔偿办法》第 2 条第 4 项的规定,即用人单位因违反规定或劳动合同的约定解除劳动合同的,应当向劳动者支付应得工资收入、加付应得工资收入 25% 的赔偿费用的规定,因与《劳动合同法》第 48 条相冲突,故不再执行。

十八、用人单位拒不依法向劳动者支付劳动报酬、加班费、低于最低工资标准支付工资以及经济补偿金

◎ **法律法规**

《劳动合同法》(2012 年修正)第 85 条。

《最高人民法院关于审理劳动争议案件适用法律若干问题的解释(三)》第3条。

◎ **法律责任或后果**

(1) 由劳动行政部门责令限期支付劳动报酬、加班费或者经济补偿金;劳动报酬低于当地最低工资标准的,应当支付其差额部分;逾期不支付的,责令用人单位按应付金额50%—100%的标准向劳动者加付赔偿金。

(2) 劳动者不经劳动保障行政部门监察、处理,直接提出劳动仲裁追讨赔偿金。

◎ **法律建议**

(1) 用人单位有下列情形之一的,应当承担相应法律责任:①未按照劳动合同的约定或者国家规定及时足额支付劳动者劳动报酬的;②低于当地最低工资标准支付劳动者工资的;③安排加班不支付加班费的;④解除或者终止劳动合同,未依法向劳动者支付经济补偿的。

(2) 劳动仲裁机构在劳动者未向劳动保障行政部门举报、处理的情况下,是否应当直接受理劳动者加付赔偿金的仲裁请求,目前并不明确。劳动者在向劳动仲裁机构申请仲裁未被受理的情况下,向法院提起诉讼,要求用人单位支付加付赔偿金的,法院应当作为劳动案件予以受理;并不以劳动者已经向劳动行政部门举报、处理,但未能获赔为前提。

第十六章　劳务派遣

一、因费用低廉等原因，与不具备劳务派遣许可证的劳务派遣单位或者个人签订劳务派遣协议

◎ **法律法规**

《劳动合同法》(2012年修正)第57、92条。

《劳务派遣行政许可实施办法》第31条。

◎ **法律责任或后果**

（1）未经许可擅自经营劳务派遣业务的，由劳动行政部门责令停止违法行为，没收违法所得，并处罚款。

（2）由劳动行政部门责令限期改正。逾期不改正的，处以罚款。给被派遣劳动者造成损害的，劳务派遣单位与用工单位[①]承担连带赔偿责任。

◎ **法律建议**

经营劳务派遣业务，应当向劳动行政部门依法申请行政许可；经许可的，依法办理相应的公司登记。未经许可，任何单位和个人不得经营劳务派遣业务。故用工单位与劳务派遣单位签订劳务派遣协议之前，应当要求劳务派遣单位提供营业执照和劳务派遣许可证，核实其具有经营劳务派遣业务的资质和许可。

二、用工单位与劳务派遣单位签订劳务派遣协议、接受劳务派遣后，又与被派遣劳动者另行签订劳动合同

◎ **法律法规**

《劳动合同法》(2012年修正)第59、62、92条。

[①] 为了与劳动关系中的用人单位相区别，在涉及劳务派遣关系中被派遣劳动者实际用工的用人单位时，本书一律改称"用工单位"。

◎ **法律责任或后果**

用工单位给被派遣劳动者造成损害的,劳务派遣单位与用工单位承担连带赔偿责任。

◎ **法律建议**

用工单位在与劳务派遣单位签订劳务派遣协议后,无法直接再与劳动者发生劳动关系,故用工单位再与劳动者签订的劳动合同无效。但劳动合同中,就实际用工单位根据法律规定对劳动者承担的义务进行具体约定的内容有效,具体包含下列情形:①执行国家劳动标准,提供相应的劳动条件和劳动保护;②告知被派遣劳动者的工作要求和劳动报酬;③支付加班费、绩效奖金,提供与工作岗位相关的福利待遇;④对在岗被派遣劳动者进行工作岗位所必需的培训;⑤连续用工的,实行正常的工资调整机制。

三、用工单位违法设立劳务派遣单位向本单位或者所属其他用工单位派遣劳动者

◎ **法律法规**

《劳动合同法》(2012 年修正)第 67、92 条。

◎ **法律责任或后果**

由劳动行政部门责令限期改正。逾期不改正的,处以罚款。给被派遣劳动者造成损害的,劳务派遣单位与用工单位承担连带赔偿责任。

◎ **法律建议**

用工单位设立劳务派遣单位向本单位或者所属单位派遣劳动者,又称逆向派遣、自我派遣,为《劳动合同法》所禁止。用工单位或者其所属单位出资或者合伙设立的劳务派遣单位,向本单位或者所属单位派遣劳动者的,也属于逆向派遣的违法行为。

四、用工单位对被派遣劳动者压低、克扣劳动报酬,与本用工单位同类岗位的劳动者不实行相同的劳动报酬分配办法

◎ **法律法规**

《劳动合同法》(2012 年修正)第 63、92 条。

上海市人力资源和社会保障局《关于规范本市劳务派遣用工若干问题的意见》第3条。

◎ **法律责任或后果**

由劳动行政部门责令限期改正。逾期不改正的,处以罚款。给被派遣劳动者造成损害的,劳务派遣单位与用工单位承担连带赔偿责任。

◎ **法律建议**

被派遣劳动者享有与用工单位的劳动者同工同酬的权利。用工单位应当按照同工同酬原则,对被派遣劳动者与本单位同类岗位的劳动者实行相同的劳动报酬分配办法。用工单位无同类岗位劳动者的,参照用工单位所在地相同或者相近岗位劳动者的劳动报酬确定。

五、用工单位未将劳务派遣用工安排在临时性、辅助性或者替代性的工作岗位

◎ **法律法规**

《劳动合同法》(2012年修正)第66、92条。

《劳务派遣暂行规定》第3、25条。

上海市高级人民法院《关于劳务派遣适用法律若干问题的会议纪要》(2014.12.31)第4条。

◎ **法律责任或后果**

由劳动行政部门责令限期改正。逾期不改正的,处以罚款。给被派遣劳动者造成损害的,劳务派遣单位与用工单位承担连带赔偿责任。

◎ **法律建议**

(1)劳务派遣制度只能在劳动合同用工基本制度之外作补充使用,只能在临时性、辅助性或者替代性的工作岗位上实施。临时性工作岗位是指存续时间不超过6个月的岗位;辅助性工作岗位是指为主营业务岗位提供服务的非主营业务岗位;替代性工作岗位是指用工单位的劳动者因脱产学习、休假等原因无法工作的一定期间内,可以由其他劳动者替代工作的岗位。

(2)外国企业常驻代表机构、外国金融机构驻华代表机构、招募国际远洋海员使用劳务派遣方式的,不受"三性"的限制。

(3)"三性"岗位的规定为管理性规定,违反上述规定的不影响劳务派遣协议、劳动合同的效力。

六、未通过与职代会、全体职工的平等协商、民主程序确定适用劳务派遣用工的岗位范围,并在用工单位内公示

◎ 法律法规

《劳务派遣暂行规定》第3、22条。

上海市人力资源和社会保障局《关于规范本市劳务派遣用工若干问题的意见》第4条。

◎ 法律责任或后果

由劳动行政部门责令改正,给予警告;给被派遣劳动者造成损害的,依法承担赔偿责任。

◎ 法律建议

用工单位要按照《劳务派遣暂行规定》的规定,经职工代表大会或者全体职工讨论,提出方案和意见,与工会或者职工代表平等协商确定适用劳务派遣用工的辅助性岗位范围,并在本单位内公示。

七、用工单位使用的被派遣劳动者数量超过其用工总量的10%

◎ 法律法规

《劳务派遣暂行规定》第4条。

《劳动合同法》(2012年修正)第92条。

上海市高级人民法院《关于劳务派遣适用法律若干问题的会议纪要》第4条。

◎ 法律责任或后果

劳动行政部门应责令其限期整改;逾期未整改的,劳动行政部门按照《劳动保障监察条例》的相关规定予以处罚。

◎ 法律建议

(1)用工单位应当严格控制劳务派遣用工数量,使用的被派遣劳动者数量不得超过其用工总量的10%。用工总量是指用工单位订立劳动合同人数

与使用的被派遣劳动者人数之和。

（2）10%比例岗位限制的规定为管理性规定，违反上述规定的不影响派遣协议、劳动合同的效力。

八、被派遣劳动者在被派遣到不同用工单位的过程中，多次与用工单位约定试用期

◎ 法律法规

《劳务派遣暂行规定》第6条。

◎ 法律责任或后果

劳动者提出上述行为违反劳务派遣单位只能与同一被派遣劳动者约定一次试用期的规定。

◎ 法律建议

（1）因劳务派遣单位与多个用工单位不构成"同一用人单位"，故不同用工单位多次约定试用期的做法不违反法律规定。

（2）因劳动者与用工单位之间无劳动关系，故用工单位要求对派遣劳动者约定试用期的，只能在用工单位和劳务派遣公司签订的《劳务派遣协议》中单独约定。

九、劳务派遣单位跨地区派遣劳动者，用工单位按照劳务派遣单位所在地的标准给予其较低的劳动报酬、劳动条件

◎ 法律法规

《劳动合同法》（2012年修正）第61、92条。

《劳务派遣暂行规定》第18条。

◎ 法律责任或后果

由劳动行政部门责令限期改正。逾期不改正的，处以罚款。给被派遣劳动者造成损害的，劳务派遣单位与用工单位承担连带赔偿责任。

◎ 法律建议

劳务派遣单位跨地区派遣劳动者的，被派遣劳动者享有的劳动报酬和劳

动条件,按照用工单位所在地的标准执行。劳务派遣单位应当在用工单位所在地为被派遣劳动者参加社会保险,按照用工单位所在地的规定缴纳社会保险费。

十、用工单位违反有关劳务派遣规定,给被派遣劳动者造成损害的,以劳务派遣协议有约定为由,拒绝与劳务派遣单位承担连带赔偿责任

◎ **法律法规**

《劳动合同法》(2012年修正)第92条。

◎ **法律责任或后果**

用工单位违反有关劳务派遣规定,给被派遣劳动者造成损害的,劳务派遣单位与用工单位承担连带赔偿责任。

◎ **法律建议**

应当由用工单位和劳务派遣单位承担连带赔偿责任。如劳务派遣协议确有约定应由劳务派遣单位承担责任的,用工单位向劳动者承担赔偿责任后,可以依据劳务派遣协议的约定向劳务派遣单位追偿。

十一、被派遣的劳动者因执行用工单位工作任务造成第三人损害

◎ **法律法规**

《侵权责任法》第34条。

◎ **法律责任或后果**

第三人要求用工单位、劳务派遣单位承担相应的侵权赔偿责任。

◎ **法律建议**

劳务派遣期间,被派遣的劳动者因执行工作任务造成他人损害的,由接受劳务派遣的用工单位承担侵权责任;劳务派遣单位有过错的,承担相应的补充责任。

十二、用工单位擅自将劳务派遣连续用工期限分割订立数个短期劳务派遣协议

◎ **法律法规**

《劳动合同法》(2012年修正)第59、92条。

◎ **法律责任或后果**

由劳动行政部门责令限期改正。逾期不改正的,处以罚款。给被派遣劳动者造成损害的,劳务派遣单位与用工单位承担连带赔偿责任。

◎ **法律建议**

用工单位将连续用工期限分割后,分别订立数个短期劳务派遣协议,往往成为相关单位实践中规避社会保险、正常的工资调整等义务、福利待遇的隐蔽手段。这对劳动者是一种侵害,对其进行禁止,有利于保护劳动者的合法劳动权益。

十三、劳务派遣单位不依法为被派遣劳动者履行其法定义务

◎ **法律法规**

《劳动合同法》(2012年修正)第92条。

《劳务派遣暂行规定》第8条。

◎ **法律责任或后果**

由劳动行政部门责令限期改正。逾期不改正的,处以罚款。给被派遣劳动者造成损害的,劳务派遣单位与用工单位承担连带赔偿责任。

◎ **法律建议**

劳务派遣单位应当对被派遣劳动者履行的义务主要有:①如实告知劳动者的工作内容、工作条件、工作地点、职业危害、安全生产状况、劳动报酬、其他情况,应遵守的规章制度,劳务派遣协议的内容;②培训;③支付劳动报酬和相关待遇;④缴纳社保;⑤督促用工单位提供劳动保护和劳动安全卫生条件;⑥出具解除或终止劳动合同证明;⑦协助处理劳动纠纷;⑧其他法定事项等。

十四、用工单位不依法为被派遣劳动者履行其法定义务

◎ **法律法规**

《劳动合同法》(2012年修正)第62、92条。

《劳务派遣暂行规定》第9条。

◎ **法律责任或后果**

由劳动行政部门责令限期改正。逾期不改正的,处以罚款。给被派遣劳动者造成损害的,劳务派遣单位与用工单位承担连带赔偿责任。

◎ **法律建议**

用工单位应当对被派遣劳动者履行下列义务：①执行国家劳动标准,提供相应的劳动条件和劳动保护；②告知被派遣劳动者的工作要求和劳动报酬；③支付加班费、绩效奖金,提供与工作岗位相关的福利待遇；④对在岗被派遣劳动者进行工作岗位所必需的培训；⑤连续用工的,实行正常的工资调整机制；⑥不得将被派遣劳动者再派遣到其他用人单位；⑦不得歧视被派遣劳动者。

十五、用工单位擅自宣布解除被派遣劳动者的劳动合同

◎ **法律法规**

《合同法》第48条。

◎ **法律责任或后果**

劳动者提出该决定无效。

◎ **法律建议**

因用工单位与被派遣劳动者不存在劳动关系,故未经劳务派遣单位事先授权或者事后追认,用工单位无权擅自宣布解除被派遣劳动者的劳动合同。

十六、用工单位以法无明文规定为由拒绝被派遣劳动者提前30日通知其辞职

◎ **法律法规**

《劳动合同法》(2012年修正)第3、37条。

◎ **法律责任或后果**

损害劳动者提前通知解除劳动合同的合法权利。

◎ **法律建议**

劳动者提前 30 日以书面形式通知用人单位，可以解除劳动合同。而劳务派遣单位和用工单位根据法律法规规定和劳务派遣协议约定，共同行使对劳动者的管理权。故无论劳动者向用工单位还是劳务派遣单位提出辞职，被通知方都应当根据诚信原则，及时通知另一方。用工单位不得以法无明文规定为由拒绝接受被派遣劳动者的辞职通知。

十七、被派遣劳动者违反法律规定擅自从用工单位离职

◎ **法律法规**

《劳动合同法》(2012 年修正)第 90 条。

◎ **法律责任或后果**

劳动者违反法律规定擅自从用工单位离职，同时给用工单位和劳务派遣单位造成损失的，应当承担赔偿责任。

◎ **法律建议**

用工单位应当将被派遣劳动者擅自离职的情况及时通知劳务派遣单位，及时执行劳动纪律，减少损失。劳务派遣单位要求用工单位提供劳动者工作情况的，用工单位应当予以配合。用工单位同时可以根据劳务派遣协议的约定要求劳务派遣单位承担赔偿责任，或者重新派遣劳动者。

十八、被派遣劳动者不具有法定情形，用工单位将其擅自退回

◎ **法律法规**

《劳动合同法》(2012 年修正)第 65、92 条。

《劳务派遣暂行规定》第 12、24 条。

上海市高级人民法院《关于劳务派遣适用法律若干问题的会议纪要》(2014.12.31)第 6 条。

◎ **法律责任或后果**

由劳动行政部门责令限期改正。逾期不改正的，处以罚款。给被派遣劳

动者造成损害的,劳务派遣单位与用工单位承担连带赔偿责任。

◎ **法律建议**

(1) 根据规定,劳动者如具有《劳动合同法》第39条、第40条第1、2项,以及劳动合同期满终止、劳动者达到法定退休年龄、劳动者开始依法享受基本养老保险待遇等情形,或者用工单位具有《劳动合同法》第40条第3项、第41条,以及依法宣告破产、吊销营业执照、责令关闭、撤销、决定提前解散或经营期限届满不再继续经营等情形,或者存在劳务派遣期限届满、劳务派遣协议解除、三方协商一致退回劳动者等情形的,用工单位可以要求将劳动者退还劳务派遣单位。如无法定情形,用工单位不得擅自退回被派遣劳动者。此外,劳务派遣单位可以主动撤回被派遣劳动者。

(2) 劳动者具有《劳动合同法》第39条、第40条第1、2项情形的,退回后劳务派遣单位可以与其解除劳动合同。

十九、被派遣劳动者具有法定情形而被退回后,劳务派遣单位擅自解除劳动合同

◎ **法律法规**

《劳务派遣暂行规定》第12、15、17、21条。

《劳动合同法》(2012年修正)第46、48、65、87条。

◎ **法律责任或后果**

劳动者可以要求恢复劳动关系,继续履行劳动合同。不要求继续履行劳动合同或者劳动合同已经不能继续履行的,要求依照规定支付双倍赔偿金。

◎ **法律建议**

(1) 被派遣劳动者有《劳动合同法》第39条、第40条第1、2项规定情形,被用工单位退回劳务派遣单位的,劳务派遣单位可以与劳动者解除劳动合同。

(2) 劳动者不具有《劳动合同法》第39条、第40条第1、2项情形,被用人单位以其他法定原因退回,劳务派遣单位重新派遣时维持或者提高劳动合同约定条件,被派遣劳动者不同意的,劳务派遣单位可以解除劳动合同,并支付经济补偿金。重新派遣时降低劳动合同约定条件,被派遣劳动者不同意的,

劳务派遣单位不得解除劳动合同。但被派遣劳动者提出解除劳动合同的除外。

（3）劳务派遣单位在劳动者被退回后不得违法解除其劳动合同。

二十、劳动者被退回依据不足，劳务派遣单位未在一个月内进行合理重新派遣

◎ **法律法规**

上海市高级人民法院《关于劳务派遣适用法律若干问题的会议纪要》(2014.12.31)第8条。

◎ **法律责任或后果**

劳动者可以参照《劳动合同法》第38条规定解除劳动合同并要求支付经济补偿金。

◎ **法律建议**

《劳动合同法》第38条似乎并不能涵盖这种情况。实践中，劳动者被退回的依据是否充足，劳务派遣单位很难直接根据其具有的法律知识进行判断；而且何为合理重新派遣，同样难以直接判断。因此劳务派遣单位只能在劳动者无派遣任务期间，依法给劳动者发放最低工资。

二十一、劳务派遣单位有法定情形不再继续经营

◎ **法律法规**

《劳动合同法》(2012年修正)第44、46条。

《劳务派遣暂行规定》第16、17条。

◎ **法律责任或后果**

被派遣劳动者要求终止劳动合同，并要求劳务派遣单位和用工单位支付经济补偿金。

◎ **法律建议**

劳务派遣单位被依法宣告破产、吊销营业执照、责令关闭、撤销、决定提前解散或者经营期限届满不再继续经营的，劳动合同终止。劳务派遣单位应当与用工单位协商妥善安置被派遣劳动者，同时依法向劳动者支付经济补偿金。

二十二、派遣期限届满，但对具有法定情形的被派遣劳动者，在相应情形消失前用工单位擅自将其退回

◎ **法律法规**

《劳动合同法》(2012年修正)第42、65、92条。

《劳务派遣暂行规定》第13条。

◎ **法律责任或后果**

由劳动行政部门责令限期改正。逾期不改正的，处以罚款。给被派遣劳动者造成损害的，劳务派遣单位与用工单位承担连带赔偿责任。

◎ **法律建议**

(1) 法定情形指根据《劳动合同法》第42条规定，劳动者有下列情形之一的：①从事接触职业病危害作业的劳动者未进行离岗前职业健康检查，或者疑似职业病病人在诊断或者医学观察期间的；②在本单位患职业病或者因工负伤并被确认丧失或者部分丧失劳动能力的；③患病或者非因工负伤，在规定的医疗期内的；④女职工在孕期、产期、哺乳期的；⑤在本单位连续工作满15年，且距法定退休年龄不足5年的；⑥法律、行政法规规定的其他情形。

(2) 用工单位在对派遣期限已经届满的被派遣劳动者进行退回时，应注意鉴别其是否具有不能被退回的法定情形。具有法定情形的，应当延续至相应法定情形消失时方可退回。如果相应法定情形不会消失的，则不能退回。

(3) 如派遣期限届满后被派遣劳动者同时又出现了《劳动合同法》第39条或第40条第1、2项规定情形的，用工单位能否将劳动者退回？这个问题上述规定没有明确。结合《劳动合同法》第42、65条规定内容看，劳动者同时出现《劳动合同法》第39条规定情形的，可以退回，并可以由劳务派遣单位与其解除劳动合同，应无疑义。但劳动者同时出现《劳动合同法》第40条第1、2项规定情形的，因劳动者此时或处于疾病、伤病诊疗、观察过程中，或处于孕期、产期、哺乳期等难以全身心投入工作的时期，或处于"15+5"年龄段，上述情况均需要特殊保护，且《劳动合同法》第42条已经规定如直接存在劳动关系的，不能依据该法第40条第1、2项规定解除劳动合同。从被派遣劳动者与一般劳动者地位平等、同工同酬角度看，此时也不应当允许用工单位以此理由退回劳动者。

二十三、在派遣期限届满前,被派遣劳动者已具有法定情形的,用工单位以因客观原因无法继续用工、经济性裁员的理由,擅自将被派遣劳动者退回

◎ **法律法规**

《劳动合同法》(2012 年修正)第 42、65、92 条。

《劳务派遣暂行规定》第 13 条。

◎ **法律责任或后果**

由劳动行政部门责令限期改正。逾期不改正的,处以罚款。给被派遣劳动者造成损害的,劳务派遣单位与用工单位承担连带赔偿责任。

◎ **法律建议**

(1)法定情形指根据《劳动合同法》第 42 条规定的劳动者具有的情形之一。

(2)用工单位在对派遣期限尚未届满的被派遣劳动者进行退回时,应注意鉴别其是否具有不能以《劳动合同法》第 40 条第 3 项因客观原因无法继续用工、第 41 条经济性裁员为理由而退回的法定情形。具有法定情形的,用工单位不得以上述法条规定的内容为理由而退回,但仍然可以以被派遣劳动者有《劳动合同法》第 39 条和第 40 条第 1、2 项规定情形,或者其他合理理由而退回。没有上述理由的,不能在派遣期限届满前擅自退回。

二十四、用工单位未将使用的被派遣劳动者数量降至符合规定比例之前,擅自新增使用被派遣劳动者

◎ **法律法规**

《劳动合同法》(2012 年修正)第 92 条。

《劳务派遣暂行规定》第 4、28 条。

◎ **法律责任或后果**

由劳动行政部门责令限期改正。逾期不改正的,处以罚款。给被派遣劳动者造成损害的,劳务派遣单位与用工单位承担连带赔偿责任。

◎ **法律建议**

用工单位应当严格控制劳务派遣用工数量,使用的被派遣劳动者数量不得超过其用工总量的 10%;未将被派遣劳动者数量降至符合规定比例之前,不得新增被派遣劳动者。用工单位应当将制定的调整用工方案报当地劳动行政部门备案。

二十五、劳务派遣协议的内容违反法律法规规定,或者不具备规定的内容

◎ **法律法规**

《劳动合同法》(2012 年修正)第 58、92 条。

《劳务派遣暂行规定》第 7 条。

◎ **法律责任或后果**

由劳动行政部门责令限期改正。逾期不改正的,处以罚款。给被派遣劳动者造成损害的,劳务派遣单位与用工单位承担连带赔偿责任。

◎ **法律建议**

(1) 劳务派遣协议应当具备的主要条款有:①派遣的工作岗位名称和岗位性质;②工作地点;③派遣人员数量和派遣期限;④按照同工同酬原则确定的劳动报酬数额和支付方式;⑤社会保险费的数额和支付方式;⑥工作时间和休息休假事项;⑦被派遣劳动者工伤、生育或者患病期间的相关待遇;⑧劳动安全卫生以及培训事项;⑨经济补偿等费用;⑩劳务派遣协议期限;⑪劳务派遣服务费的支付方式和标准;⑫违约责任;⑬其他事项。

(2) 劳务派遣协议对被派遣劳动者的最低工资、工作时间、休息休假、劳动安全卫生、经济补偿等内容违反法律法规规定,或者条款不完备,引发争议的,适用国家有关规定。

(3) 劳务派遣单位与被派遣劳动者订立的劳动合同,除应当载明上述事项外,还应当载明被派遣劳动者的用工单位以及派遣期限、工作岗位等情况。

二十六、劳务派遣单位未将劳务派遣协议的内容告知劳动者,擅自克扣用工单位支付的劳动报酬,或者擅自向劳动者收取费用

◎ **法律法规**

《劳动合同法》(2012年修正)第60、92条。

◎ **法律责任或后果**

由劳动行政部门责令限期改正。逾期不改正的,处以罚款。给被派遣劳动者造成损害的,劳务派遣单位与用工单位承担连带赔偿责任。

◎ **法律建议**

劳务派遣单位应当将劳务派遣协议的内容告知被派遣劳动者,不得克扣用工单位按照劳务派遣协议支付给被派遣劳动者的劳动报酬。劳务派遣单位和用工单位均不得向被派遣劳动者收取费用。

二十七、劳务派遣单位与被派遣劳动者签订非全日制用工劳动合同

◎ **法律法规**

《劳动合同法》(2012年修正)第92条。

《劳动合同法实施条例》第30条。

◎ **法律责任或后果**

由劳动行政部门责令限期改正。逾期不改正的,处以罚款。给被派遣劳动者造成损害的,劳务派遣单位与用工单位承担连带赔偿责任。

◎ **法律建议**

劳务派遣单位不得以非全日制用工形式招用被派遣劳动者。但并不妨碍劳务派遣单位派遣劳动者到用工单位从事非全日制工作。

二十八、劳务派遣单位与被派遣劳动者签订的劳动合同期限不满二年

◎ **法律法规**

《劳动合同法》(2012年修正)第58、92条。

◎ **法律责任或后果**

由劳动行政部门责令限期改正。逾期不改正的,处以罚款。给被派遣劳

动者造成损害的,劳务派遣单位与用工单位承担连带赔偿责任。

◎ **法律建议**

劳务派遣单位应当与被派遣劳动者订立两年以上的固定期限劳动合同。该约定与法律规定相冲突而无效。该劳动合同到期后,双方应续签劳动合同最少至两年期满为止。

二十九、劳务派遣单位与符合条件的被派遣劳动者签订无固定期限劳动合同

◎ **法律法规**

《劳动合同法》(2012年修正)第58、92条。

◎ **法律责任或后果**

该合同期限与法律规定相冲突而无效。

◎ **法律建议**

(1) 实践中有不同观点认为,《劳动合同法》第58条虽然规定劳务派遣单位应当与被派遣劳动者订立两年以上的固定期限劳动合同,但也没有排斥签订无固定期限劳动合同,劳务派遣单位与被派遣劳动者同样应当根据《劳动合同法》第14条的规定,签订无固定期限劳动合同。

(2) 被派遣劳动者只能在临时性、辅助性或者替代性的工作岗位上被使用。虽然法律规定被派遣劳动者与一般劳动者同工同酬,但实际上,被派遣劳动者的劳动报酬、福利待遇往往低于一般劳动者。签订无固定期限劳动合同后,被派遣劳动者实际并不为劳务派遣单位长期提供劳动,而是在较长的时间内可能先后被派遣到多个不同的用工单位从事临时性、辅助性或者替代性的岗位工作,既不利于被派遣劳动者和用工单位之间长期实际用工关系的稳定,也不利于劳动者本人工作技能和收入的提高、职业生涯的发展前途和日常生活的稳定。劳动者被原用工单位退回后,劳务派遣单位需要支付劳动者最低工资,且并不能保证每次都能够为劳动者推荐新的合适的用工单位,如果不能解除劳动合同而长期延续的话,这种不工作而靠最低工资保障的做法,对劳务派遣单位是经济负担,对劳动者则是精神负担。因此,建议还是坚持劳务派遣用工是直接用工的补充原则,不宜提倡劳动者与劳务派遣单位签订无固定期限劳动合同。

(3) 已经签订无固定期限劳动合同的,建议与劳动者协商解除后改签两年以上固定期限合同;期限无法协商的,劳务派遣单位可以因客观原因不能继续履行合同为由而解除。

三十、劳务派遣单位未及时足额在被派遣劳动者无工作期间按月向其支付最低工资

◎ **法律法规**

《劳动合同法》(2012 年修正)第 38、58、46、85、92 条。

◎ **法律责任或后果**

(1) 由劳动行政部门责令限期改正。逾期不改正的,处以罚款。给被派遣劳动者造成损害的,劳务派遣单位与用工单位承担连带赔偿责任。逾期不支付的,可以要求加付 50%—100%的赔偿金。

(2) 劳动者可以通知劳务派遣单位解除劳动合同,并要求支付经济补偿金。

◎ **法律建议**

劳务派遣单位应当与被派遣劳动者订立两年以上的固定期限劳动合同,按月支付劳动报酬;被派遣劳动者在无工作期间,劳务派遣单位应当按照所在地人民政府规定的最低工资标准,向其按月支付报酬。

三十一、劳务派遣许可期限届满未续期或者许可被撤销、吊销的,劳务派遣单位和劳动者未能协商一致解除劳动合同

◎ **法律法规**

《劳务派遣暂行规定》第 11 条。

上海市人力资源和社会保障局《关于规范本市劳务派遣用工若干问题的意见》第 2 条。

◎ **法律责任或后果**

劳动者要求继续履行劳动合同。

◎ **法律建议**

劳务派遣单位行政许可有效期未延续或者劳务派遣经营许可证被撤销、

吊销的,双方经协商一致,可以解除劳动合同。无法协商的,已经与被派遣劳动者依法订立的劳动合同应当履行至合同期限届满时终止。

三十二、用工单位以承揽、外包等名义,按劳务派遣用工形式使用劳动者

◎ **法律法规**

《劳动合同法》(2012年修正)第92条。

《劳务派遣暂行规定》第27条。

上海市人力资源和社会保障局《关于规范本市劳务派遣用工若干问题的意见》第8条。

上海市高级人民法院《关于劳务派遣适用法律若干问题的会议纪要》(2014.12.31)第11条。

◎ **法律责任或后果**

由劳动行政部门责令限期改正。逾期不改正的,处以罚款。给被派遣劳动者造成损害的,劳务派遣单位与用工单位承担连带赔偿责任。

◎ **法律建议**

(1) 人力资源服务外包是指企业根据需要将某一项或几项人力资源管理工作或职能外包出去,交由其他企业或组织进行管理,以降低人力成本,实现效率最大化。发包企业与承包企业可通过协议方式合理确定具体的管理界限。

(2) 用工单位以承揽、外包等名义,按照劳务派遣用工形式使用劳动者的,按照劳务派遣关系处理。

(3) 被派遣劳动者由用工单位管理;而外包劳动者则应由承包方自行管理。实践中应结合规章制度的适用、用工单位所行使指挥管理权的强弱程度等因素综合作出判断。

(4) 在外包协议未被判定无效的情况下,发包单位对承包单位提供劳务的劳动者越权指挥但未改变其法律关系的,仅应整改,不应按劳务派遣处理或确认劳动者与发包单位存在劳动关系。

(5) 劳务派遣单位和用工单位将派遣用工转为人力资源服务外包的,应

当调整原劳务派遣法律关系所形成对劳动者的管理方式,根据人力资源服务外包的性质,参照直接管理和间接管理的原则合理确定管理界限,防止引发相关纠纷。

第十七章　非全日制用工

一、未与非全日制劳动者签订书面劳动合同

◎ **法律法规**

《劳动合同法》(2012年修正)第69条。

◎ **法律责任或后果**

可能导致劳动者与用人单位之间权利义务不明确。

◎ **法律建议**

非全日制用工双方当事人可以订立口头协议。但如劳资双方的权利义务较为复杂的,以签订书面劳动合同为好。

二、未依法为非全日制用工劳动者办理招退工相关的登记备案手续

◎ **法律法规**

上海市劳动和社会保障局《关于本市非全日制就业的若干问题的通知》(2003.6.20)第2条。

◎ **法律责任或后果**

原用人单位未及时办理招工备案手续或者未及时出具退工证明,从而延误劳动者享受失业保险待遇的,应补偿劳动者相应的经济损失。

◎ **法律建议**

用人单位招用非全日制劳动者的,应在其《就业失业登记证》(或《劳动手册》)上做好用工记载。《就业失业登记证》(或《劳动手册》)由劳动者保管。招用劳动者后,应在30日内办理招工登记备案手续。解除或终止劳动关系后,用人单位应出具退工证明。

三、要求非全日制劳动者劳动时间平均每日 4 小时以上,每周 24 小时以上甚至 40 小时

◎ **法律法规**

《劳动合同法》(2012 年修正)第 68 条。

原劳动和社会保障部《关于确立劳动关系有关事项的通知》(2005.5.25)第 1、2 条。

◎ **法律责任或后果**

劳动者可以提出劳动仲裁要求用人单位改正。造成劳动者损害的,应承担赔偿责任。可能导致最终被认定为普通劳动关系,并由用人单位承担相应的劳动法律责任。

◎ **法律建议**

非全日制用工的,以小时计酬为主,劳动者在同一用人单位一般平均每日工作时间不超过 4 小时,每周工作时间累计不超过 24 小时。用人单位应根据非全日制用工"小时工"的特点,严格执行非全日制用工的工作时间。劳动者的工作时间、岗位性质、薪酬结算方式等特点不适合采用非全日制用工形式,或者实际工作时间每日 4 小时以上、每周累计 24 小时以上甚至 40 小时的,用人单位仍应与劳动者建立普通劳动关系。

四、不当限制非全日制劳动者与其他用人单位发生其他劳动关系

◎ **法律法规**

《劳动合同法》(2012 年修正)第 69 条。

原上海市劳动和社会保障局《关于本市非全日制就业的若干问题的通知》(2003.6.20)第 7 条。

◎ **法律责任或后果**

劳动者可以提出劳动仲裁要求用人单位改正。造成劳动者损害的,应承担赔偿责任。

◎ **法律建议**

(1) 从事非全日制用工的劳动者可以与一个或者一个以上用人单位订立劳动合同。因此用人单位不得限制非全日制用工劳动者与其他用人单位

发生其他劳动关系。

（2）如果后订立的劳动合同影响先订立的劳动合同的履行，先订立劳动合同的用人单位有权要求劳动者解除其他劳动关系。故用人单位应当及时审查非全日制劳动者与其他用人单位发生劳动关系情况，以免影响已经签订的劳动合同的履行。

五、允许非全日制劳动者"在家办公"，未要求其在指定地点工作

◎ **法律法规**

《劳动合同法》(2012年修正)第68条。

◎ **法律责任或后果**

可能导致最终被认定为劳务关系。

◎ **法律建议**

非全日制用工仍然符合劳动关系的基本特征，即用人单位依法制定的各项劳动规章制度适用于劳动者，劳动者受用人单位的劳动管理并从事用人单位安排的有报酬的劳动。如果用人单位允许劳动者不来单位而"在家办公"，则无法体现用人单位对劳动者的管理权，混淆了非全日制用工与劳务关系的区别，也无法查实劳动者的具体工作时间是否符合非全日制用工的规定。故用人单位应当要求非全日制劳动者在用人单位完成其工作任务。

六、与非全日制劳动者约定试用期、限制劳动者合同解除权利的条件

◎ **法律法规**

《劳动合同法》(2012年修正)第70、71条。

◎ **法律责任或后果**

劳动者可以提出劳动仲裁要求用人单位改正。造成劳动者损害的，应承担赔偿责任。

◎ **法律建议**

非全日制用工双方当事人不得约定试用期。非全日制用工双方当事人任何一方都可以随时通知对方终止用工。终止用工的，用人单位可以不向劳动者支付经济补偿。

七、与非全日制劳动者约定的劳动报酬低于最低小时工资标准

◎ **法律法规**

《劳动合同法》(2012年修正)第72条。

上海市人力资源和社会保障局《关于调整本市最低工资标准的通知》(2017.4.1)第1、2、3条。

◎ **法律责任或后果**

劳动者可以提出劳动仲裁要求用人单位改正。造成劳动者损害的,应承担赔偿责任。

◎ **法律建议**

非全日制用工小时计酬标准不得低于用人单位所在地政府规定的最低小时工资标准。该标准不包括用人单位和劳动者个人依法应当缴纳的社会保险费。

八、与非全日制劳动者约定的劳动报酬结算周期长于15日

◎ **法律法规**

《劳动合同法》(2012年修正)第72条。

◎ **法律责任或后果**

劳动者可以提出劳动仲裁要求用人单位改正。造成劳动者损害的,应承担赔偿责任。可能导致最终被认定为普通劳动关系,并由用人单位承担相应的劳动法律责任。

◎ **法律建议**

根据规定,非全日制用工的劳动报酬结算支付周期最长不得超过15日。结算支付周期最长超过15日的,用人单位仍应与劳动者建立普通劳动关系。

九、安排非全日制用工劳动者在法定节假日加班,未按规定支付加班工资

◎ **法律法规**

《劳动合同法》(2012年修正)第3条。

上海市人力资源和社会保障局《上海市企业工资支付办法》(2016年修订)第13、18条。

◎ **法律责任或后果**

劳动者可以提出劳动仲裁要求用人单位支付加班工资。

◎ **法律建议**

(1) 从非全日制用工的特点看,只要劳动者每周劳动总时间不超出24小时的限制,其当日超出规定劳动时间是法律认可的,在周末双休日工作也是法律认可的,均可以不支付加班工资。

(2) 现有法律法规并未明确规定非全日制用工劳动者在法定节假日加班的,是否应当支付其加班工资。但从《上海市企业工资支付办法》第13条规定内容看,用人单位安排适用标准工时、综合工时、不定工时的劳动者在法定节假日加班的,都应当支付其加班工资。因此,如果非全日制用工的劳动合同中并未约定该劳动者法定节假日加班是否应当支付加班工资的,从诚实信用和同工同酬的原则讲,用人单位同样应当支付劳动者加班费。只是由于非全日制用工劳动者是按小时、日、周或最长不超过15日的计薪周期计酬,法定节假日并非其带薪日,因此加班费不包含带薪工资,应当按平时劳动报酬结算标准的300%计算。

十、不根据规定向非全日制劳动者支付应当缴纳的社会保险费

◎ **法律法规**

《社会保险法》第10、86条。

原劳动和社会保障部《关于非全日制用工若干问题的意见》第10、11、12条。

原上海市劳动和社会保障局《关于本市非全日制就业的若干问题的通知》(2003.6.20)第3、4、6条。

◎ **法律责任或后果**

由社会保险费征收机构责令用人单位限期缴纳或者补足,并加收滞纳金。逾期仍不缴纳的,可处以罚款。

◎ **法律建议**

（1）用人单位支付的劳动报酬包括非全日制劳动者的工资收入和应当缴纳的社会保险费。用人单位以非全日制劳动者的工资收入为基数，按照上海市统一规定的比例支付社会保险费。

（2）未在用人单位参加基本养老保险的非全日制劳动者可以参加基本养老保险，由个人缴纳基本养老保险费。非全日制劳动者可以以个人身份参加基本医疗保险，并按照待遇水平与缴费水平相挂钩的原则，享受相应的基本医疗保险待遇。用人单位应当按照国家有关规定为建立劳动关系的非全日制劳动者缴纳工伤保险费。

（3）原则上参照个体工商户的参保办法执行，由用人单位支付给劳动者，自行缴纳。也可以按照上海市自由职业人员的有关规定办理养老、医疗保险登记，缴纳养老、医疗保险费。

十一、不在非全日制劳动者发生工伤或者患职业病时承担相应的经济责任

◎ **法律法规**

原劳动和社会保障部《关于非全日制用工若干问题的意见》第12条。

原上海市劳动和社会保障局《关于本市非全日制就业的若干问题的通知》(2003.6.20)第5条。

上海市人民政府《上海市工伤保险实施办法》(2012年修订)第51条。

◎ **法律责任或后果**

劳动者可以通过劳动仲裁追讨。

◎ **法律建议**

用人单位应当按照国家有关规定为建立劳动关系的非全日制劳动者缴纳工伤保险费。从事非全日制工作的劳动者发生工伤，依法享受工伤保险待遇。劳动者因工伤或患职业病，按规定由用人单位承担经济责任的，应当承担相应经济责任。

第十八章　社会保险、公积金和福利待遇

一、用人单位未及时申请办理、变更、注销社会保险登记证或办理相关验证、换证手续

◎ **法律法规**

《社会保险法》第57、84条。

《社会保险登记管理暂行办法》第5、9、10、20条。

上海市人民政府《上海市社会保险费征缴实施办法》(2010.12.20修订)第27条。

人力资源和社会保障部办公厅《关于做好企业"五证合一"社会保险登记工作的通知》(2016.8.22)第1条。

◎ **法律责任或后果**

用人单位不按规定办理社会保险登记的,由劳动保障行政部门责令限期改正;逾期仍不改正的,可处以罚款。

◎ **法律建议**

(1) 用人单位应当自成立之日起30日内凭营业执照、登记证书或者单位印章,向当地社会保险经办机构申请办理社会保险登记。社会保险登记事项发生变更或者用人单位依法终止的,应当自变更或者终止之日起30日内,到社会保险经办机构办理变更或者注销社会保险登记。

(2) 社会保险经办机构对已核发的社会保险登记证件,实行定期验证和换证制度。用人单位应当在规定的期限内到社会保险经办机构办理验证或换证手续。

(3) 自2016年10月1日起,全国逐步实行"五证合一、一照一码"登记模式(工商、税务、技监、社保、统计),由工商行政管理部门核发加载法人和其他

组织统一社会信用代码的营业执照,社会保险登记证不再另行发放,社会保险登记证的定期验证和换证制度相应取消。

二、用人单位伪造、变造、转让、涂改、买卖、损毁、遗失社会保险登记证件

◎ **法律法规**

《社会保险登记管理暂行办法》第 21 条。

《社会保险费征缴监督检查办法》第 14 条。

◎ **法律责任或后果**

伪造、变造社会保险登记证的,由社会保险行政部门予以警告,并可以处以罚款。

◎ **法律建议**

社会保险登记证件不得伪造、变造、转让、涂改、买卖和损毁。遗失社会保险登记证件的,应当及时向原社会保险经办机构报告,并申请补办。

三、用人单位未自用工之日起 30 日内为劳动者向社会保险经办机构申请办理社会保险登记并申报缴费情况

◎ **法律法规**

《社会保险法》第 58 条。

《社会保险费申报缴纳管理规定》第 8、30 条。

◎ **法律责任或后果**

用人单位未按照规定向社会保险经办机构进行缴费申报的,由社会保险行政部门依法查处。

◎ **法律建议**

(1)用人单位应当自用工之日起 30 日内为其新入职职工向社会保险经办机构申请办理社会保险登记。未办理社会保险登记的,由社会保险经办机构核定其应当缴纳的社会保险费。

(2)用人单位未按照规定申报应缴纳的社会保险费数额的,社会保险经

办机构暂按该用人单位上月缴费数额的110%确定应缴数额。没有上月缴费数额的，社会保险经办机构暂按该单位的经营状况、职工人数、当地上年度职工平均工资等有关情况确定应缴数额。用人单位补办申报手续后，由社会保险统办机构按照规定结算。

四、用人单位无正当理由不足额、不按时为劳动者（包括在试用期内）缴纳各类社会保险（包括用人单位依法应当为劳动者缴纳的部分和代扣代缴劳动者需要承担的部分）

◎ **法律法规**

《社会保险法》第63、86条。

《实施〈社会保险法〉若干规定》第20条。

《最高人民法院关于审理劳动争议案件适用法律若干问题的解释（三）》第1条。

上海市人力资源和社会保障局《关于本市各级仲裁机构不再受理社会保险缴费争议的通知》(2014.6.19)。

◎ **法律责任或后果**

（1）用人单位未按时足额缴纳社会保险费的，由社会保险费征收机构责令用人单位限期缴纳或者补足，并自用人单位欠缴之日起加收滞纳金。

（2）用人单位未依法代扣代缴劳动者应当缴纳的社保费用的，由社会保险费征收机构责令用人单位限期代缴，并自欠缴之日起向用人单位加收滞纳金。

（3）如用人单位未为劳动者办理社会保险手续，且社会保险经办机构不能补办导致其无法享受社会保险待遇的，劳动者可以要求用人单位赔偿损失。

◎ **法律建议**

（1）用人单位应当根据有关规定为劳动者办理养老、医疗、工伤、生育、失业等社会保险手续。用人单位应根据劳动者劳动报酬情况，根据规定分门别类、及时足额为劳动者缴纳社保费。

（2）劳动者应当缴纳的社会保险费由用人单位代扣代缴。加收滞纳金的，不得要求劳动者代为承担。

（3）自 2014 年 7 月 1 日起，上海市各级劳动仲裁机构不再受理社会保险缴费劳动争议案件。自 2011 年 1 月 1 日起，上海市各级人民法院不再受理社会保险缴费劳动争议案件。此类争议由劳动行政部门直接处理。

五、用人单位逾期无法足额缴纳社保费用

◎ **法律法规**

《社会保险法》第 63、86 条。

《社会保险费申报缴纳管理规定》第 25 条。

◎ **法律责任或后果**

由社会保险费征收机构责令用人单位限期缴纳或者补足，并自用人单位欠缴之日起加收滞纳金；逾期仍不缴纳的，可由有关行政部门处以罚款，并由有关行政部门、法院强制划拨、执行欠缴社保。

◎ **法律建议**

（1）用人单位经社会保险费征收机构责令限期缴纳社保，逾期仍未缴纳或者补足的，由有关行政部门处以罚款。社会保险费征收机构可以向银行和其他金融机构查询用人单位存款账户，并可以申请有关行政部门作出划拨社会保险费的决定，书面通知银行划拨社会保险费。

（2）经查询、划拨，用人单位仍无法足额清偿应缴纳的社保费用，且未签订担保合同的，社会保险经办机构可以申请法院扣押、查封、拍卖用人单位价值相当于应当缴纳社会保险费的财产，以拍卖所得抵缴社会保险费、滞纳金。

六、用人单位逾期无法足额缴纳社保费用，社会保险行政部门要求用人单位以抵押、质押的方式提供担保

◎ **法律法规**

《社会保险法》第 63 条。

《社会保险费申报缴纳管理规定》第 21—25 条。

◎ **法律责任或后果**

由有关行政部门处以罚款。担保到期后由有关部门执行担保财产，或申请法院强制执行欠缴社保。

◎ **法律建议**

（1）经查询，用人单位账户余额少于应当缴纳的社会保险费数额的，或者划拨后用人单位仍未足额清偿社会保险费的，社会保险经办机构可以要求用人单位以抵押、质押的方式提供担保。用人单位应当到社会保险经办机构认可的评估机构对其抵押财产或者质押财产进行评估，经社会保险经办机构审核后，对能够足额清偿社会保险费的，双方依法签订抵押合同或者质押合同，以及延期缴费协议；需要办理登记的，应当依法办理抵押登记或者质押登记。延期缴纳最多不超过一年，期间免收滞纳金。

（2）协议期满用人单位仍未足额清偿社会保险费的，社会保险经办机构可以参照协议期满时的市场价格，以抵押财产、质押财产折价或者以拍卖、变卖所得抵缴社会保险费。劳动者在延缴期间按照规定仍然应当继续享受相应的社会保险待遇。

（3）延期缴费协议期满，因担保财产的市场价格或者权利状况发生变化，用人单位仍未足额清偿应缴纳的社会保险费的，社会保险经办机构可以向法院申请扣押、查封、拍卖用人单位财产，以拍卖所得抵缴应缴纳的社会保险费、滞纳金。

七、用人单位因不可抗力等情况造成生产经营严重困难，难以及时足额缴纳社保，但未向社会保险行政部门提出申请暂缓缴纳，或批准暂缓期间经过后仍然不继续缴纳

◎ **法律法律**

《社会保险法》第63、86条。

《实施〈社会保险法〉若干规定》第21条。

上海市人民政府《上海市社会保险费征缴实施办法》第10、12条。

◎ **法律责任或后果**

由社会保险费征收机构责令用人单位限期缴纳或者补足。

◎ **法律建议**

（1）用人单位因不可抗力等情况造成生产经营出现严重困难的，经省级人民政府社会保险行政部门批准后，可以暂缓缴纳一定期限的社会保险费，

期限一般不超过一年。申请缓缴社会保险费的,申请缓缴方应当提出缓缴期限和缴费计划,并经职工代表大会或工会同意。暂缓缴费期间,免收滞纳金。到期后,用人单位应当缴纳相应的社会保险费。

(2) 除不可抗力外,可申请缓缴的情况还有:①经人民法院依法宣告进入破产程序的;②停产、连续亏损一年以上,或者濒临破产的;③市人民政府批准的其他情形。因人为原因造成生产经营困难的,不得申请缓缴社会保险费。

八、用人单位擅自与上海市或外省市来沪工作的农村户籍劳动者达成所谓"自愿放弃缴纳社保"的协议后不再为其缴纳社保

◎ **法律法规**

《社会保险法》第86条。

《劳动合同法》(2012年修正)第38、46条。

上海市人民政府《关于外来从业人员参加本市城镇职工基本养老保险有关问题的通知》(2011.6.15)第1条。

上海市人民政府《关于外来从业人员参加本市城镇职工基本医疗保险若干问题的通知》(2011.6.15)第1条。

上海市人民政府《关于外来从业人员参加本市工伤保险若干问题的通知》(2011.6.15)第1条。

上海市人力资源和社会保障局《关于适应本市城乡发展一体化进一步做好人力资源和社会保障工作的实施意见》(2015.2.16)第1条。

◎ **法律责任或后果**

(1) 由社会保险费征收机构责令用人单位限期缴纳或者补足,并自用人单位欠缴之日起加收滞纳金。

(2) 劳动者可以提出解除劳动合同,并支付经济补偿金。

◎ **法律建议**

用人单位与上海市或外省市来沪工作的农村户籍的劳动者发生劳动关系,均应为其缴纳"五险"。擅自与其达成所谓"自愿放弃缴纳社保协议"的,该协议无效。

九、异地派遣劳动者或者异地用工的,劳务派遣单位、用工单位未在用工所在地设立分支机构并缴纳社会保险

◎ **法律法规**

《劳务派遣暂行规定》第 19 条。

上海市人力资源和社会保障局《关于规范本市劳务派遣用工若干问题的意见》第 6 条。

◎ **法律责任或后果**

被派遣劳动者、异地工作劳动者要求承担社会保险待遇。

◎ **法律建议**

(1) 劳务派遣单位在用工单位所在地设立分支机构的,由分支机构为被派遣劳动者办理参保手续,缴纳社会保险费。劳务派遣单位未在用工单位所在地设立分支机构的,由当地用工单位代劳务派遣单位为被派遣劳动者办理参保手续,缴纳社会保险费。

(2) 外省市劳务派遣单位未在上海市设立分支机构且上海市用工单位未按规定在上海市缴纳社会保险,被派遣员工要求用工单位承担社会保险待遇的,用工单位应当先行承担。

(3) 外省市劳务派遣单位将非上海市户籍员工派遣到上海市用工单位设在外省市的劳务派遣单位所在地岗位工作的,不适用上述规定。

(4) 用人单位需异地用工的,可以通过异地劳务派遣的方式解决社保问题。如有必要的,结合商业保险。

十、因社保手续转移繁杂在短时期内无法将劳动者在外地的社保关系和已缴纳资金转移至本地而无法及时办理社保登记、缴纳社保

◎ **法律法规**

《社会保险法》第 19、32、52、58、86 条。

《城镇企业职工基本养老保险关系转移接续暂行办法》第 3、4、5、6、8 条。

◎ **法律责任或后果**

由社会保险费征收机构责令用人单位限期缴纳或者补足,并自用人单位

欠缴之日起加收滞纳金。

◎ **法律建议**

（1）根据《社会保险法》的规定，劳动者跨统筹地区就业的，养老、医疗、失业保险关系随本人转移，缴费年限累计计算。

（2）如确实因转移社保关系时间较长无法及时办理而影响继续缴纳社保的，可在办理社保转移手续的同时在新参保地直接开立新的社保登记个人账户，待社保转移手续办理完毕后合并。

（3）对男性年满50周岁和女性年满40周岁的，应在原参保地继续保留基本养老保险关系，同时在新参保地建立临时缴费账户，记录单位和个人全部缴费。

十一、用人单位未给依法在华就业的外国人、中国台港澳地区人士缴纳社会保险

◎ **法律法规**

《社会保险法》第86、97条。

人力资源和社会保障部《在中国境内就业的外国人参加社会保险暂行办法》（2011.10.15）第3、4、11、12条。

《台湾香港澳门居民在内地就业管理规定》第11条。

◎ **法律责任或后果**

由社会保险费征收机构责令用人单位限期缴纳或者补足，并自用人单位欠缴之日起加收滞纳金。

◎ **法律建议**

（1）在中国境内的用人单位依法招用的外国人，自2011年10月15日起，应当依法参加职工基本养老保险、职工基本医疗保险、工伤保险、失业保险和生育保险。

（2）用人单位招用外国人的，应当自办理就业证件之日起30日内为其办理社会保险登记。

十二、用人单位未及时根据劳动者的具体情况办理新进、转入、转出、补缴、封存、启封等各类社保申报手续

◎ **法律法规**

《最高人民法院关于审理劳动争议案件适用法律若干问题的解释（三）》第1条。

◎ **法律责任或后果**

如用人单位未为劳动者办理社会保险手续，且社会保险经办机构不能补办导致其无法享受社会保险待遇的，劳动者可以要求用人单位赔偿损失。

◎ **法律建议**

社会保险申报手续主要有：①新进申报，是指对首次参加工作，原来从未建立过本市社会保险个人账户，现与单位签订劳动合同，建立劳动关系的职工，在与单位建立劳动关系后，由单位依法为职工个人办理缴纳社会保险费的申报操作；②转入申报，是指对原已建立过本市社会保险个人账户，现与单位签订劳动合同，建立劳动关系的职工，在与单位建立劳动关系的当月，由单位依法为职工个人办理缴纳社会保险费的申报操作；③转出申报，是指对与本单位解除、终止劳动合同、劳动合同到期或调往本市机关、事业单位工作的职工，在其解除终止劳动关系后，由单位所办理停止缴纳社会保险费的申报操作；④补缴申报，是指已与单位签订劳动合同，建立劳动关系的职工，在由单位依法为其个人办理了新进或转入等社会保险关系的变更手续、正常缴纳社会保险费后，按规定单位应当补充申报自职工本人被单位用工起，至单位为其办理上述社会保险关系变更手续之前，该期间单位和职工个人所应缴而未缴的常规性补缴社会保险费的申报操作；⑤封存申报，是指单位与职工签订停薪留职协议，且协议明确停薪留职期间不再缴费的；职工被司法机关拘役、逮捕后审查期间或失踪期间，单位可按有关规定，办理职工暂时中止缴纳社会保险费的申报操作；⑥启封申报，是指单位对已办理封存操作的职工，恢复其缴纳社会保险费的申报操作。用人单位应根据劳动者具体情况，及时为劳动者办理上述社会保险申报手续。

十三、劳动合同变更、解除后，用人单位未在 15 日内为劳动者办理社保转移手续

◎ **法律法规**

《劳动合同法》(2012 年修正)第 50 条。

《最高人民法院关于审理劳动争议案件适用法律若干问题的解释(三)》第 1 条。

◎ **法律责任或后果**

如用人单位未为劳动者办理社会保险手续，且社会保险经办机构不能补办导致其无法享受社会保险待遇的，劳动者可以要求用人单位赔偿损失。

◎ **法律建议**

用人单位应当在解除或者终止劳动合同后 15 日内为劳动者办理社会保险关系转移手续，不得以劳动者未按规定和约定及时办理工作交接手续而拒绝办理。

十四、用人单位采取各种财务、行政手段故意降低用人单位工资总额和劳动者账面工资的数额，规避缴纳社会保险

◎ **法律法规**

《社会保险法》第 86 条。

《合同法》第 52 条。

《劳动合同法》(2012 年修正)第 38、46 条。

《最高人民法院关于审理劳动争议案件适用法律若干问题的解释(三)》第 1 条。

◎ **法律责任或后果**

(1) 由社会保险费征收机构责令用人单位限期缴纳或者补足，并自用人单位欠缴之日起加收滞纳金。

(2) 劳动者可以提出解除劳动合同，并支付经济补偿金。如用人单位未为劳动者办理社会保险手续，且社会保险经办机构不能补办导致其无法享受社会保险待遇的，劳动者可以要求用人单位赔偿损失。

◎ **法律建议**

用人单位采取各种财务、行政手段故意降低用人单位工资总额和劳动者账面工资的数额的行为,属于以合法形式掩盖非法目的的行为,应属无效。用人单位应根据劳动者实际劳动报酬情况,及时足额为劳动者缴纳社会保险费用并代扣代缴。

十五、用人单位协助劳动者以欺诈、伪造证明材料或者其他手段骗取社会保险待遇

◎ **法律法规**

《社会保险法》第 86 条。

◎ **法律责任或后果**

以欺诈、伪造证明材料或者其他手段骗取社会保险待遇的,由社会保险行政部门责令退回骗取的社会保险金,并处罚款。

◎ **法律建议**

用人单位不得协助劳动者以欺诈、伪造证明材料或者其他手段骗取社会保险待遇。

十六、用人单位委托各类人才中介服务机构或者各类"代缴社保平台"以该机构或平台自己的名义办理代缴社保服务

◎ **法律法规**

《社会保险法》第 4、60、86 条。

《最高人民法院关于审理劳动争议案件适用法律若干问题的解释(三)》第 1 条。

《人才市场管理规定》(2015 年修订)第 13 条。

◎ **法律责任或后果**

(1) 由社会保险费征收机构责令用人单位限期缴纳或者补足,并自用人单位欠缴之日起加收滞纳金。

(2) 如用人单位未为劳动者办理社会保险手续,且社会保险经办机构不

能补办导致其无法享受社会保险待遇的,劳动者可以要求用人单位赔偿损失。

◎ **法律建议**

实践中,用人单位委托人才中介服务机构缴纳社会保险费的情况十分常见。但具体情况略有不同。如果人才中介服务机构具备经劳动行政部门核准、许可的代缴社会保险费的资质,而且是以用人单位自己的名义代为缴纳社会保险费的,不违反法律法规规定。但如果不具备相应资质,或者是以人才中介服务机构自身名义缴纳的,则不符合《社会保险法》中应由用人单位和个人的名义自行依法缴纳社会保险费的规定。以代理人名义代缴的,劳动者有可能无法享受工伤保险、生育保险、居住证积分和转本地户籍等需要核实劳动关系真实性的社会保险待遇或福利待遇。不加审核便擅自委托各类"代缴社保平台"以图节省费用或人力的,可能遭遇违法平台诈骗而遭遇损失。

十七、用人单位未按月将缴纳社会保险费的明细情况告知劳动者

◎ **法律法规**

《社会保险法》第 60 条。

《实施〈社会保险法〉若干规定》第 24 条。

◎ **法律责任或后果**

由劳动行政部门责令改正。逾期不改的,可处以罚款。

◎ **法律建议**

劳动者应当缴纳的社会保险费由用人单位代扣代缴后,用人单位应当按月将缴纳社会保险费的明细情况告知本人。

十八、用人单位未按时依法办理住房公积金登记手续

◎ **法律法规**

《住房公积金管理条例》(2002 年修订)第 14、37 条。

◎ **法律责任或后果**

由住房公积金管理中心责令限期办理。逾期不办理的,可处以罚款。

◎ **法律建议**

（1）新设立的单位应当自设立之日起 30 日内到住房公积金管理中心办理住房公积金缴存登记，并自登记之日起 20 日内持住房公积金管理中心的审核文件，到受委托银行为本单位职工办理住房公积金账户设立手续。

（2）用人单位合并、分立、撤销、解散或者破产的，应当自发生上述情况之日起 30 日内由原单位或者清算组织到住房公积金管理中心办理变更登记或者注销登记，并自办妥变更登记或者注销登记之日起 20 日内持住房公积金管理中心的审核文件，到受委托银行为本单位职工办理住房公积金账户转移或者封存手续。

十九、用人单位未按时依法为劳动者办理住房公积金缴存登记并到银行办理其住房公积金账户的设立或者转移手续

◎ **法律法规**

《住房公积金管理条例》（2002 年修订）第 15、37 条。

《上海市住房公积金管理若干规定》第 6 条。

◎ **法律责任或后果**

由住房公积金管理中心责令限期办理。逾期不办理的，可处以罚款。

◎ **法律建议**

（1）单位录用新职工的，应当自录用之日起 30 日内到住房公积金管理中心办理缴存登记，并持住房公积金管理中心的审核文件，到受委托银行办理职工住房公积金账户的设立或者转移手续。

（2）职工与原单位解除、终止劳动关系后即被新单位录用的，原单位应当自劳动关系解除、终止之日起 30 日内，将职工住房公积金账户转移到新单位。职工与原单位解除、终止劳动关系后尚未被新单位录用的，原单位应当自劳动关系解除、终止之日起 30 日内，将职工住房公积金账户转入市公积金管理中心封存管理；职工被新单位录用后，新单位应当自录用之日起 30 日内，为职工办理住房公积金账户启封和转移手续。

二十、用人单位未根据规定为劳动者(包括在试用期内)缴纳并代扣代缴其应缴的住房公积金

◎ **法律法规**

《住房公积金管理条例》(2002年修订)第16、17、38条。

《上海市住房公积金管理若干规定》第17条。

◎ **法律责任或后果**

由住房公积金管理中心责令限期缴存；逾期仍不缴存的，可以申请人民法院对用人单位强制执行。

◎ **法律建议**

境内的用人单位和劳动者均应依法及时足额缴纳住房公积金。新参加工作的职工从参加工作的第二个月开始缴纳公积金。

二十一、劳动者提取公积金时用人单位未根据规定加以核实并出具提取证明

◎ **法律法规**

《住房公积金管理条例》(2002年修订)第25条。

◎ **法律责任或后果**

住房公积金管理中心自受理申请之日起3日内作出不准提取的决定，并通知申请人。

◎ **法律建议**

劳动者提取住房公积金账户内的存储余额的，用人单位应当予以核实，并出具提取证明。

二十二、用人单位协助劳动者以欺骗手段违法提取本人或他人住房公积金账户内的存储余额

◎ **法律法规**

《上海市住房公积金管理若干规定》第18条。

◎ **法律责任或后果**

由市公积金管理中心限期退回违法所提款额,并可处以罚款。构成犯罪的,依法追究刑事责任。

◎ **法律建议**

用人单位不得协助劳动者以欺骗手段违法提取本人或他人住房公积金账户内的存储余额。

二十三、劳务派遣单位或者用工单位不依法承担缴纳公积金的义务,或者未在劳务派遣协议中约定缴纳方式

◎ **法律法规**

上海市住房公积金管理委员会《上海市住房公积金缴存管理办法》(2018.4.1起生效)第4条。

《住房公积金管理条例》(2002年修订)第16、17、38条。

《上海市住房公积金管理若干规定》第17条。

◎ **法律责任或后果**

由住房公积金管理中心责令劳务派遣单位限期缴存;逾期仍不缴存的,可以申请人民法院对劳务派遣单位强制执行。

◎ **法律建议**

以劳务派遣形式用工的,劳务派遣单位应当承担住房公积金缴存责任。劳务派遣单位与用工单位应当在劳务派遣协议中约定缴纳住房公积金的费用。

二十四、未与合法建立劳动关系的外国人、获得境外永久(长期)居留权人员,以及中国台港澳地区人员按规定缴存住房公积金

◎ **法律法规**

《住房公积金管理条例》(2002年修订)第38条。

住房和城乡建设部《关于在内地(大陆)就业的港澳台同胞享有住房公积金待遇有关问题的意见》(2017.11.28)第1条。

上海市住房公积金管理委员会《上海市住房公积金缴存管理办法》(2018.4.1起生效)第6条。

◎ **法律责任或后果**

由住房公积金管理中心责令限期缴存;逾期仍不缴存的,可以申请人民法院强制执行。

◎ **法律建议**

用人单位建立和形成合法劳动关系的外国人、获得境外永久(长期)居留权人员,以及中国台港澳地区人员,所在单位和个人可以按规定缴存住房公积金和补充住房公积金。

二十五、申请降低公积金缴存比例或缓交住房公积金的用人单位提出申请前未经职代会或工会审议通过

◎ **法律法规**

《住房公积金管理条例》第38条。

上海市住房公积金管理委员会《上海市住房公积金缴存管理办法》(2018.4.1起生效)第26条。

◎ **法律责任或后果**

住房公积金管理中心对降低公积金缴存比例或缓交的申请不予批准,并责令限期缴存;逾期仍不缴存的,可以申请人民法院强制执行。

◎ **法律建议**

用人单位申请降低缴存比例或者缓缴住房公积金的,应当经本单位职工代表大会或工会审议通过,向市公积金中心提出申请。经审批,降低缴存比例或者缓缴期限为一年。期满后仍需降低缴存比例或者缓缴的,应当在期满之日前30日内重新申请办理。

二十六、未根据法律法规和本单位规章制度发放相关的职工福利费

◎ **法律法规**

国家税务总局《关于企业工资薪金及职工福利费扣除问题的通知》(2008.1.1)第3、4条。

《企业所得税法实施条例》第 40 条。

《劳动合同法》(2012 年修正)第 38、85 条。

《工资支付暂行规定》第 18 条。

◎ **法律责任或后果**

(1) 属于拖欠、克扣工资的,由劳动行政部门责令限期支付差额部分。逾期不支付的,责令用人单位加付 50% 以上、100% 以下赔偿金。劳动者有权通知用人单位随时解除劳动合同,并支付经济补偿金。

(2) 没有单独设置账册准确核算的,税务机关应责令用人单位在规定的期限内进行改正。逾期仍未改正的,税务机关可对用人单位发生的职工福利费进行合理的核定。

◎ **法律建议**

(1) 根据规定,职工福利费主要包括:①尚未实行分离办社会职能的企业,其内设福利部门所发生的设备、设施和人员费用,包括职工食堂、职工浴室、理发室、医务所、托儿所、疗养院等集体福利部门的设备、设施及维修保养费用和福利部门工作人员的工资薪金、社会保险费、住房公积金、劳务费等;②为职工卫生保健、生活、住房、交通等所发放的各项补贴和非货币性福利(即津贴、补贴),包括企业向职工发放的因公外地就医费用、未实行医疗统筹企业职工医疗费用、职工供养直系亲属医疗补贴、供暖费补贴、职工防暑降温费、职工困难补贴、救济费、职工食堂经费补贴、职工交通补贴等;③按照其他规定发生的其他职工福利费,包括丧葬补助费、抚恤费、安家费、探亲假路费等。

(2) 如果其中的津贴和补贴的发放并未附加任何条件(如单位经济效益许可、完成工作量或绩效任务等),则该津贴和补贴属于劳动者应得的工资性收入,用人单位同样不得随意拖欠或克扣。

(3) 用人单位发生的职工福利费,应该单独设置账册,进行准确核算,并根据规定支出,不得挪为他用。用人单位发生的职工福利费支出,不超过工资薪金总额 14% 的部分,准予扣除。

二十七、参保劳动者因病、非因工死亡或完全丧失劳动能力的,用人单位未告知或协助其近亲属向社会保险基金领取相关福利待遇

◎ **法律法规**

《社会保险法》第 17 条。

上海市人民政府《关于贯彻实施〈社会保险法〉调整本市现行有关养老保险政策的通知》(2011.6.22)。

◎ **法律责任或后果**

造成社会不稳定因素,影响和谐劳动关系和用人单位正常生产秩序。

◎ **法律建议**

参加基本养老保险的个人,因病或者非因工死亡的,其遗属可以领取丧葬补助金和抚恤金(或者供养直系亲属救济金);在未达到法定退休年龄时因病或者非因工致残完全丧失劳动能力的,可以领取病残津贴。所需资金从基本养老保险基金中支付。

二十八、用人单位未告知因病或非因工死亡劳动者遗属,如生活困难的可申请遗属生活困难补助费

◎ **法律法规**

上海市人力资源和社会保障局《关于本市因病或非因工死亡职工遗属生活困难补助费有关问题的通知》(2013.6.5)。

◎ **法律责任或后果**

造成社会不稳定因素,影响和谐劳动关系和用人单位正常生产秩序。

◎ **法律建议**

因病或非因工死亡劳动者遗属,如生活困难的可向城镇基本养老保险基金申请遗属生活困难补助费。

第十九章　企业年金

一、企业建立年金计划,选择法人受托机构或者成立企业年金理事会之前,未通过职代会讨论确定

◎ **法律法规**

《企业年金基金管理办法》(2015年修订)第15条。

《企业年金办法》第29、30条。

《集体合同规定》第49、55条。

◎ **法律责任或后果**

(1) 由劳动行政部门予以警告,责令改正。

(2) 企业或者劳动者均可以书面向劳动行政部门提出协调处理申请,也可以依法向劳动争议仲裁委员会申请仲裁。

◎ **法律建议**

(1) 建立企业年金计划的企业,应当通过职工大会或者职工代表大会讨论确定,选择法人受托机构作为受托人,或者成立企业年金理事会作为受托人。

(2) 因订立或者履行企业年金方案发生争议的,按照国家有关集体合同的规定执行。

二、用人单位成立企业年金理事会作为受托人,理事会中职工代表人数少于1/3

◎ **法律法规**

《企业年金办法》第26、29、30条。

《集体合同规定》第 49、55 条。

◎ **法律责任或后果**

（1）由劳动行政部门予以警告，责令改正。

（2）企业或者劳动者均可以书面向劳动行政部门提出协调处理申请，也可以依法向劳动争议仲裁委员会申请仲裁。

◎ **法律建议**

企业成立企业年金理事会作为受托人的，企业年金理事会应当由企业和职工代表组成，也可以聘请企业以外的专业人员参加，其中职工代表人数应不少于 1/3。

三、企业年金理事会中的职工代表和企业以外的专业人员未经职代会或者其他形式民主选举产生

◎ **法律法规**

《企业年金基金管理办法》（2015 年修订）第 17 条。

《企业年金办法》第 29、30 条。

《集体合同规定》第 49、55 条。

◎ **法律责任或后果**

（1）由劳动行政部门予以警告，责令改正。

（2）企业或者劳动者均可以书面向劳动行政部门提出协调处理申请，也可以依法向劳动争议仲裁委员会申请仲裁。

◎ **法律建议**

企业年金理事会中的职工代表和企业以外的专业人员由职工大会、职工代表大会或者其他形式民主选举产生。

四、用人单位未依法确定已取得劳动行政部门许可的法人受托机构、账户管理人、托管人、投资管理人参与基金管理

◎ **法律法规**

《企业年金办法》第 5、27、29、30 条。

《企业年金基金管理办法》(2015年修订)第78、79条。

《集体合同规定》第49、55条。

◎ **法律责任或后果**

（1）由劳动行政部门予以警告，责令改正。

（2）企业或者劳动者均可以书面向劳动行政部门提出协调处理申请，也可以依法向劳动争议仲裁委员会申请仲裁。

◎ **法律建议**

法人受托机构、账户管理人、托管人、投资管理人开展企业年金基金管理相关业务，应当向人力资源和社会保障部提出申请。经评审符合条件的，由人力资源和社会保障部会同有关部门确认公告后，方可从事相关业务。受托人应当委托具有企业年金管理资格的账户管理人、投资管理人和托管人，负责企业年金基金的账户管理、投资运营和托管。

五、用人单位未与法人受托机构、本用人单位企业年金理事会按规定签订书面受托管理合同

◎ **法律法规**

《企业年金办法》第5、29、30条。

《集体合同规定》第49、55条。

◎ **法律责任或后果**

（1）由劳动行政部门予以警告，责令改正。

（2）企业或者劳动者均可以书面向劳动行政部门提出协调处理申请，也可以依法向劳动争议仲裁委员会申请仲裁。

◎ **法律建议**

企业和职工建立企业年金，应当确定企业年金受托人，由企业代表委托人与受托人签订受托管理合同。受托人可以是符合国家规定的法人受托机构，也可以是企业按照国家有关规定成立的企业年金理事会。因履行企业年金基金管理合同发生争议的，当事人可以依法申请仲裁或者提起诉讼。

六、企业年金理事会作为受托人，未按规定与账户管理、基金托管、投资管理机构分别签订委托管理合同

◎ **法律法规**

《企业年金基金管理办法》(2015年修订)第3条。

《企业年金办法》第29、30条。

《集体合同规定》第49、55条。

◎ **法律责任或后果**

（1）由劳动行政部门予以警告，责令改正。

（2）企业或者劳动者均可以书面向劳动行政部门提出协调处理申请，也可以依法向劳动争议仲裁委员会申请仲裁。

◎ **法律建议**

企业年金理事会作为受托人，应当与企业年金基金账户管理机构、企业年金基金托管机构和企业年金基金投资管理机构分别签订委托管理合同。

七、制定企业年金方案之前用人单位未与职工进行集体协商，或者制定后未经职代会或者全体职工讨论通过

◎ **法律法规**

《企业年金办法》第7、29、30条。

《集体合同规定》第49、55条。

◎ **法律责任或后果**

（1）由劳动行政部门予以警告，责令改正。

（2）企业或者劳动者均可以书面向劳动行政部门提出协调处理申请，也可以依法向劳动争议仲裁委员会申请仲裁。

◎ **法律建议**

建立企业年金，企业应当与职工通过集体协商确定并制定企业年金方案。企业年金方案应当提交职工代表大会或者全体职工讨论通过。

八、企业年金方案不具备法律法规规定的相关内容

◎ **法律法规**

《企业年金办法》第 8、29、30 条。

《集体合同规定》第 49、55 条。

◎ **法律责任或后果**

(1) 由劳动行政部门予以警告,责令改正。

(2) 企业或者劳动者均可以书面向劳动行政部门提出协调处理申请,也可以依法向劳动争议仲裁委员会申请仲裁。

◎ **法律建议**

根据规定,企业年金方案应当具备的内容有:参加人员、资金筹集与分配的比例和办法、账户管理、权益归属、基金管理、待遇计发和支付方式、方案的变更和终止、组织管理和监督方式、双方约定的其他事项。

九、企业年金理事会理事不符合规定的任职条件

◎ **法律法规**

《企业年金基金管理办法》(2015 年修订)第 18 条。

《企业年金办法》第 29、30 条。

《集体合同规定》第 49、55 条。

◎ **法律责任或后果**

(1) 由劳动行政部门予以警告,责令改正。

(2) 企业或者劳动者均可以书面向劳动行政部门提出协调处理申请,也可以依法向劳动争议仲裁委员会申请仲裁。

◎ **法律建议**

根据规定,企业年金理事会理事应当具备下列条件:具有完全民事行为能力,诚实守信、无犯罪记录,具有从事法律、金融、会计、社会保障或者其他履行企业年金理事会理事职责所必需的专业知识,具有决策能力,无个人所负数额较大的债务到期未清偿情形。

十、企业年金理事会作出决议，未经全体理事 2/3 以上通过

◎ **法律法规**

《企业年金基金管理办法》(2015 年修订)第 20 条。

《企业年金办法》第 29、30 条。

《集体合同规定》第 49、55 条。

◎ **法律责任或后果**

(1) 由劳动行政部门予以警告，责令改正。

(2) 企业或者劳动者均可以书面向劳动行政部门提出协调处理申请，也可以依法向劳动争议仲裁委员会申请仲裁。

◎ **法律建议**

理事会作出决议，应当经全体理事 2/3 以上通过。

十一、理事会的决议违反法律法规、理事会章程规定

◎ **法律法规**

《企业年金基金管理办法》(2015 年修订)第 21 条。

《企业年金办法》第 29、30 条。

《集体合同规定》第 49、55 条。

◎ **法律责任或后果**

(1) 由劳动行政部门予以警告，责令改正。

(2) 企业或者劳动者均可以书面向劳动行政部门提出协调处理申请，也可以依法向劳动争议仲裁委员会申请仲裁。

◎ **法律建议**

理事应当对企业年金理事会的决议承担责任。理事会的决议违反法律法规、理事会章程，致使企业年金基金财产遭受损失的，理事应当承担赔偿责任。但经证明在表决时曾表明异议并记载于会议记录的，该理事可以免除责任。

十二、企业年金理事会对外签订合同，未由全体理事签字

◎ **法律法规**

《企业年金基金管理办法》(2015 年修订)第 21 条。

《企业年金办法》第 29、30 条。

《集体合同规定》第 49、55 条。

◎ **法律责任或后果**

（1）由劳动行政部门予以警告，责令改正。

（2）企业或者劳动者均可以书面向劳动行政部门提出协调处理申请，也可以依法向劳动争议仲裁委员会申请仲裁。

◎ **法律建议**

企业年金理事会对外签订合同，应当由全体理事签字。

十三、企业年金方案未规定试用期劳动者不适用

◎ **法律法规**

《企业年金办法》第 8、29、30 条。

《集体合同规定》第 49、55 条。

◎ **法律责任或后果**

（1）由劳动行政部门予以警告，责令改正。

（2）企业或者劳动者均可以书面向劳动行政部门提出协调处理申请，也可以依法向劳动争议仲裁委员会申请仲裁。

◎ **法律建议**

企业年金方案仅适用于企业试用期满的职工。

十四、企业年金方案制定、变更完成后，未报送劳动行政部门备案

◎ **法律法规**

《企业年金办法》第 9、10、29、30 条。

《集体合同规定》第 49、55 条。

◎ **法律责任或后果**

（1）由劳动行政部门予以警告，责令改正。

（2）企业或者劳动者均可以书面向劳动行政部门提出协调处理申请，也可以依法向劳动争议仲裁委员会申请仲裁。

◎ **法律建议**

企业应当将制定、变更完成后的企业年金方案报送劳动行政部门备案。

十五、企业年金方案制定、变更完成，在报送劳动行政部门备案后 15 日内因劳动行政部门提出异议而被否决

◎ **法律法规**

《企业年金办法》第 10、29、30 条。

《集体合同规定》第 49、55 条。

◎ **法律责任或后果**

（1）由劳动行政部门予以警告，责令改正。

（2）企业或者劳动者均可以书面向劳动行政部门提出协调处理申请，也可以依法向劳动争议仲裁委员会申请仲裁。

◎ **法律建议**

劳动行政部门自收到企业年金方案文本之日起 15 日内未提出异议的，企业年金方案即行生效。

十六、企业年金理事会作为受托人，未根据规定将受托管理合同和委托管理合同报劳动行政部门备案

◎ **法律法规**

《企业年金基金管理办法》（2015 年修订）第 4 条。

《企业年金办法》第 29、30 条。

《集体合同规定》第 49、55 条。

◎ **法律责任或后果**

（1）由劳动行政部门予以警告，责令改正。

（2）企业或者劳动者均可以书面向劳动行政部门提出协调处理申请，也可以依法向劳动争议仲裁委员会申请仲裁。

◎ **法律建议**

受托人应当将受托管理合同和委托管理合同报劳动行政部门备案。

十七、同一企业年金计划中，受托人、托管人、投资管理人及其总经理和年金从业人员违反规定相互兼任

◎ **法律法规**

《企业年金基金管理办法》(2015年修订)第6条。

《企业年金办法》第29、30条。

《集体合同规定》第49、55条。

◎ **法律责任或后果**

(1) 由劳动行政部门予以警告，责令改正。

(2) 企业或者劳动者均可以书面向劳动行政部门提出协调处理申请，也可以依法向劳动争议仲裁委员会申请仲裁。

◎ **法律建议**

同一企业年金计划中，受托人与托管人、托管人与投资管理人不得为同一人。建立企业年金计划的企业成立企业年金理事会作为受托人的，该企业与托管人不得为同一人。受托人与托管人、托管人与投资管理人、投资管理人与其他投资管理人的总经理和企业年金从业人员，不得相互兼任。

十八、企业因依法解散、撤销、宣告破产、不可抗力导致企业年金方案无法履行，或约定的其他终止条件出现

◎ **法律法规**

《企业年金办法》第12、30条。

《集体合同规定》第49、55条。

◎ **法律责任或后果**

企业或者劳动者均可以书面向劳动行政部门提出协调处理申请，也可以依法向劳动争议仲裁委员会申请仲裁。

◎ **法律建议**

有下列情形之一的，企业年金方案终止：①企业因依法解散、被依法撤销或者被依法宣告破产等原因，致使企业年金方案无法履行的；②因不可抗力等原因致使企业年金方案无法履行的；③企业年金方案约定的其他终止条

件出现的。

十九、用人单位未根据企业年金方案按期缴纳费用，或者缴费金额超过最高限度，或者未按规定从劳动者工资中代扣代缴其应缴费用

◎ **法律法规**

《企业年金办法》第15、29、30条。

《集体合同规定》第49、55条。

◎ **法律责任或后果**

（1）由劳动行政部门予以警告，责令改正。

（2）企业或者劳动者均可以书面向劳动行政部门提出协调处理申请，也可以依法向劳动争议仲裁委员会申请仲裁。

◎ **法律建议**

企业缴费每年不超过本企业职工工资总额的8%。企业和职工个人缴费合计不超过本企业职工工资总额的12%。具体所需费用，由企业和职工一方协商确定。职工个人缴费由企业从职工个人工资中代扣代缴。

二十、实行企业年金后，用人单位遇当期不能继续缴费的情况，未与劳动者协商中止缴费，或不能缴费的情况消失后未恢复缴费和补缴

◎ **法律法规**

《企业年金办法》第16、29、30条。

《集体合同规定》第49、55条。

◎ **法律责任或后果**

（1）由劳动行政部门予以警告，责令改正。

（2）企业或者劳动者均可以书面向劳动行政部门提出协调处理申请，也可以依法向劳动争议仲裁委员会申请仲裁。

◎ **法律建议**

实行企业年金后,企业如遇到经营亏损、重组并购等当期不能继续缴费的情况,经与职工一方协商,可以中止缴费。不能继续缴费的情况消失后,企业和职工恢复缴费,并可以根据本企业实际情况,按照中止缴费时的企业年金方案予以补缴。补缴的年限和金额不得超过实际中止缴费的年限和金额。

二十一、未及时为本用人单位和劳动者开立企业缴费账户和个人缴费账户

◎ **法律法规**

《企业年金办法》第 17、29、30 条。

《集体合同规定》第 49、55 条。

◎ **法律责任或后果**

(1) 由劳动行政部门予以警告,责令改正。

(2) 企业或者劳动者均可以书面向劳动行政部门提出协调处理申请,也可以依法向劳动争议仲裁委员会申请仲裁。

◎ **法律建议**

企业缴费应当按照企业年金方案确定的比例和办法计入职工企业年金个人账户,职工个人缴费计入本人企业年金个人账户。

二十二、劳动者个人缴费金额的最高额与平均额差距超过 5 倍

◎ **法律法规**

《企业年金办法》第 18、29、30 条。

《集体合同规定》第 49、55 条。

◎ **法律责任或后果**

(1) 由劳动行政部门予以警告,责令改正。

(2) 企业或者劳动者均可以书面向劳动行政部门提出协调处理申请,也可以依法向劳动争议仲裁委员会申请仲裁。

◎ **法律建议**

企业应当合理确定本单位当期缴费计入职工企业年金个人账户的最高

额与平均额的差距。企业当期缴费计入职工企业年金个人账户的最高额与平均额不得超过 5 倍。

二十三、未约定企业缴纳年金费用是否归属于劳动者，或者约定逐步归属劳动者的期限超过 8 年

◎ **法律法规**

《企业年金办法》第 19、29、30 条。

《集体合同规定》第 49、55 条。

◎ **法律责任或后果**

（1）由劳动行政部门予以警告，责令改正。

（2）企业或者劳动者均可以书面向劳动行政部门提出协调处理申请，也可以依法向劳动争议仲裁委员会申请仲裁。

◎ **法律建议**

职工企业年金个人账户中个人缴费及其投资收益自始归属于职工个人。职工企业年金个人账户中企业缴费及其投资收益，企业可以与职工一方约定其自始归属于职工个人，也可以约定随着职工在本企业工作年限的增加逐步归属于职工个人，完全归属于职工个人的期限最长不超过 8 年。

二十四、擅自挪用企业年金账户中的年金费用

◎ **法律法规**

《企业年金办法》第 19、28、29、30 条。

《集体合同规定》第 49、55 条。

◎ **法律责任或后果**

（1）由劳动行政部门予以警告，责令改正。

（2）企业或者劳动者均可以书面向劳动行政部门提出协调处理申请，也可以依法向劳动争议仲裁委员会申请仲裁。

◎ **法律建议**

职工企业年金个人账户中个人缴费及其投资收益自始归属于职工个人，不得挪作其他用途。

二十五、法定情形出现，用人单位拒不确认个人账户中用人单位缴费和投资收益归属于个人

◎ **法律法规**

《企业年金办法》第 20、29、30 条。

《集体合同规定》第 49、55 条。

◎ **法律责任或后果**

（1）由劳动行政部门予以警告，责令改正。

（2）企业或者劳动者均可以书面向劳动行政部门提出协调处理申请，也可以依法向劳动争议仲裁委员会申请仲裁。

◎ **法律建议**

有下列情形之一的，职工企业年金个人账户中企业缴费及其投资收益完全归属于职工个人：①职工达到法定退休年龄、完全丧失劳动能力或者死亡的；②有依法终止、不可抗力、约定终止条件出现等规定的企业年金方案终止情形之一的；③非因职工过错企业解除劳动合同的，或者因企业违反法律规定职工解除劳动合同的；④劳动合同期满，由于企业原因不再续订劳动合同的；⑤企业年金方案约定的其他情形。

二十六、未及时足额根据年金方案的规定将企业缴纳费用及投资收入划入个人账户

◎ **法律法规**

《企业年金办法》第 21、29、30 条。

《集体合同规定》第 49、55 条。

◎ **法律责任或后果**

（1）由劳动行政部门予以警告，责令改正。

（2）企业或者劳动者均可以书面向劳动行政部门提出协调处理申请，也可以依法向劳动争议仲裁委员会申请仲裁。

◎ **法律建议**

企业年金企业账户中的企业缴费及其投资收益应当按照企业年金方案

确定的比例和办法计入职工企业年金个人账户。

二十七、劳动者变更工作单位时，用人单位未及时将年金权益及时转入新用人单位的年金账户

◎ **法律法规**

《企业年金办法》第 22、29、30 条。

《企业年金基金管理办法》(2015 年修订)第 69 条。

《集体合同规定》第 49、55 条。

◎ **法律责任或后果**

（1）由劳动行政部门予以警告，责令改正。

（2）企业或者劳动者均可以书面向劳动行政部门提出协调处理申请，也可以依法向劳动争议仲裁委员会申请仲裁。

◎ **法律建议**

劳动者变动工作单位时，新就业单位已经建立企业年金或者职业年金的，原企业年金个人账户权益应当随同转入新就业单位企业年金或者职业年金。

二十八、劳动者新就业用人单位如无年金制度，或年金方案终止的，用人单位未及时与劳动者协商确认其个人账户的托管单位

◎ **法律法规**

《企业年金办法》第 22、23、29、30 条。

《企业年金基金管理办法》(2015 年修订)第 69、70 条。

《集体合同规定》第 49、55 条。

◎ **法律责任或后果**

（1）由劳动行政部门予以警告，责令改正。

（2）企业或者劳动者均可以书面向劳动行政部门提出协调处理申请，也可以依法向劳动争议仲裁委员会申请仲裁。

◎ **法律建议**

受益人工作单位发生变化，新工作单位没有建立企业年金计划或企业年

金方案终止,原受托人是企业年金理事会的,由企业与职工协商选择法人受托机构管理其企业年金个人账户权益。

二十九、在不符合领取年金条件下,擅自同意从企业年金个人账户中提取资金

◎ **法律法规**

《企业年金办法》第 24、25、29、30 条。

《集体合同规定》第 49、55 条。

◎ **法律责任或后果**

(1) 由劳动行政部门予以警告,责令改正。

(2) 企业或者劳动者均可以书面向劳动行政部门提出协调处理申请,也可以依法向劳动争议仲裁委员会申请仲裁。

◎ **法律建议**

劳动者符合下列条件之一的,可以领取、继承企业年金:①在达到国家规定的退休年龄或者完全丧失劳动能力时;②出国(境)定居;③职工或者退休人员死亡后。未达到上述企业年金领取条件之一的,不得从企业年金个人账户中提前提取资金。

三十、用人单位擅自干预企业年金理事会独立管理本企业的企业年金基金事务

◎ **法律法规**

《企业年金基金管理办法》(2015 年修订)第 19 条。

《企业年金办法》第 29、30 条。

《集体合同规定》第 49、55 条。

◎ **法律责任或后果**

(1) 由劳动行政部门予以警告,责令改正。

(2) 企业或者劳动者均可以书面向劳动行政部门提出协调处理申请,也可以依法向劳动争议仲裁委员会申请仲裁。

◎ **法律建议**

企业年金理事会依法独立管理本企业的企业年金基金事务,不受企业方的干预。

三十一、企业年金理事会从事管理年金事务之外的其他经营性活动,或从年金基金中提取管理费用

◎ **法律法规**

《企业年金办法》第 26、29、30 条。

《企业年金基金管理办法》(2015 年修订)第 19 条。

《集体合同规定》第 49、55 条。

◎ **法律责任或后果**

(1) 由劳动行政部门予以警告,责令改正。

(2) 企业或者劳动者均可以书面向劳动行政部门提出协调处理申请,也可以依法向劳动争议仲裁委员会申请仲裁。

◎ **法律建议**

企业年金理事会依法独立管理本企业的企业年金基金事务,不得从事任何形式的其他营业性活动,不得从企业年金基金财产中提取管理费用。

三十二、企业年金基金未与委托人、受托人、账户管理人、投资管理人、托管人和提供其他服务的自然人、机构的自有资产、其他资产分开管理

◎ **法律法规**

《企业年金办法》第 28、29、30 条。

《集体合同规定》第 49、55 条。

◎ **法律责任或后果**

(1) 由劳动行政部门予以警告,责令改正。

(2) 企业或者劳动者均可以书面向劳动行政部门提出协调处理申请,也可以依法向劳动争议仲裁委员会申请仲裁。

◎ **法律建议**

企业年金基金应当与委托人、受托人、账户管理人、投资管理人、托管人和其他为企业年金基金管理提供服务的自然人、法人或者其他组织的自有资产或者其他资产分开管理。

三十三、企业年金理事会利用企业年金基金财产为其谋取利益，或者为他人谋取不正当利益

◎ **法律法规**

《企业年金基金管理办法》（2015年修订）第25条。

《企业年金办法》第29、30条。

《集体合同规定》第49、55条。

◎ **法律责任或后果**

（1）由劳动行政部门予以警告，责令改正。

（2）企业或者劳动者均可以书面向劳动行政部门提出协调处理申请，也可以依法向劳动争议仲裁委员会申请仲裁。

◎ **法律建议**

利用企业年金基金财产为其谋取利益，或者为他人谋取不正当利益的，企业年金理事会职责终止，由委托人选择法人受托机构担任受托人。

三十四、企业年金理事会有违反与委托人合同约定、依法解散、需要更换等法定情形

◎ **法律法规**

《企业年金基金管理办法》（2015年修订）第25条。

《企业年金办法》第29、30条。

《集体合同规定》第49、55条。

◎ **法律责任或后果**

（1）由劳动行政部门予以警告，责令改正。

（2）企业或者劳动者均可以书面向劳动行政部门提出协调处理申请，也

可以依法向劳动争议仲裁委员会申请仲裁。

◎ **法律建议**

企业年金理事会有下列规定情形之一的,应当按照国家规定重新组成,或者由委托人选择法人受托机构担任受托人:①违反与委托人合同约定的;②依法解散、被依法撤销、被依法宣告破产或者被依法接管的;③被依法取消企业年金基金受托管理业务资格的;④委托人有证据认为更换受托人符合受益人利益的;⑤有关监管部门有充分理由和依据认为更换受托人符合受益人利益的;⑥国家规定和合同约定的其他情形。

三十五、企业、企业基金理事会拒绝劳动行政部门监督管理职责,拒不积极配合检查、提供资料,谎报、隐匿、销毁证据

◎ **法律法规**

《企业年金基金管理办法》(2015年修订)第81条。

《企业年金办法》第29、30条。

《集体合同规定》第49、55条。

◎ **法律责任或后果**

(1) 由劳动行政部门予以警告,责令改正。

(2) 企业或者劳动者均可以书面向劳动行政部门提出协调处理申请,也可以依法向劳动争议仲裁委员会申请仲裁。

◎ **法律建议**

企业、企业基金理事会应当配合劳动行政部门依法履行监督管理职责,配合检查,如实提供有关资料,不得拒绝、阻挠或者逃避检查,不得谎报、隐匿或者销毁相关证据材料。

三十六、企业基金理事会发生违法违规行为可能影响企业年金基金财产安全,或者经劳动行政部门责令改正而不改正

◎ **法律法规**

《企业年金基金管理办法》(2015年修订)第84条。

《企业年金办法》第 29、30 条。

《集体合同规定》第 49、55 条。

◎ **法律责任或后果**

（1）给企业年金基金财产或者受益人利益造成损害的，依法承担赔偿责任。构成犯罪的，依法追究刑事责任。

（2）企业或者劳动者均可以书面向劳动行政部门提出协调处理申请，也可以依法向劳动争议仲裁委员会申请仲裁。

◎ **法律建议**

可由人力资源和社会保障部暂停其接收新的企业年金基金管理业务。

第二十章 工伤

一、未按照规定为劳动者(包括试用期内)缴纳工伤保险,或者参保之后无正当理由欠缴费用

◎ **法律法规**

《工伤保险条例》(2010年修订)第62条。

《社会保险法》第41条。

上海市人民政府《上海市工伤保险实施办法》(2012年修订)第58条。

《社会保险基金先行支付暂行办法》第13条。

◎ **法律责任或后果**

(1) 由社会保险行政部门责令限期参加、补缴应当缴纳的工伤保险费,并自欠缴之日起加收滞纳金。逾期仍不缴纳的,处以罚款。

(2) 未按规定参加工伤保险或未按规定缴纳工伤保险费期间,用人单位发生工伤的,由该用人单位按照规定的工伤保险待遇项目和标准支付费用。用人单位不支付的,从工伤保险基金中先行支付,并由用人单位偿还。用人单位不偿还的,由社会保险经办机构依法追偿。

◎ **法律建议**

用人单位应根据本用人单位职工工资总额情况、行业浮动费率情况、职工个人工资情况,及时参加工伤保险,并及时足额为劳动者缴纳工伤保险费用。

二、未依法为建筑施工行业劳动者缴纳工伤保险

◎ **法律法规**

人力资源和社会保障部《关于进一步做好建筑业工伤保险工作的意见》

(2014.12.29)第1条。

上海市人力资源和社会保障局《关于进一步做好本市建筑业工伤保险工作若干意见的通知》(2015.7.31)第1、15条。

◎ **法律责任或后果**

未依法参加上海市工伤保险的建筑业项目从业人员发生工伤事故,依法由所在的建筑施工用人单位支付工伤保险待遇,施工总承包企业、建设单位承担连带责任。

◎ **法律建议**

建筑施工用人单位应依法参加工伤保险。建筑施工用人单位对相对固定的职工,应按用人单位参加工伤保险;对不能按用人单位参保、建筑项目使用的建筑业职工特别是农民工,应按项目参加工伤保险。

三、未按照规定根据职工实际工资水平、实际工资总额缴纳工伤保险费而是根据较低工资水平缴纳

◎ **法律法规**

《工伤保险条例》(2010年修订)第62条。

上海市人民政府《上海市工伤保险实施办法》(2012年修订)第58条。

《最高人民法院关于审理劳动争议案件适用法律若干问题的解释(三)》第1条。

◎ **法律责任或后果**

(1) 由社会保险行政部门责令限期参加、补缴应当缴纳的工伤保险费,并自欠缴之日起加收滞纳金。逾期仍不缴纳的,处以罚款。

(2) 如用人单位未为劳动者办理社会保险手续,且社会保险经办机构不能补办导致其无法享受社会保险待遇的,劳动者可以要求用人单位赔偿损失。

◎ **法律建议**

用人单位未按照劳动者实际工资水平而是以较低工资水平缴纳工伤保险费用,劳动者发生工伤的,由用人单位按照实际工资水平应得的工伤保险待遇项目和标准,赔偿劳动者工伤保险基金支付费用之外的差额。

四、由于工伤保险费率行业的差别费率、使用工伤保险基金情况、工伤发生率等因素导致用人单位工伤缴费费率档次浮动

◎ **法律法规**

《社会保险法》第 34 条。

◎ **法律责任或后果**

导致用人单位支付工伤保险费用的费率和金额上浮。

◎ **法律建议**

国家根据不同行业的工伤风险程度确定行业的差别费率,并根据使用工伤保险基金、工伤发生率等情况在每个行业内确定费率档次。社会保险经办机构根据用人单位使用工伤保险基金、工伤发生率和所属行业费率档次等情况,确定用人单位缴费费率。

五、拒绝为在两个以上用人单位同时就业的劳动者(包括非全日制劳动者)缴纳工伤保险

◎ **法律法规**

《实施〈社会保险法〉若干规定》第 9 条。

《最高人民法院关于审理工伤保险行政案件若干问题的规定》第 3 条。

◎ **法律责任或后果**

由社会保险行政部门责令劳动者受到伤害时工作的用人单位依法承担工伤保险责任。

◎ **法律建议**

(1) 劳动者发生工伤的,由劳动者受到伤害时工作的用人单位依法承担工伤保险责任。

(2) 有下列情形之一的,相关单位应当承担工伤保险责任:①用人单位指派到其他单位工作的职工因工伤亡的,指派单位为承担工伤保险责任的单位;②用人单位违反法律、法规规定将承包业务转包给不具备用工主体资格的组织或者自然人,该组织或者自然人聘用的职工从事承包业务时因工伤亡的,用人单位为承担工伤保险责任的单位;③个人挂靠其他单位对外经营,其

聘用的人员因工伤亡的,被挂靠单位为承担工伤保险责任的单位。

六、未为退休劳务人员、已超法定年龄但尚未退休的劳动者缴纳工伤保险或者商业保险

◎ **法律法规**

《关于执行〈工伤保险条例〉若干问题的意见(二)》第2条。

上海市人力资源和社会保障局《关于实施〈上海市工伤保险实施办法〉若干问题处理意见的通知》(2014.9.1)第4条。

《最高人民法院关于审理人身损害赔偿案件适用法律若干问题的解释》第11条。

◎ **法律责任或后果**

(1) 由社会保险行政部门责令限期参加、补缴应当缴纳的工伤保险费,并自欠缴之日起加收滞纳金。逾期仍不缴纳的,处以罚款。

(2) 未按规定参加工伤保险或未按规定缴纳工伤保险费期间,用人单位发生工伤的,由该用人单位按照规定的工伤保险待遇项目和标准支付费用。

◎ **法律建议**

(1) 对于用人单位聘用的已经退休并开始享受养老保险待遇的劳务人员发生事故伤害的,由聘用单位按人身损害赔偿的有关规定承担赔偿责任。如聘用单位已按项目参保等方式为其缴纳工伤保险费的,可以认定工伤。

(2) 对于达到法定退休年龄未享受领取养老金待遇或不符合领取条件的劳动者继续在用人单位工作发生事故伤害的,可以认定工伤。

(3) 当地社会保险行政部门不允许用人单位为聘用的已经退休并开始享受养老保险待遇的劳务人员缴纳工伤保险的,建议通过商业保险(雇主责任险)解决。

七、劳动者在工作时间和工作场所内,因工作原因受到事故伤害

◎ **法律法规**

《工伤保险条例》(2010年修订)第14条。

《最高人民法院关于审理工伤保险行政案件若干问题的规定》第3条。

◎ **法律责任或后果**

应当认定为工伤。

◎ **法律建议**

（1）用人单位应承担相应工伤保险责任。此处的工作时间包括用人单位安排劳动者加班的工作时间。

（2）有下列情形之一的，应当认定为工伤：①用人单位或者社会保险行政部门没有证据证明伤害是非工作原因导致的；②劳动者参加用人单位组织或者受用人单位指派参加其他单位组织的活动受到伤害的；③在工作时间内，劳动者来往于多个与其工作职责相关的工作场所之间的合理区域因工受到伤害的；④其他与履行工作职责相关，在工作时间及合理区域内受到伤害的。

八、劳动者工作时间前后在工作场所内，从事与工作有关的预备性或者收尾性工作受到事故伤害

◎ **法律法规**

《工伤保险条例》（2010年修订）第14条。

◎ **法律责任或后果**

应当认定为工伤。

◎ **法律建议**

用人单位应承担相应工伤保险责任。

九、劳动者在工作时间和工作场所内，因履行工作职责受到暴力等意外伤害

◎ **法律法规**

《工伤保险条例》（2010年修订）第14条。

◎ **法律责任或后果**

应当认定为工伤。

◎ **法律建议**

用人单位应承担相应工伤保险责任。

十、劳动者在工作时间和工作场所内离开自己岗位、帮助其他岗位工作，受到事故伤害

◎ **法律法规**

《工伤保险条例》(2010 年修订) 第 14 条。

◎ **法律责任或后果**

应当认定为工伤。

◎ **法律建议**

用人单位应承担相应工伤保险责任。

十一、劳动者在工作时间、工作场所内离开自己岗位聊天、打闹，受到事故伤害

◎ **法律法规**

《工伤保险条例》(2010 年修订) 第 14 条。

◎ **法律责任或后果**

不应认定为工伤。

◎ **法律建议**

擅自串岗聊天、打闹与工作无关，故不应当认定为工伤。

十二、劳动者患职业病

◎ **法律法规**

《工伤保险条例》(2010 年修订) 第 14 条。

◎ **法律责任或后果**

应当认定为工伤。

◎ **法律建议**

用人单位应承担相应工伤保险责任。

十三、劳动者因工外出期间，由于工作原因受到伤害

◎ **法律法规**

《工伤保险条例》(2010 年修订) 第 14 条。

《最高人民法院关于审理工伤保险行政案件若干问题的规定》第 5 条。

◎ **法律责任或后果**

应当认定为工伤。

◎ **法律建议**

（1）用人单位应承担相应工伤保险责任。

（2）有下列情形之一的，属于"因工外出期间"，应当认定为工伤：①劳动者受用人单位指派或者因工作需要在工作场所以外从事与工作职责有关的活动期间；②劳动者受用人单位指派外出学习或者开会期间；③劳动者因工作需要的其他外出活动期间。

（3）劳动者因工外出期间从事与工作或者与用人单位指派外出学习、开会无关的个人活动受到伤害的，不应认定为工伤。

十四、劳动者因工外出期间，发生事故下落不明或者在抢险救灾中下落不明

◎ **法律法规**

《工伤保险条例》（2010 年修订）第 14 条。

《最高人民法院关于审理工伤保险行政案件若干问题的规定》第 5 条。

上海市人民政府《上海市工伤保险实施办法》（2012 年修订）第 46 条。

◎ **法律责任或后果**

应当认定为工伤。

◎ **法律建议**

用人单位应承担相应工伤保险责任。

十五、劳动者在上下班途中，受到非本人主要责任的交通事故或者城市轨道交通、客运轮渡、火车事故伤害

◎ **法律法规**

《工伤保险条例》（2010 年修订）第 14 条。

《最高人民法院关于审理工伤保险行政案件若干问题的规定》第 6 条。

《道路交通安全法》(2011年修正)第77条。

◎ **法律责任或后果**

应当认定为工伤。

◎ **法律建议**

(1) 有下列情形之一的,属于"在上下班途中",应当认定为工伤:①在合理时间内往返于工作地与住所地、经常居住地、单位宿舍的合理路线的上下班途中;②在合理时间内往返于工作地与配偶、父母、子女居住地的合理路线的上下班途中;③从事属于日常工作生活所需要的活动,且在合理时间和合理路线的上下班途中;④在合理时间内其他合理路线的上下班途中。

(2) 劳动者在交通事故中承担全部责任、主要责任的,不能认定为工伤;承担同等责任、次要责任、无责任的,可以认定工伤。交通事故责任由公安机关交通管理部门依法认定。车辆在道路以外通行时发生的事故,公安机关交通管理部门接到报案的,参照道路交通安全规定作出责任认定。

十六、劳动者在工作时间和工作岗位,突发疾病死亡或者在48小时之内经抢救无效死亡

◎ **法律法规**

《工伤保险条例》(2010年修订)第15条。

◎ **法律责任或后果**

应当认定为视同工伤。

◎ **法律建议**

用人单位应承担相应工伤保险责任。

十七、在抢险救灾等维护国家利益、公共利益活动中受到伤害

◎ **法律法规**

《工伤保险条例》(2010年修订)第15条。

◎ **法律责任或后果**

应当认定为视同工伤。

◎ **法律建议**

用人单位应承担相应工伤保险责任。

十八、原在军队服役,因战、因公负伤致残,已取得革命伤残军人证,到用人单位后旧伤复发

◎ **法律法规**

《工伤保险条例》(2010 年修订)第 15 条。

◎ **法律责任或后果**

应当认定为视同工伤。

◎ **法律建议**

用人单位应承担相应工伤保险责任。

十九、劳动者存在不得认定为工伤的因素,但用人单位无明确证据予以证实

◎ **法律法规**

《工伤保险条例》(2010 年修订)第 16、19 条。

上海市人民政府《上海市工伤保险实施办法》(2012 年修订)第 20 条。

《工伤认定办法》第 17 条。

《最高人民法院关于审理工伤保险行政案件若干问题的规定》第 1 条。

◎ **法律责任或后果**

用人单位无明确证据证实不应认定工伤的,社会保险行政部门可以依劳动者提供的证据或者调查取得的证据,依法认定为工伤或视同工伤。

◎ **法律建议**

(1) 劳动者符合认定工伤的其他条件,但是有下列情形之一的,不得认定为工伤或者视同工伤:①故意犯罪的;②醉酒或者吸毒的;③自残或者自杀的。

(2) 劳动者是否存在相关规定中涉及的"主要责任""醉酒或者吸毒""自残或者自杀"等情形时,应当以有权机构出具的事故责任认定书、结论性意见

和法院生效裁判等法律文书为依据,但有相反证据足以推翻事故责任认定书和结论性意见的除外。"故意犯罪"的认定,应当以刑事侦查机关、检察机关和审判机关的生效法律文书或者结论性意见为依据。

(3) 劳动者或者其近亲属认为是工伤,用人单位不认为是工伤的,由该用人单位承担举证责任。

二十、劳动者违章作业造成事故受到伤害

◎ **法律法规**

《工伤保险条例》(2010年修订)第14、16条。

◎ **法律责任或后果**

应当认定为工伤或视同工伤。

◎ **法律建议**

只要劳动者不是故意犯罪、醉酒或者吸毒、自残或者自杀的情形,根据工伤保险"无责任补偿原则"仍然可以认定为工伤。但用人单位仍有权依据规章制度向劳动者追究其责任。

二十一、劳动者在宿舍受到伤害

◎ **法律法规**

《工伤保险条例》(2010年修订)第14条。

◎ **法律责任或后果**

不应认定为工伤。

◎ **法律建议**

因宿舍一般不认为是工作场所,故如无其他情形,一般不认为是工伤。

二十二、劳动者因执行用人单位工作任务造成第三人受到损害

◎ **法律法规**

《侵权责任法》第34条。

《最高人民法院关于审理人身损害赔偿案件适用法律若干问题的解释》第9条。

◎ **法律责任或后果**

由用人单位作为雇主承担赔偿责任。劳动者因故意或者重大过失致人损害的,应当与用人单位承担连带赔偿责任。用人单位承担连带赔偿责任的,可以根据其规章制度有关规定,向劳动者追偿。

◎ **法律建议**

如果劳动者从事的岗位工作容易发生致第三人损害的事故的,用人单位可以通过投保以自身为受益人的第三者责任险,以降低风险并减少事故赔偿金额。

二十三、用人单位未制定有关工伤的规章制度,明确工伤处理程序和责任

◎ **法律法规**

《劳动合同法》(2012 年修正)第 4 条。

◎ **法律责任或后果**

用人单位无法及时、合法、快速地处置工伤事故,维护本单位和劳动者的合法权益。

◎ **法律建议**

用人单位应当依法建立和完善有关工伤的规章制度,明确工伤处理程序和责任。

二十四、用人单位未在规章制度中明确发生工伤是否允许受伤劳动者借款,以及借款的审批程序、出具借条、归还日期等内容

◎ **法律法规**

《劳动合同法》(2012 年修正)第 4 条。

◎ **法律责任或后果**

发生工伤劳动者借款后长期甚至离职后仍不予归还,造成用人单位经济损失。

◎ **法律建议**

如果用人单位同意给予受伤劳动者借款的,不得以该借款未清偿为由,

拒绝向劳动者承担停工留薪期间的工资待遇和其他工伤保险责任；从其工资中扣除的，扣除部分不能超过劳动者当月工资的 20%，支付给劳动者的余额不得低于最低工资标准；劳动者解除劳动合同的，用人单位将无法继续扣款以获得后续清偿。故用人单位应当在其规章制度中明确，发生工伤后是否允许受伤劳动者借款，以及借款的审批程序、出具借条、归还日期等内容。

二十五、用人单位未在自事故伤害发生之日或者被诊断、鉴定为职业病之日起 30 日内向社会保险行政部门提出工伤认定申请

◎ 法律法规

《工伤保险条例》(2010 年修订)第 17 条。

上海市人民政府《上海市工伤保险实施办法》(2012 年修订)第 17 条。

◎ 法律责任或后果

（1）劳动者发生事故伤害或者按照《职业病防治法》规定被诊断、鉴定为职业病，用人单位应当自事故伤害发生之日或者被诊断、鉴定为职业病之日起 30 日内，向用人单位所在地的区、县人力资源和社会保障局提出工伤认定申请。遇有特殊情况，经报区、县人力资源和社会保障局同意，申请时限可以适当延长。

（2）用人单位未按照时限规定提出工伤认定申请的，从业人员或者其近亲属、工会组织在事故伤害发生之日或者被诊断、鉴定为职业病之日起 1 年内，可以直接向用人单位所在地的区、县人力资源和社会保障局提出工伤认定申请。

◎ 法律建议

用人单位、职工亲属、工会均未在规定时限内提交工伤认定申请的，在此期间发生符合规定的工伤待遇等有关费用仍可由用人单位负担。

二十六、用人单位认为不存在劳动关系故不愿意提出工伤认定申请，但社会保险行政部门仍然依职权确认存在劳动关系并作出工伤认定

◎ 法律法规

《最高人民法院行政审判庭关于劳动行政部门在工伤认定程序中是否具

有劳动关系确认权请示的答复》。

人力资源和社会保障部《关于执行〈工伤保险条例〉若干问题的意见（一）》(2013.4.25)第5条。

◎ **法律责任或后果**

社会保险行政部门在认定工伤过程中依职权直接确认双方之间存在劳动关系并作出工伤认定。

◎ **法律建议**

（1）社会保险行政部门在工伤认定程序中,具有认定受到伤害的职工与企业之间是否存在劳动关系的职权。如双方劳动关系明确的,社会保险行政部门可以直接作出双方之间存在劳动关系的认定。

（2）社会保险行政部门受理工伤认定申请后,如认为是否存在劳动关系存在争议且无法确认的,应告知当事人可以向劳动人事争议仲裁委员会申请仲裁。在此期间,作出工伤认定决定的时限中止,并书面通知申请工伤认定的当事人。劳动关系依法确认后,当事人应将有关法律文书送交受理工伤认定申请的社会保险行政部门,该部门自收到生效法律文书之日起恢复工伤认定程序。

二十七、用人单位对社会保险行政部门对工伤事故的调查核实工作不予协助、设置障碍

◎ **法律法规**

《工伤保险条例》(2010年修订)第19、63条。

《工伤认定办法》第12、13、25条。

上海市人民政府《上海市工伤保险实施办法》(2012年修订)第20条。

◎ **法律责任或后果**

由社会保险行政部门责令改正,并处以罚款。

◎ **法律建议**

社会保险行政部门受理工伤认定申请后,根据审核需要可以对事故伤害进行调查核实,用人单位应当予以协助。对依法取得职业病诊断证明书或者职业病诊断鉴定书的,社会保险行政部门可以不再进行调查核实。

二十八、用人单位与劳动者擅自约定"工伤概不负责""因劳动者过失造成工伤的概不负责"

◎ **法律法规**

《社会保险法》第 33、86 条。

◎ **法律责任或后果**

（1）该约定无效，用人单位应当为劳动者承担工伤保险责任。

（2）由社会保险费征收机构责令用人单位限期缴纳或者补足，并自用人单位欠缴之日起加收滞纳金。

◎ **法律建议**

所有劳动者均应当依法参加工伤保险。故如用人单位与劳动者擅自约定"工伤概不负责""因劳动者过失造成工伤的概不负责"等免除、减轻其工伤保险责任的，该约定无效。

二十九、用人单位在向主管部门上报工伤事故、提出工伤认定申请之前与劳动者达成赔偿远低于正常标准的"工伤私了协议"

◎ **法律法规**

《劳动法》（2009 年修正）第 57 条。

《工伤保险条例》（2010 年修订）第 30 条。

《合同法》第 54 条。

◎ **法律责任或后果**

该约定无效，劳动者有权要求享受相应的工伤保险待遇。

◎ **法律建议**

劳动者因工作遭受事故伤害或者患职业病进行治疗，享受工伤保险医疗待遇。无论劳动者从工伤保险基金还是从用人单位处获得赔偿，均为国家赋予劳动者的权利，用人单位无权剥夺。故该约定内容涉嫌违反法律法规强制性规定、欺诈、胁迫、显失公平。此外，因国家建立伤亡事故和职业病统计报告和处理制度，劳动行政部门、有关部门和用人单位均应当依法对劳动者在劳动过程中发生的伤亡事故和劳动者的职业病状况，进行统计、报告和处理。

因此，与劳动者达成赔偿远低于正常标准的"工伤私了协议"无效；劳动者有权要求按规定享受工伤保险待遇。

三十、用人单位以已经承包或租赁给第三人为由而拒绝为劳动者承担工伤保险责任

◎ **法律法规**

《工伤保险条例》(2010年修订)第43条。

《关于贯彻执行〈劳动法〉若干问题的意见》第15条。

《上海市工伤保险实施办法》(2012年修订)第48条。

◎ **法律责任或后果**

工伤保险责任由从业人员劳动关系所在的用人单位承担。

◎ **法律建议**

用人单位主体资格未变，故仍应承担工伤保险责任。

三十一、劳动者发生工伤或职业病，用人单位在停工留薪期间或劳动能力鉴定结论尚未作出前，拒绝支付工资、护理费或降低支付工资标准或者要求解除或终止劳动合同

◎ **法律法规**

《工伤保险条例》(2010年修订)第33条。

上海市人民政府《上海市工伤保险实施办法》(2012年修订)第37条。

原上海市劳动和社会保障局《关于实施〈上海市工伤保险实施办法〉若干问题的通知》(2004.8.20)第24条。

上海市人力资源和社会保障局《关于实施〈上海市工伤保险实施办法〉若干问题处理意见的通知》(2014.9.1)第8、9条。

◎ **法律责任或后果**

停工留薪期间或者劳动能力鉴定结论尚未作出前，用人单位不得解除或终止劳动合同，不得拒绝支付原有工资、福利待遇和护理费。

◎ **法律建议**

（1）工伤劳动者在停工留薪期内，原工资、福利待遇不变，由所在单位按月支付。停工留薪期一般不超过12个月。伤情严重或者情况特殊，经设区的市级劳动能力鉴定委员会确认，可以适当延长，但延长不得超过12个月。生活不能自理的工伤人员在停工留薪期需要护理的，由所在单位负责。

（2）工伤劳动者在停工留薪期内到达法定退休年龄的，应当按规定办理按月领取基本养老保险待遇的手续，基本养老保险待遇低于原工资福利待遇的，由用人单位补足差额至劳动能力鉴定结论作出之月；不符合按月领取基本养老保险待遇的，由用人单位支付原工资福利待遇至劳动能力鉴定结论作出之月。

（3）用人单位在停工留薪期间支付的工资等费用可通过商业保险等方式解决。

三十二、工伤劳动者经治疗伤情相对稳定后存在残疾、影响劳动能力，或者停工留薪期（含确认的延长期限）满的，用人单位未提出劳动能力鉴定申请

◎ **法律法规**

《工伤保险条例》（2010年修订）第33条。

《工伤职工劳动能力鉴定管理办法》第7条。

◎ **法律责任或后果**

承担不必要的停工留薪期工资和护理费。

◎ **法律建议**

工伤劳动者经劳动能力鉴定、评定伤残等级后，停发原待遇，按照工伤保险待遇的有关规定享受伤残待遇。

三十三、自劳动能力鉴定结论作出之日起1年后，用人单位认为伤残情况发生变化

◎ **法律法规**

《工伤职工劳动能力鉴定管理办法》第17条。

◎ **法律责任或后果**

承担不必要的工伤保险费用支出。

◎ **法律建议**

自劳动能力鉴定结论作出之日起 1 年后,用人单位认为伤残情况发生变化的,可以向劳动能力鉴定委员会申请劳动能力复查鉴定。

三十四、用人单位拒绝为工伤一至四级伤残劳动者领取或提供伤残待遇

◎ **法律法规**

《工伤保险条例》(2010 年修订)第 35 条。

上海市人民政府《上海市工伤保险实施办法》(2012 年修订)第 39 条。

◎ **法律责任或后果**

劳动者可以通过劳动仲裁追讨。

◎ **法律建议**

(1) 工伤一至四级的伤残劳动者可以按规定领取一次性伤残补助金、按月领取伤残津贴。用人单位应当为其保留劳动关系、退出工作岗位。用人单位以伤残津贴为基数,按月为其继续缴纳基本医疗保险费,享受基本医疗保险待遇。到达法定退休年龄并办理按月领取养老金手续后,停发伤残津贴,享受基本养老保险和基本医疗保险待遇;不符合继续享受基本医疗保险待遇条件的,用人单位和工伤人员以伤残津贴为基数,按照基本医疗保险规定一次性缴纳基本医疗保险费至符合条件后,继续享受基本医疗保险待遇。

(2) 如相关费用为用人单位支付,可通过商业保险等方式解决。

三十五、用人单位拒绝为工伤五至六级伤残劳动者领取或提供伤残待遇

◎ **法律法规**

《工伤保险条例》(2010 年修订)第 36 条。

上海市人民政府《上海市工伤保险实施办法》(2012 年修订)第 40 条。

◎ **法律责任或后果**

劳动者可以通过劳动仲裁追讨。

◎ **法律建议**

（1）工伤五至六级的伤残劳动者可以按规定领取一次性伤残补助金。用人单位应当为其保留劳动关系，为其安排适当工作。难以安排工作的，由用人单位按月支付伤残津贴，并继续缴纳各项社会保险。伤残津贴实际金额低于上海市职工最低月工资标准的，由用人单位补足差额。劳动者选择解除或终止劳动关系的，领取一次性工伤医疗补助金，用人单位支付一次性伤残就业补助金；因工伤员工退休或死亡使劳动关系终止的，不得享受。

（2）用人单位支付的上述费用可通过商业保险等方式解决。

三十六、用人单位安排工伤五至六级伤残劳动者适当工作后，劳动者拒绝用人单位根据岗位变化调整工资收入水平

◎ **法律法规**

《劳动合同法》（2012年修正）第3、35、42条。

《工伤保险条例》（2010年修订）第36条。

上海市人民政府《上海市工伤保险实施办法》（2012年修订）第40条。

◎ **法律责任或后果**

劳动者主张按照原有劳动合同工资标准支付工资。

◎ **法律建议**

用人单位难以安排工作的，应当向其支付伤残津贴；也可以通过协商一致调岗或者动员劳动者解除劳动合同，享受相应待遇。

三十七、用人单位拒绝为工伤七至十级伤残劳动者领取或提供伤残待遇

◎ **法律法规**

《工伤保险条例》（2010年修订）第37条。

上海市人民政府《上海市工伤保险实施办法》（2012年修订）第41条。

◎ **法律责任或后果**

劳动者可以通过劳动仲裁追讨。

◎ **法律建议**

（1）工伤七至十级的伤残劳动者可以按规定领取一次性伤残补助金。劳动合同到期终止或者劳动者选择解除劳动合同的，可领取一次性工伤医疗补助金，用人单位支付一次性伤残就业补助金；因工伤员工退休或死亡使劳动关系终止的，不得享受。

（2）用人单位支付的上述费用可通过商业保险等方式解决。

三十八、工伤七至十级伤残劳动者无法从事原有岗位工作

◎ **法律法规**

《工伤保险条例》（2010年修订）第37条。

上海市人民政府《上海市工伤保险实施办法》（2012年修订）第41条。

《劳动合同法》（2012年修正）第40条。

◎ **法律责任或后果**

劳动者主张按照原有劳动合同岗位继续履行，并按原有工资标准支付工资。

◎ **法律建议**

现行法规中未规定此种情形应当由用人单位另行为其安排适当工作。可以以劳动者不胜任原岗位工作为由调岗、双方协商一致调岗或者动员劳动者解除劳动合同，享受相应工伤保险待遇。

三十九、工伤劳动者发生非必需的超出工伤医保范围的医疗费用

◎ **法律法规**

《工伤保险条例》（2010年修订）第30条。

上海市人力资源和社会保障局《上海市工伤就医和医疗费用结算管理办法》（2013.5.21）第5、6条。

◎ **法律责任或后果**

工伤劳动者要求用人单位承担上述超出工伤医保范围的医疗费用。

◎ **法律建议**

（1）根据规定，治疗工伤所需费用符合工伤保险诊疗项目目录、工伤保险药品目录、工伤保险住院服务标准（即"工伤保险三个目录"）的，从工伤保险基金支付。工伤劳动者确因抢救需要发生超出国家和上海市工伤保险药品目录的工伤医疗费用，由治疗工伤的定点医疗机构出具证明并加盖公章，报上海市社会保险事业管理中心核准后，由工伤保险基金支付。但上述规定均未明确，工伤劳动者发生的非必需的超出上述范围的医疗费用，应由谁承担。

（2）根据上海市人力资源和社会保障局《〈上海市工伤就医和医疗费用结算管理办法〉政策问答》[①]第八条，经用人单位、工伤劳动者或其家属签字同意，定点医疗机构使用超出上述"工伤保险三个目录"的药品、诊疗项目等所发生的医疗费用，由用人单位或工伤劳动者承担。定点医疗机构擅自使用超出上述范围的药品、诊疗项目等所发生的费用，由定点医疗机构承担。因此，超出工伤医保范围的非必需的医疗费用，应由签字同意的用人单位或工伤劳动者承担。

四十、违反规定擅自解除已经定残的伤残劳动者的劳动合同

◎ **法律法规**

《工伤保险条例》（2010年修订）第35、36、37条。

《劳动合同法》（2012年修正）第42、48、87条。

◎ **法律责任或后果**

劳动者可以通过劳动仲裁要求恢复劳动关系。如为五至十级伤残劳动者，不要求继续履行劳动合同或者劳动合同已经不能继续履行的，可要求用人单位依照规定支付双倍赔偿金、一次性伤残就业补助金。

◎ **法律建议**

工伤一至四级伤残的劳动者，用人单位任何情况下无权解除劳动合同

[①] 转引自上海崇明政府网，《〈上海市工伤就医和医疗费用结算管理办法〉政策问答》，http://www.cmx.gov.cn/cm_website/html/defaultsite/shcm_xxgk_msxx_shbz/2013－12－26/Detail_67805.htm，2013年8月14日。

（包括劳动者要求解除劳动合同在内）。五至六级伤残的，视为存在无固定期限劳动合同，除劳动者辞职、协商一致、劳动者严重过错外，不得擅自解除。七至十级伤残的，除劳动合同到期后可以终止外，其余与五至六级伤残情况相同。

四十一、以五至十级伤残劳动者严重过错为由解除劳动合同后，拒不支付一次性伤残就业补助金

◎ **法律法规**

《社会保险法》第39条。

《工伤保险条例》（2010年修订）第42条。

◎ **法律责任或后果**

劳动者可以通过劳动仲裁追讨。

◎ **法律建议**

用人单位以5—10级伤残劳动者严重违反用人单位规章制度，严重失职、营私舞弊、给用人单位造成重大损害等劳动者严重过错为理由，解除其劳动合同时，一次性伤残就业补助金仍应由用人单位支付。以劳动者严重过错为由解除劳动合同并不属于丧失享受待遇条件、拒不接受劳动能力鉴定、拒绝治疗等法定停止享受工伤保险待遇的情形。

四十二、劳动者因工死亡的，用人单位未告知或协助其近亲属向工伤保险基金申领法定待遇

◎ **法律法规**

上海市人民政府《上海市工伤保险实施办法》（2012年修订）第43条。

◎ **法律责任或后果**

造成社会不稳定因素，影响和谐劳动关系和用人单位正常生产秩序。

◎ **法律建议**

劳动者因工死亡或者在停工留薪期内因工伤导致死亡的，其近亲属可以按规定从工伤保险基金领取丧葬补助金、供养亲属抚恤金和一次性工亡补助

金。致残一至四级的工伤人员在停工留薪期满后死亡的,其近亲属则有权领取丧葬补助金、供养亲属抚恤金。

四十三、劳动者在因第三人原因造成工伤伤害情况下,既要求享受工伤待遇又要求用人单位或者侵权第三人承担人身损害赔偿责任

◎ **法律法规**

《最高人民法院关于审理人身损害赔偿案件适用法律若干问题的解释》第12条。

《最高人民法院关于审理工伤保险行政案件若干问题的规定》第8条。

《社会保险法》第42条。

《社会保险基金先行支付暂行办法》第12条。

◎ **法律责任或后果**

劳动者可分别获取工伤保险待遇和人身损害赔偿,造成重复赔偿。

◎ **法律建议**

(1) 非因第三人原因受工伤的,劳动者只能要求用人单位承担工伤保险责任,不得主张人身损害赔偿权利。

(2) 因用人单位以外的第三人侵权造成劳动者人身损害的,现有法律不禁止劳动者获得双重赔付,即如第三人已经向劳动者承担了人身损害赔偿金的,不影响劳动者向用人单位主张工伤保险赔偿的权利。但第三人已经支付的医疗费用除外。

(3) 第三人不支付工伤医疗费用或者无法确定第三人的,由工伤保险基金先行支付。工伤保险基金先行支付后,有权向第三人追偿。

(4) 上海市人民政府《上海市工伤保险实施办法》(2012年修订)第45条曾规定由用人单位或者工伤保险基金先行支付的停工留薪期工资福利待遇、一次性伤残补助金、一次性工亡补助金等其他工伤保险待遇的费用,工伤人员或者其近亲属在获得第三人赔偿后,应当予以相应偿还。此规定与最高法院解释相冲突,故不再适用。

四十四、劳动者在未及时申请工伤确认的情况下直接向法院起诉要求作出工伤认定

◎ **法律法规**

《工伤保险条例》(2010年修订)第17条。

◎ **法律责任或后果**

法院越权作出工伤认定的裁判。

◎ **法律建议**

因工伤认定涉及劳动法律和医学方面知识,且已为法律法规明确为社会保险行政部门的职权,法院并不具备直接确认工伤的能力,故不宜由法院直接在裁判中作出工伤认定。但用人单位向法院表示认可工伤的,法院可以作出工伤认定。

四十五、用人单位为减少停工留薪期工资、护理费、一次性伤残就业补助金等工伤保险赔偿责任,购买以劳动者为受益人的商业保险

◎ **法律法规**

《社会保险法》第33条。

《保险法》(2015年修正)第31条。

◎ **法律责任或后果**

用人单位无法直接获得保险赔偿,且不能免除工伤保险赔偿责任。

◎ **法律建议**

用人单位作为投保人,对其劳动者具有保险利益,可以为劳动者投保商业人身保险。但如用人单位购买了受益人为劳动者的人身保险,发生工伤事故后,因保险公司理赔时直接赔付给受益人而并不赔付给用人单位,并不能免除用人单位向劳动者承担工伤保险赔偿的责任。故用人单位应当为劳动者购买雇主责任险,受益人应指定为用人单位。

四十六、劳务派遣单位、用工单位不依法履行法定的工伤保险责任,或者劳务派遣单位拒绝对用工单位的工伤保险责任承担连带赔偿责任

◎ **法律法规**

《劳动合同法》(2012年修正)第92条。

《劳务派遣暂行规定》第10条。

上海市人力资源和社会保障局《关于规范本市劳务派遣用工若干问题的意见》第5条。

◎ **法律责任或后果**

由劳动行政部门责令限期改正。逾期不改正的,处以罚款。给被派遣劳动者造成损害的,劳务派遣单位与用工单位承担连带赔偿责任。

◎ **法律建议**

(1) 劳务派遣单位应当依法提出工伤认定申请,并承担申请工伤劳动能力鉴定、申领工伤保险待遇等工伤保险责任,同时可以与用工单位约定补偿办法。用工单位应当协助工伤认定的调查核实工作,并按国家和上海市工伤保险有关规定承担应当由用人单位支付的工伤保险待遇及浮动费率等工伤保险责任。外省市劳务派遣单位未在上海市设立分支机构的,由上海市用工单位提出工伤认定申请,并按规定承担工伤保险责任。

(2) 被派遣劳动者在申请进行职业病诊断、鉴定时,用工单位应当负责处理职业病诊断、鉴定事宜,并如实提供职业病诊断、鉴定所需的劳动者职业史和职业危害接触史、工作场所职业病危害因素检测结果等资料,劳务派遣单位应当提供被派遣劳动者职业病诊断、鉴定所需的其他材料。

(3) 劳务派遣单位对用工单位的工伤保险责任依法承担连带赔偿责任。

四十七、发生工伤的被派遣劳动者被退回的,用工单位未按规定与劳务派遣单位结清该劳动者的一次性伤残就业补助金

◎ **法律法规**

《工伤保险条例》(2010年修订)第36、37条。

上海市人民政府《上海市工伤保险实施办法》(2012年修订)第40、41、51条。

上海市人力资源和社会保障局《关于规范本市劳务派遣用工若干问题的意见》第5条。

◎ **法律责任或后果**

劳动者可以通过劳动仲裁追讨。

◎ **法律建议**

发生工伤的被派遣劳动者在劳动关系存续期间被退回劳务派遣单位的,用工单位应当按相关规定与劳务派遣单位结清该劳动者依法享有的一次性伤残就业补助金。该劳动者与劳务派遣单位解除或者终止劳动关系时,有权领取一次性工伤医疗补助金,并由劳务派遣单位支付一次性伤残就业补助金。

四十八、在非法用工单位工作的劳动者受工伤、患职业病或因工死亡

◎ **法律法规**

《劳动合同法》(2012年修正)第93条。

《工伤保险条例》(2010年修订)第66条。

《非法用工单位伤亡人员一次性赔偿办法》第2、3条。

◎ **法律责任或后果**

用人单位应当依法给付劳动者在治疗期间的费用、一次性赔偿金或一次性死亡赔偿金、丧葬补助金等其他赔偿金。

◎ **法律建议**

(1) 非法用工单位,指无营业执照或者未经依法登记、备案的单位以及被依法吊销营业执照或者撤销登记、备案的单位。违法使用童工的,也可列入。非法用工单位伤亡人员,是指在非法用工单位工作受到事故伤害或者患职业病的职工,或者用人单位使用童工造成的伤残、死亡童工。非法用工造成工伤的,应依法承担赔偿责任。

(2) 如确实需要在用人单位设立之前招用人员的,除应签订委托合同或者劳务合同之外,应设法投保雇主责任险、第三者责任险等商业

保险。

四十九、非法用工单位拒绝根据法定数额对伤亡劳动者进行赔偿

◎ **法律法规**

《劳动合同法》(2012年修正)第93条。

《工伤保险条例》(2010年修订)第66条。

《非法用工单位伤亡人员一次性赔偿办法》第4、5、6、7、8条。

◎ **法律责任或后果**

由劳动行政部门责令限期改正。劳动者也可通过劳动仲裁追讨。

◎ **法律建议**

一次性赔偿金、一次性死亡赔偿金按赔偿基数(单位所在工伤保险统筹地区上年度职工年平均工资)的一定倍数计算。造成伤害的,最高赔偿16倍;造成死亡的,赔偿20倍。丧葬补助金为上一年度全国城镇居民人均可支配收入的10倍。

第二十一章　劳动监察与劳动争议

一、用人单位因违反劳动法律法规被有关部门监督检查、行政处理、行政处罚

◎ **法律法规**

《劳动保障监察条例》第 11、23—32 条。

◎ **法律责任或后果**

用人单位有规定的劳动违法行为的,可由劳动保障行政部门责令处以改正、警告、处以罚款或赔偿金、吊销许可证等行政处罚,直至追究刑事责任。

◎ **法律建议**

劳动保障行政部门对用人单位的下列事项实施劳动保障监察:①用人单位制定内部劳动保障规章制度的情况;②与劳动者订立劳动合同的情况;③遵守禁止使用童工规定的情况;④遵守女职工和未成年工特殊劳动保护规定的情况;⑤遵守工作时间和休息休假规定的情况;⑥支付劳动者工资和执行最低工资标准的情况;⑦参加各项社会保险和缴纳社会保险费的情况;⑧法律、法规规定的其他劳动保障监察事项。

二、用人单位在劳动监察实施过程中有妨害劳动保障行政部门行使职权的行为

◎ **法律法规**

《劳动保障监察条例》第 30 条。

◎ **法律责任或后果**

由劳动保障行政部门责令改正,可处以罚款。构成违反治安管理行

为的,由公安机关依法给予治安管理处罚;构成犯罪的,依法追究刑事责任。

◎ **法律建议**

根据规定,在劳动监察实施过程中妨害劳动保障行政部门行使职权的行为,主要有下列四种:①无理抗拒、阻挠劳动保障行政部门依照相关规定实施劳动保障监察的;②不按照劳动保障行政部门的要求报送书面材料,隐瞒事实真相,出具伪证或者隐匿、毁灭证据的;③经劳动保障行政部门责令改正拒不改正,或者拒不履行劳动保障行政部门的行政处理决定的;④打击报复举报人、投诉人的。

三、用人单位为息事宁人等目的,而将存在争议的案件事实认可为不存在争议

◎ **法律法规**

《劳动保障监察条例》第 21 条。

◎ **法律责任或后果**

被劳动保障行政部门以违法事实已经查清、证据确凿为由,出具处罚、处理决定。

◎ **法律建议**

用人单位违反劳动法律、法规或者规章事实清楚、证据确凿、对劳动者造成损害且用人单位无异议的,用人单位依法承担赔偿责任,劳动保障行政部门有权力对用人单位进行处罚、处理。但如违法的事实不清楚、证据不充分、用人单位对违法事实存在异议的,劳动保障行政部门无权对用人单位进行处罚、处理。

四、对于按规定应当或者已经申请调解、仲裁或诉讼的有争议事项,未及时告知劳动保障行政部门导致被不当处罚、处理

◎ **法律法规**

《劳动保障监察条例》第 21 条。

◎ **法律责任或后果**

被劳动保障行政部门以违法事实已经查清、证据确凿为由,出具处罚、处理决定。

◎ **法律建议**

对用人单位与劳动者之间存在较大争议和分歧,应当通过劳动争议处理程序解决的事项,或者已经按照劳动争议处理程序申请调解、仲裁或者已经提起诉讼的事项,用人单位应当及时告知劳动保障行政部门。劳动保障行政部门应当告知投诉人不予受理或者终止审查,投诉人应依照劳动争议申请调解、仲裁或者诉讼的程序办理。

五、劳动保障行政部门在对用人单位作出行政处罚、处理决定之前,未听取用人单位的申辩或者未告知、组织听证程序

◎ **法律法规**

《关于实施〈劳动保障监察条例〉若干规定》第34条。

《劳动行政处罚听证程序规定》第3条。

◎ **法律责任或后果**

劳动保障行政部门作出违法行政处罚、行政处理行为。用人单位可以提出行政复议、行政诉讼要求撤销或者变更。

◎ **法律建议**

(1) 对违反劳动法律法规的行为作出行政处罚或者行政处理决定前,劳动保障行政部门应当告知用人单位,听取其陈述和申辩。法律、法规规定应当依法听证的,应当告知用人单位有权依法要求举行听证;用人单位要求听证的,劳动保障行政部门应当组织听证。

(2) 劳动保障行政部门作出责令停产停业、吊销许可证、较大数额罚款等行政处罚决定之前,应当告知当事人有要求听证的权利;当事人要求听证的,劳动保障行政部门应当组织听证。当事人不承担组织听证的费用。

六、用人单位在参加听证时未依法获得申请回避、委托代理、质证、申辩及最后陈述的法定权利

◎ **法律法规**

《劳动行政处罚听证程序规定》第8条。

◎ **法律责任或后果**

劳动保障行政部门作出违法行政处罚、处理行为。用人单位可以提出行政复议、行政诉讼要求撤销或者变更。

◎ **法律建议**

根据规定,听证案件的当事人依法享有下列权利:①申请回避权。依法申请听证主持人、听证记录员回避;②委托代理权。当事人可以亲自参加听证,也可以委托1—2人代理参加听证;③质证权。对本案的证据向调查人员及其证人进行质询;④申辩权。就本案的事实与法律问题进行申辩;⑤最后陈述权。听证结束前有权就本案的事实、法律及处理进行最后陈述。

七、在被劳动保障行政部门出具行政处罚、处理决定后不服的,未在规定的时间内提出复议申请或者提出行政诉讼

◎ **法律法规**

《行政复议法》(2017年修正)第9条。

《行政诉讼法》(2017年修正)第45、46条。

《关于实施〈劳动保障监察条例〉若干规定》第42条。

◎ **法律责任或后果**

用人单位应当履行已经发生法律效力的行政处罚、行政处理决定书。

◎ **法律建议**

用人单位应当根据法律法规规定及行政处罚、行政处理决定书载明的救济途径、时限,及时提出行政复议或者行政诉讼。但在当事人对劳动保障行政处理或行政处罚决定不服申请行政复议或者提起行政诉讼期间,行政处理或行政处罚决定不停止执行,法律另有规定的除外。

八、对行政处罚决定,责令支付劳动者工资报酬、赔偿金或者征缴社会保险费等行政处理决定逾期不履行

◎ **法律法规**

《关于实施〈劳动保障监察条例〉若干规定》第 44 条。

◎ **法律责任或后果**

劳动保障行政部门可以申请人民法院强制执行,或者依法强制执行。

◎ **法律建议**

用人单位对劳动保障行政部门作出的行政处罚决定,责令支付劳动者工资报酬、赔偿金或者征缴社会保险费等行政处理决定,应当根据该决定确定的日期及时履行。对行政处罚、行政处理决定不服的,应当提出行政复议、行政诉讼。未及时提出行政复议、行政诉讼,逾期又不履行的,劳动保障行政部门可以申请法院强制执行,或者依法强制执行。

九、大中型企业未按照相关规定成立劳动争议调解委员会,并配备专兼职工作人员

◎ **法律法规**

《企业劳动争议协商调解规定》第 13、34 条。

◎ **法律责任或后果**

如因劳动争议或者群体性事件频发,影响劳动关系和谐,造成重大社会影响的,由劳动行政部门予以通报;违反法律法规规定的,依法予以处理。

◎ **法律建议**

大中型企业应当依法设立调解委员会,并配备专职或者兼职工作人员。

十、未对配备的调解员依法履行调解职责,需要占用的生产或者工作时间按照正常出勤对待

◎ **法律法规**

《劳动合同法》(2012 年修正)第 38、46、85 条。

《企业劳动争议协商调解规定》第 20 条。

◎ **法律责任或后果**

由劳动行政部门责令限期支付未支付工资差额部分。逾期不支付的,责令用人单位加付 50% 以上、100% 以下赔偿金。劳动者有权通知用人单位随时解除劳动合同,并支付经济补偿金。

◎ **法律建议**

调解员依法履行调解职责,需要占用生产或者工作时间的,用人单位应当予以支持,并按照正常出勤对待,不得克扣其劳动报酬。

十一、发生劳动争议后一方当事人提出协商要求,另一方当事人在 5 日内或约定期限内未以口头或者书面形式回应

◎ **法律法规**

《企业劳动争议协商调解规定》第 10 条。

◎ **法律责任或后果**

视为不愿意协商。

◎ **法律建议**

一方当事人提出协商要求后,另一方当事人应当积极作出口头或者书面回应。5 日内不作出回应的,视为不愿协商。协商的期限由当事人书面约定,在约定的期限内没有达成一致的,视为协商不成。当事人可以书面约定延长期限。

十二、调解委员会调解劳动争议,自受理调解申请之日起 15 日内未能结束

◎ **法律法规**

《企业劳动争议协商调解规定》第 29 条。

◎ **法律责任或后果**

视为调解不成。

◎ **法律建议**

调解委员会调解劳动争议,应当自受理调解申请之日起 15 日内结束。

但是双方当事人同意延期的可以延长。在规定期限内未达成调解协议的,视为调解不成。

十三、经协商后达成一致并签订书面和解协议,但一方当事人在约定的期限内不履行

◎ **法律法规**

《企业劳动争议协商调解规定》第 11、12、27、28 条。

◎ **法律责任或后果**

当事人可以向用人单位调解委员会或者其他调解组织申请调解,也可以申请劳动仲裁。

◎ **法律建议**

协商达成一致,应当签订书面和解协议、调解协议。和解协议、调解协议对双方当事人具有约束力,当事人应当履行。和解协议、调解协议经劳动仲裁委员会审查或者审理,程序和内容合法有效且不损害公共利益、第三人利益的,在无新证据情况下,可依据和解协议、调解协议出具调解书或者裁决书。

十四、集体协商争议调处后达成的协调处理协议书未经协调处理人员、双方首席代表签订

◎ **法律法规**

《集体合同规定》第 54 条。

◎ **法律责任或后果**

该协调处理协议书在协调处理人员、双方首席代表签订之前,不发生法律效力。

◎ **法律建议**

协调处理协议书应当载明协调处理申请、争议的事实和协调结果。双方当事人就某些协商事项不能达成一致的,应将继续协商的有关事项予以载明。协调处理协议书由集体协商争议协调处理人员和争议双方首席代表签

字盖章后生效。争议双方均应遵守生效后的协调处理协议书。

十五、未在劳动合同中约定劳动争议仲裁或诉讼机构的地点

◎ **法律法规**

《劳动争议调解仲裁法》第 21 条。

《最高人民法院关于审理劳动争议案件适用法律若干问题的解释（一）》（2008 年修订）第 8 条。

《最高人民法院关于适用〈民事诉讼法〉的解释》第 3 条。

◎ **法律责任或后果**

导致用人单位丧失方便起诉、应诉的管辖地点，增加起诉、应诉时间、成本和败诉风险。

◎ **法律建议**

（1）劳动争议仲裁、诉讼案件由劳动合同履行地或者用人单位所在地的劳动人事争议仲裁委员会、法院管辖。劳动合同履行地不明确的，由用人单位所在地法院管辖。用人单位的住所地是指法人或者其他组织的主要办事机构所在地；主要办事机构所在地不能确定的，用人单位的注册地或者登记地为住所地。

（2）因实践中可能存在多个不同地点对劳动争议案件具有管辖权，故建议用人单位在劳动合同中约定明确的方便用人单位起诉、应诉的劳动争议管辖地。

十六、在无仲裁（诉讼）时效中断、中止情况下，未在法律规定的申请劳动仲裁（诉讼）时效内提出劳动仲裁（诉讼）申请

◎ **法律法规**

《劳动争议调解仲裁法》第 27、48、49、50 条。

◎ **法律责任或后果**

如果没有时效中止、中断等法定理由，对方当事人又提出时效抗辩的，仲裁、诉讼请求不会得到仲裁庭、法院的支持。

◎ **法律建议**

（1）劳动争议申请仲裁的时效期间为一年。仲裁时效期间从当事人知

道或者应当知道其权利被侵害之日起计算。仲裁时效因当事人一方向对方当事人主张权利,或者向有关部门请求权利救济,或者对方当事人同意履行义务而中断。劳动关系存续期间因拖欠劳动报酬发生争议的,劳动者申请仲裁不受一年仲裁时效期间的限制;但是劳动关系解除、终止的,应当自劳动关系解除、终止之日起一年内提出。

(2) 当事人对劳动争议案件的仲裁裁决不服的,一般可以自收到仲裁裁决书之日起 15 日内向人民法院提起诉讼;期满不起诉的,裁决书发生法律效力。用人单位对一裁终局案件裁决不服的,可以自收到仲裁裁决书之日起 30 日内向劳动人事争议仲裁委员会所在地的中级人民法院申请撤销裁决。

十七、劳动者提出其未收到用人单位的解除或终止劳动合同通知书,并认为其主张权利之日为仲裁时效起算之日

◎ **法律法规**

《劳动争议调解仲裁法》第 27 条。

《关于贯彻执行〈劳动法〉若干问题的意见》第 85 条。

《最高人民法院关于进一步推进案件繁简分流优化司法资源配置的若干意见》(2016.9.12)第 3 条。

◎ **法律责任或后果**

导致用人单位无法以时效已经经过为由,拒绝劳动者的仲裁、诉讼请求。

◎ **法律建议**

(1) 用人单位可以根据双方在劳动合同中约定的接受送达的地址,邮寄送达通知书;无法收到、实际未收到的,根据劳动合同约定由受送达人自行承担相应后果。

(2)《最高人民法院关于审理劳动争议案件适用法律若干问题的解释(二)》第 1 条第 2 项曾经规定,因解除或者终止劳动关系产生的争议,用人单位不能证明劳动者收到解除或者终止劳动关系书面通知时间的,劳动者主张权利之日为劳动争议发生之日。但该规定与《劳动争议调解仲裁法》第 27 条相矛盾,故已失效。劳动仲裁时效应自"劳动者知道或应当知道其权益受到损害之日"起算。

十八、仲裁申请、法院起诉不符合法律规定条件

◎ **法律法规**

《劳动人事争议仲裁办案规则》(2017年修订)第2条。

《民事诉讼法》(2017年修正)第119条。

◎ **法律责任或后果**

申请、起诉被仲裁庭、法院不予受理,或受理后裁定驳回起诉。

◎ **法律建议**

由人事或者律师等具有相关专业知识的人作为代理人,收集案件证据、梳理法律关系后,提出仲裁、诉讼请求。

十九、未在规定的答辩期满前书面提出管辖权异议

◎ **法律法规**

《劳动人事争议仲裁办案规则》(2017年修订)第10条。

《民事诉讼法》(2017年修正)第125条。

◎ **法律责任或后果**

管辖权异议被仲裁庭、法院驳回。

◎ **法律建议**

由人事或者律师等具有相关专业知识的人作为代理人,收集案件证据、梳理法律关系后,及时提出。

二十、仲裁、诉讼请求不明确、不具体、不完整、不适当

◎ **法律法规**

《劳动争议调解仲裁法》第28条。

《民事诉讼法》(2017年修正)第119、121条。

◎ **法律责任或后果**

(1) 被仲裁庭、法院责令变更、补充或裁判驳回仲裁、诉讼请求。

(2) 损失办案费用、律师费用。

◎ **法律建议**

由人事或者律师等具有相关专业知识的人作为代理人,收集案件证据、

梳理法律关系后,提出仲裁、诉讼请求。

二十一、超过规定的期限改变或增加仲裁、诉讼请求

◎ **法律法规**

《劳动人事争议仲裁办案规则》(2017年修订)第44条。

《最高人民法院关于民事诉讼证据的若干规定》(2008年修订)第34条。

◎ **法律责任或后果**

仲裁庭、法院不予同意或者不予审理。

◎ **法律建议**

由人事或者律师等具有相关专业知识的人作为代理人,收集案件证据、梳理法律关系后,及时提出。

二十二、在劳动仲裁、民事诉讼中未聘请符合法律规定的委托代理人代理仲裁、诉讼

◎ **法律法规**

《民事诉讼法》(2017年修正)第58条。

◎ **法律责任或后果**

仲裁庭、法院不予认可委托代理人的身份和权限,已经实施的代理行为无效。

◎ **法律建议**

(1) 在法院诉讼中,下列人员可以被委托为诉讼代理人:①律师、基层法律服务工作者;②用人单位的工作人员;③用人单位所在社区、上级单位以及有关社会团体推荐的公民。委托其他代理人的,法院不予许可。但劳动仲裁中并不适用该规定,只要仲裁庭许可的人员均可以被委托为仲裁代理人。

(2) 由人事或者律师等具有相关专业知识的人作为代理人。

二十三、未在仲裁、诉讼代理人的委托书中写明其具有特别授权的代理权限

◎ **法律法规**

《民事诉讼法》(2017年修正)第59条。

◎ **法律责任或后果**

仲裁庭、法院不予认可委托代理人的特别授权权限,已经实施的特别授权代理行为无效。

◎ **法律建议**

代为承认、放弃、变更仲裁或诉讼请求,进行和解,提起反诉或者上诉等权利,需要委托人向委托代理人特别授权。如未经授权,仲裁、诉讼委托代理人无权代表委托人从事上述活动,就上述特别授权事项实施的行为不具有法律效力。

二十四、回避申请对象不符合法律规定的回避人员范围

◎ **法律法规**

《劳动人事争议仲裁办案规则》(2017年修订)第11条。

《民事诉讼法》(2017年修正)第44条。

◎ **法律责任或后果**

回避申请被仲裁庭、法院驳回。

◎ **法律建议**

(1) 审理本案的仲裁员、法官具有下列情形之一的,可以申请回避:①是本案当事人或者当事人、代理人近亲属的;②与本案有利害关系的;③与本案当事人、代理人有其他关系,可能影响对案件公正审理的。

(2) 由人事或者律师等具有相关专业知识的人作为代理人,及时提出。

二十五、不按规定申请审计、评估、鉴定或提供相关材料

◎ **法律法规**

《劳动争议调解仲裁法》第37条。

《民事诉讼法》(2017年修正)第76、77条。

◎ **法律责任或后果**

导致争议的事实无法通过审计、评估、鉴定结论予以认定,可能产生不利的裁判后果。

◎ **法律建议**

（1）审计、评估、鉴定人有权了解进行审计、评估、鉴定所需要的案件材料。对特定案件事实承担举证责任的一方，就案件专门性事实提出申请审计、评估、鉴定的，应当及时申请，并提供相关材料。否则，应承担不利的法律后果。

（2）由人事或者律师等具有相关专业知识的人作为代理人，及时提出。

二十六、不按时交纳保全、审计、评估、鉴定等根据规定应当预交的费用

◎ **法律法规**

《劳动人事争议仲裁办案规则》(2017 年修订)第 40 条。

《民事诉讼法》(2017 年修正)第 118 条。

◎ **法律责任或后果**

仲裁庭、法院视为撤回保全、审计、评估、鉴定申请。

◎ **法律建议**

（1）劳动争议案件不收取仲裁费、诉讼费。申请保全、审计、评估、鉴定等行为未规定免费，不按时缴纳费用的将视为撤回申请，承担相应不利后果。

（2）由人事或者律师等具有相关专业知识的人作为代理人，及时提出。

二十七、劳动者在符合条件的情况下向仲裁庭、法院提出无需提供担保的财产保全申请

◎ **法律法规**

《最高人民法院关于审理劳动争议案件适用法律若干问题的解释(二)》第 14、15 条。

◎ **法律责任或后果**

被法院在申请人未提供担保的情况下，裁定采取财产保全措施。

◎ **法律建议**

（1）在仲裁、诉讼过程中，劳动者通过仲裁庭向法院提出，或者直接向法

院申请采取财产保全措施，法院经审查认为申请人经济确有困难，或有证据证明用人单位存在欠薪逃匿可能的，应当减轻或者免除劳动者提供担保的义务，及时采取保全措施。

（2）由人事或者律师等具有相关专业知识的人作为代理人，及时提出抗辩。

二十八、申请财产保全有错误

◎ **法律法规**

《民事诉讼法》（2017年修正）第105条。

◎ **法律责任或后果**

赔偿被申请人因财产保全所受到的损失。

◎ **法律建议**

（1）申请有错误的，申请人应当赔偿被申请人因保全所遭受的损失。但被采取保全措施而造成经济损失的损害后果、因果关系等较难举证。

（2）由人事或者律师等具有相关专业知识的人作为代理人，及时提出或抗辩。

二十九、仲裁庭、法院对追索劳动报酬、工伤医疗费、经济补偿或者赔偿金的案件，根据劳动者的申请裁决先予执行

◎ **法律法规**

《劳动人事争议仲裁办案规则》（2017年修订）第51条。

《民事诉讼法》（2017年修正）第106条。

◎ **法律责任或后果**

被仲裁庭、法院在申请人未提供担保的情况下，裁定采取先予执行措施。

◎ **法律建议**

（1）仲裁庭、法院对追索劳动报酬、工伤医疗费、经济补偿或者赔偿金的案件，根据当事人的申请，可以裁定先予执行。裁定先予执行的，应当符合下列条件：①当事人之间权利义务关系明确；②不先予执行将严重影响申请人的生活。劳动者申请先予执行的，可以不提供担保。

(2) 由人事或者律师等具有相关专业知识的人作为代理人,及时提出抗辩。

三十、无法提供能够证明案件事实和本方主张的证据

◎ **法律法规**

《劳动争议调解仲裁法》第 39 条。

《劳动人事争议仲裁办案规则》(2017 年修订)第 13 条。

《最高人民法院关于民事诉讼证据的若干规定》(2008 年修订)第 2 条。

◎ **法律责任或后果**

面临不利的裁判后果。

◎ **法律建议**

(1) 具体包括(但不限于):不能提供与诉请相关的证据;提供的证据不真实;提供的证据证明不了有关事实;提供的证据来源违法;劳动者有证据证实相关证据由用人单位掌握而用人单位在指定期限内拒不提供等。

(2) 当事人对自己提出的诉讼请求所依据的事实,或者反驳对方诉讼请求所依据的事实,有责任提供证据加以证明。没有证据或者证据不足以证明当事人的事实主张的,由负有举证责任的当事人承担不利后果。

(3) 由人事或者律师等具有相关专业知识的人作为代理人,及时提出证据。委托的代理人调查取证时,全面、及时予以配合。

三十一、仲裁庭、法院根据公平原则和诚实信用原则,综合举证能力等因素确定举证责任由用人单位承担

◎ **法律法规**

《劳动人事争议仲裁办案规则》(2017 年修订)第 14 条。

《最高人民法院关于民事诉讼证据的若干规定》(2008 年修订)第 7 条。

◎ **法律责任或后果**

面临不利的裁判后果。

◎ **法律建议**

由人事或者律师等具有相关专业知识的人作为代理人,及时提出证据。

委托的代理人调查取证时，全面、及时予以配合。

三十二、未能提供与开除、除名、辞退、解除劳动合同、减少劳动报酬、计算劳动者工作年限等相关的法律规定由用人单位提供的相关证据

◎ **法律法规**

《劳动争议调解仲裁法》第 6 条。

《劳动人事争议仲裁办案规则》(2017 年修订)第 13 条。

《最高人民法院关于审理劳动争议案件适用法律若干问题的解释(一)》(2008 年修订)第 13 条。

◎ **法律责任或后果**

面临不利的裁判后果。

◎ **法律建议**

（1）因用人单位作出的开除、除名、辞退、解除劳动合同、减少劳动报酬、计算劳动者工作年限等决定而发生的劳动争议，用人单位负举证责任。与争议事项有关的证据属于用人单位掌握管理的，用人单位应当提供；用人单位不提供的，应当承担不利后果。

（2）由人事或者律师等具有相关专业知识的人作为代理人，及时提出证据。委托的代理人调查取证时，全面、及时予以配合。

三十三、超过举证时限提供证据

◎ **法律法规**

《劳动人事争议仲裁办案规则》(2017 年修订)第 15 条。

《最高人民法院关于适用〈民事诉讼法〉的解释》第 101、102 条。

◎ **法律责任或后果**

可能被视为放弃了举证的权利，也可能被采信但要承担被训诫、罚款、承担对方额外支付的费用等不利后果。

◎ **法律建议**

由人事或者律师等具有相关专业知识的人作为代理人,及时提出证据。委托的代理人调查取证时,全面、及时予以配合。

三十四、不能提供证据原件

◎ **法律法规**

《民事诉讼法》(2017 年修正)第 70 条。

◎ **法律责任或后果**

可能影响证据的证明力或不被采信。

◎ **法律建议**

由人事或者律师等具有相关专业知识的人作为代理人,及时提出证据。委托的代理人调查取证时,全面、及时予以配合。

三十五、证人无正当理由不出庭作证

◎ **法律法规**

《民事诉讼法》(2017 年修正)第 72 条。

◎ **法律责任或后果**

可能影响该证人证言的证据效力或不被采信。

◎ **法律建议**

由人事或者律师等具有相关专业知识的人作为代理人,及时提供证人并出庭作证。委托的代理人调查取证时,全面、及时予以配合。

三十六、不按时出庭或者中途退出法庭

◎ **法律法规**

《劳动争议调解仲裁法》第 36 条。

《民事诉讼法》(2017 年修正)第 143、144 条。

◎ **法律责任或后果**

无正当理由拒不到庭,或者未经法庭许可中途退出法庭的,如为申请人或原告的,将按自动撤回申请或起诉处理;如为被申请人或被告的,仲裁庭、

法院将缺席裁决或缺席判决。

◎ **法律建议**

由人事或者律师等具有相关专业知识的人作为代理人,及时出庭参与仲裁、诉讼。

三十七、提供的送达地址不准确,或者送达地址变更后未及时告知仲裁庭和法院

◎ **法律法规**

《劳动争议调解仲裁法》第 30、32、42、48 条。

《最高人民法院关于以法院专递方式邮寄送达民事诉讼文书的若干规定》第 3 条。

◎ **法律责任或后果**

(1) 如签署过送达地址确认书的,仲裁庭、法院根据确认的地址送达仲裁、诉讼文书被退回的,视为送达。

(2) 如未签署过送达地址确认书的,可能因缺席审理而被公告送达、缺席裁判。

◎ **法律建议**

(1) 当事人起诉或者答辩时应当向仲裁庭、法院提供或者确认自己准确的送达地址,并填写送达地址确认书。如有变更的,应及时向仲裁庭、法院说明。

(2) 由人事或者律师等具有相关专业知识的人作为代理人,及时确认送达地址。

三十八、未在裁决书或者裁判文书生效后 3 个月内申请强制执行,导致法院解除已经采取的财产保全措施

◎ **法律法规**

《最高人民法院关于审理劳动争议案件适用法律若干问题的解释(二)》第 15 条。

《民事诉讼法》(2017年修正)第 239 条。

◎ **法律责任或后果**

逾期不申请强制执行的,法院裁定解除已经采取的财产保全措施。

◎ **法律建议**

(1)法院作出的劳动争议财产保全裁定中,应当告知当事人应在劳动仲裁机构的裁决书或者在人民法院的裁判文书生效后 3 个月内申请强制执行。逾期不申请的,法院应当裁定解除保全措施。但申请人申请执行的权利在法定的两年期间内仍不受影响。

(2)由人事或者律师等具有相关专业知识的人作为代理人,及时提出或抗辩。

三十九、超过法定的两年期限申请强制执行

◎ **法律法规**

《劳动争议调解仲裁法》第 51 条。

《民事诉讼法》(2017年修正)第 239 条。

◎ **法律责任或后果**

法院不予受理强制执行申请。

◎ **法律建议**

(1)申请执行的期间为两年。该期间从生效法律文书规定的履行期间的最后一日起计算;生效法律文书规定分期履行的,从规定的每次履行期间的最后一日起计算;生效法律文书未规定履行期间的,从生效之日起计算。

(2)由人事或者律师等具有相关专业知识的人作为代理人,及时提出或抗辩。

四十、被执行人无财产或者无足够财产可供执行

◎ **法律法规**

《最高人民法院关于人民法院执行工作若干问题的规定(试行)》(2008年修订)第 102 条。

◎ **法律责任或后果**

法院可能对未履行的部分裁定中止执行，申请执行人的财产权益将可能暂时无法实现或者不能完全实现。

◎ **法律建议**

由人事或者律师等具有相关专业知识的人作为代理人，及时提出或抗辩。

四十一、不履行生效法律文书确定义务

◎ **法律法规**

《民事诉讼法》（2017年修正）第253条。

◎ **法律责任或后果**

可能额外支付迟延履行期间的双倍债务利息，或者支付迟延履行金。

◎ **法律建议**

由人事或者律师等具有相关专业知识的人作为代理人，及时提出或抗辩。

四十二、在用人单位依法破产清算时，未依法将所欠劳动者工资，医疗、伤残补助、抚恤费用，社保费用，经济补偿金和赔偿金等费用根据法定顺序支付给劳动者

◎ **法律法规**

《企业破产法》第109、113、132条。

◎ **法律责任或后果**

（1）有物的担保的债权、破产费用优先于职工债权清偿。作为例外，《企业破产法》于2006年8月27日公布之前用人单位已欠的职工债权可优先于有物的担保的债权清偿。

（2）职工的上述债权仍可优先于其他普通债权获得清偿。

◎ **法律建议**

由人事或者律师等具有相关专业知识的人作为代理人，及时参与破产程序。

图书在版编目(CIP)数据

企业劳动法律风险提示650项 / 李新编著.— 上海：
上海社会科学院出版社，2018
　ISBN 978-7-5520-2384-8

Ⅰ.①企… Ⅱ.①李… Ⅲ.①劳动法—基本知识—中国　Ⅳ.①D922.504

中国版本图书馆CIP数据核字(2018)第158688号

企业劳动法律风险提示650项

编　　著	李　新
责任编辑	温　欣
封面设计	究竟设计
出版发行	上海社会科学院出版社
	上海顺昌路622号　邮编200025
	电话总机 021-63315947　销售热线 021-53063735
	http://www.sassp.cn　E-mail：sassp@sassp.cn
照　　排	南京前锦排版服务有限公司
印　　刷	苏州市古得堡数码印刷有限公司
开　　本	710毫米×1010毫米　1/16
印　　张	26.5
字　　数	388千字
版　　次	2018年8月第1版　2021年7月第4次印刷

ISBN 978-7-5520-2384-8/D·494　　　　定价：88.00元

版权所有　翻印必究